文献信息检索与利用

主　编　乔好勤　冯建福　张材鸿
副主编　陈文澜　赖卫桥
　　　　张慧湘　姚雪梅
编　委　（依姓氏笔画为序）
　　　　卫丽君　邓华华　王世豪
　　　　叶洁娴　孙莉群　何洁英
　　　　何建新　陈雨杏　杨　川
　　　　赵振南　黄　春　黎惠生

华中科技大学出版社
中国·武汉

图书在版编目(CIP)数据

文献信息检索与利用/乔好勤 冯建福 张材鸿 主编.—武汉:华中科技大学出版社,2008年9月

ISBN 978-7-5609-4821-8

Ⅰ.文… Ⅱ.①乔… ②冯… ③张… Ⅲ.情报检索-高等学校-教材 Ⅳ.G252.7

中国版本图书馆CIP数据核字(2008)第121194号

文献信息检索与利用 乔好勤 冯建福 张材鸿 主编

策划编辑:梅欣君
责任编辑:余 涛
责任校对:汪世红
封面设计:范翠璇
责任监印:周治超

出版发行:华中科技大学出版社(中国·武汉)
武昌喻家山 邮编:430074 电话:(027)87557437

录 排:华中科技大学惠友文印中心
印 刷:华中科技大学印刷厂

开本:710mm×1000mm 1/16 印张:16.25 字数:324 000
版次:2008年9月第1版 印次:2010年2月第3次印刷 定价:25.50元
ISBN 978-7-5609-4821-8/G·703

前　言

文献信息检索是为了工作和研究的需要广泛搜集文献信息的一种基本技能。这种技能在人类文明形成的早期就出现了，并且与人类整个文明同步发展着。

在公元前 11 世纪前的殷商时代，那些甲骨文档的骨臼刻辞就有了可供检索的文字表述。《周礼》中有关于西周外史“掌达书名于四方”的记载。到了两汉，有检索群书的《别录》、《七略》和《汉书艺文志》，检索字形词义的《乐雅》、《方言》和《说文解字》等比较成熟的书目、字典词典出现了。魏晋南北朝时期，出现了我国第一部类书《皇览》、第一部韵书《声类》、最早的地图集《禹贡地域图》。唐宋时期编撰了一系列大型类书，如《艺文类聚》、《初学记》、《太平御览》、《册府元龟》等，并且出现了我国第一部政书：唐杜佑的《通典》，以及表谱《古今年号录》（唐封演）、姓氏谱《元和姓纂》（唐林宝）、地图《海内华夷图》（唐贾耽）和《天下郡县图》（宋沈括）等。明清之际编纂出了我国古代最大的类书、书目和字典，如《永乐大典》、《四库全书总目》、《康熙字典》等。近现代以来，随着科学文化的发展，不但各种综合性工具书部帙越来越大，内容越来越广泛，各专门学科的工具书也越来越多，新的检索方法不断出现，检索知识不断丰富，检索内容不断扩大。

20 世纪 30 年代，中山大学何多源教授曾向当时的教育部提交《论“目录学”和“参考书使用法”应列为大学一年级必修课程》的议案。遂使“高级中学以上学校，多列为必修课，学子重视，几埒国学”。（汪国垣《目录学研究》）但是，真正把文献检索作为一门学科分支来研究，并在大学普遍开设文献检索课程是在 20 世纪 80 年代初。

陈光祚先生是文献检索课建设的开创者和奠基人。1974 年，他编出了我国第一部《科技文献检索》教材，并且很快在全国各大学图书情报系，而后又在各个学科专业开设文献检索课。1984 年国家教委（教育部前身）发出正式文件，将“文献检索与利用”列为全国理工农医文等各专业本科生的必修或选修课程。目前，全国有数百万大学生、研究生和中专生听了这门课。全国有三分之二以上的大学图书馆设立“文献检索教研组”，为提高学生的信息意识和检索能力作出了巨大贡献。

21 世纪初，我国高职高专教育快速发展，民办高校异军突起，在适应我国经济发展需要，培养高技能劳动者，全面提高国民文化素质方面起了重要的作用。高职高专教育的教学管理日趋成熟，课程体系逐步完善，但是文献检索课的教学尚未走上正轨。据悉，各高职高专学校文献检索课的开设很不整齐，有的学校作为选修课，有的学校作为必修课，而不少学校，特别是民办院校尚未开设文献检索课。开设文献检索课的学校，其授课时间也很不一致。有的每周一节，有的两节，有的采取集中时间上课，半学期就结束了。这些现象首先说明许多学校的领导对文献检索课的重视不够，教育行政管理部门也没有意识到加强高职高专和民办院校文献检索课管理的重要性，或者说还没有一个成熟的意见。其二，缺乏文献检索课教师。按照当时国家教委的通知和当前学校教学水平评估指标体系，检索课应由各校图书馆中有检索实践经验的人员任教。但目前一方面由于个别高职院校图书馆人员力量较弱，另一方面教学单位对该课教学的重要性认识不够，有的学校随便安排那些既无检索理论研究，又不具备系统检索知识，但工作量不满的人员上课，其教学质量就可想而知了。其三，缺乏合适的教材。目前各校选用的教材大多是本科生教材，理论讲得多，有一定的研究性。有的甚至是为图书馆学、信息管理学系的学生编写的教材，有一定深度和难度。但真正为高职高专学生编写的、专业对口的教材还不多。其四，教学内容枯燥、形式单一、缺乏创新，使内容丰富、生动有趣的文献检索课变得乏味，又没有实训配套教材，导致学生学习的积极性不高。

根据几年来文献检索课的教学经验，我们认为高职高专文献信息检索课的建设应注意以下几个问题。

(1) 加强文献信息检索课教学管理。要充分认识文献信息检索课对高职高专学生的重要性。高职高专学生虽然不强调科研能力的培养，但也不能完全忽视。他们不仅需要在毕业前写毕业论文，做毕业设计；走进社会参加工作后，总是要搞市场调查，写预测报告，为上级领导提供产品生产和销售信息，分析市场竞争情况和发展趋势等。他们自己也需要不断学习新知识，掌握新技能，必要时也要写论文，出专著，所以，文献信息检索课的学习，不仅在校学习阶段需要，而且一生都是受用无穷的。因此，教学管理部门应重视文献检索课的建设和教学管理，没有开设文献检索课的高职院校应尽快安排开设，将文献检索的开课学期、学时稳定下来，定期检查，经常督导。

(2) 加强文献信息检索课教师队伍建设。文献检索既是一种技能，也是一个知识体系。如何将有关知识和技能条理清晰、深入浅出地传授给学生，需要一定的教学技巧。应该对授课教师认真甄别、着意培养，决不可随意派一个教师去上课。图书馆应注意引进一两个有文献检索教学经验和较强检索能力的人，像某些院校那样在图书馆设立“文献检索课教研室(组)”，负责全校文献检索课的教学组织工作。

(3) 编著对口教材。要对高职高专文献检索课的教学内容和教学方法进行认真研究，编写出适合高职高专学生教学需要的教材和教学参考书。高职高专学生不需要学习文献检索过多的理论知识，只需要掌握基本概念和原理，更主要的是文献信息的检索方法、技能和如何利用。在信息技术普及的今天，对传统的手工检索知识的介绍应该减少，计算机检索知识和网络资源、电子数据库的介绍应该成为重点。应增加实用部分的内容，使学生更直接地学以致用，更快捷地检索本专业的知识和信息。教材编写应该简洁，杜绝冗长的叙述和模棱两可的讨论，突出核心内容。

本教材的编写就是基于上述想法完成的。全书以“理念——方法——应用”为框架。第一部分介绍术语概念和基本原理。第二部分为方法，分别介绍工具书刊、网络资源和中外文数据库的检索方法。第三部分是将理论和方法应用于社会科学、科学技术几个主要学科的文献信息检索。这里是一个开放性的专业群，只选择了部分专业学科的文献信息检索作重点介绍，给了任课教师调整内容的自由空间。也就是说，授课教师可以根据不同授课对象，增减有关专业文献信息检索内容。

本书的编写作为广东岭南职业技术学院教学改革研究课题，得到了学院的支持。2006 年 10 月由乔好勤提出编写大纲，广东培正学院图书馆原馆长刘和平同志、广州铁路职业技术学院图书馆副馆长冯建福同志及其他撰稿人参加了讨论。初稿撰写分工是：乔好勤前言及第 10 章；冯建福、孙莉群第 9 章；黄春第 1 章；卫丽君第 2 章；张材鸿第 6 章；姚雪梅第 4 章；叶洁娴、何建新第 8 章；赵振南第 5 章；陈雨杏第 3 章；何洁英第 7 章。2007 年 10 月完成初稿后，乔好勤、冯建福、陈文澜、周莉等对初稿进行了认真的讨论，提出了修改意见。2007 年 12 月至 2008 年 1 月在原作者修改的基础上，几位主编、副主编对二稿进行了补充修改。这次修改的分工是：陈文澜负责第1～3 章；冯建福负责 4～6 章；张材鸿负责 7～9 章。2008 年 2 月乔好勤通读了全稿，对部分章节提出了修改意见。8 月乔好勤、冯建福、张材鸿再次分头审阅了全部书稿，并作了较大篇幅的调整。这次修改的分工是：乔好勤负责 1、2、3、10 章，冯建福负责 4、5、6 章，张材鸿负责 7、8、9 章。华中科技大学出版社为本书的出版付出了大量劳动，岭南学院郧建国院长助理给予了很大的支持和指导，在撰写过程中参考了许多专家学者的研究成果，特在此一并表示感谢！

由于本书多人撰写，文字风格各异，虽经统稿，仍难统一，差错在所难免，望读者和专家们批评指正。

目　录

第1章　文献信息资源与文献信息检索

21世纪,随着社会进步、科学发展、新技术的应用,尤其是计算机网络化、全球化进程加快,社会信息量呈指数级增长,知识和信息已经成为推动科技进步和社会发展的决定性因素。有效地获取信息和利用信息是21世纪技能型人才必须具备的素质。通过本章的学习,同学们可以掌握信息、知识和文献的相关概念,了解文献交流的内容及知识组织体系,努力提高自身的信息素养,更好地迎接时代的挑战。

1.1　信　　息

1.1.1　信息的含义

人们到处在谈论信息,我们越来越多地听到信息这个词汇。但是,由于人们研究信息的角度与目的不同,提出的信息的定义也多种多样。

1948年,信息论创始人、美国贝尔电话研究所的数学家申农在《通讯的数学理论》一文首次提出:“信息是关于环境事实的可通信的知识,信息通过各种形式,包括数据、代码、图形等反映出来……”

1948年,维纳(Wiener)在《控制论》一书中,从社会学的角度来对信息下定义,认为“信息是人与外界相互作用的过程中所交换的内容的总称”。这是一种推广了的概念,是信息从物质(能量)到生命再到思维(认识)的推广,从而使信息变成了无所不包的“内容”。这些定义是从信息内涵和控制论对其属性所做的描述。

广义的信息指的是客观世界中各种事物的存在方式和它们的运动状态的反映。用通俗的说法,可以认为信息就是客观世界一切事物存在和运动所能发出的各种信号和消息。

狭义的信息指的是能反映事物存在和运动差异的、能为某种目的带来有用的、可以被理解或被接受的消息、情况等。Information 一词理解为狭义的信息时,常被译为情报。

中国国家标准 GB4894—85 则将关于信息定义的两类表述合并为:信息是物质存在的一种方式、形态或运动状态,也是事物的一种普遍属性,一般指数据、消息中所包含的意义,可以使消息中所描述事件的不定性减少。例如,“汽车喇叭声”只是一种客观现象,其本身并不是信息,但我们所得到的是“声音向行人发出了让开的指令”这一信息;“电子体重秤”只是客观存在的物体,但人站上去之后显示的数字却向我们传达了身体重量的信息。

可见,信息无所不在,可以感知,但它不是事件和物质本身,它是客观事物的存在方式或运动状态,以及关于客观事物存在方式或运动状态的陈述。信息是原料,经过人类的认识活动,成为已知的知识。

1.1.2 信息的特征

1. 载体依附性

信息既不是物质,也不是能量,它存在于客观事物中,必须依赖一定的载体才能体现出来,如语言、文字、声音、图像等。

2. 价值性及价值相对性

信息的价值是对客观事物属性反映的深度和真实程度的认识,但信息对不同认识水平的人所产生的作用和有效性也不相同。

3. 时效性

信息的时效性是信息的重要特征,是指信息从发出、接收到进入利用的时间间隔及其效率。信息的时效性与信息的价值性密不可分。任何有价值的信息都是在一定的条件下起作用的,如时间、地点、事件等,离开一定的条件,信息将会失去应有的价值。

4. 可传递性与可扩散性

信息可以进行空间和时间上的传输,传输速度越快,效用就越大。科技的发展,使传播信息的网络覆盖面越来越大,从而使信息得以迅速扩散开来。信息的可扩散性与信息传递技术的发展密切相关,信息的扩散速度与传递技术的发展成正比,即传递技术发展得越快,信息扩散的速度就越快。随着信息传播手段和技术的提高,信息的扩散性已表现得越来越突出。

5. 共享性

信息能够同时为多个使用者所利用,信息扩散后,信息载体本身所含的信息量并没有减少。这是信息与实物、能量等的根本区别。通过传递,信息迅速为大多数人所接收、掌握和利用,并会产生出巨大的社会效应。正因为信息的这一特性,社会才为保护信息开发者的合法权益,补偿其在开发整理某些信息过程中付出的代价,制定了专利制度和知识产权制度。

6. 可加工性

信息的可加工性指的是信息是可以加工处理的，如信息的有序化、压缩、提取和再生。信息通过标引、分类、组织等有序化处理后，便于检索；通过筛选、分析、综合、归纳、总结等，可以发现信息中蕴涵的规律；通过录放机、计算机等设备可以提取存储在磁带、磁盘中的信息；搜集到的信息经过处理后可以用语言、文字、图像等形式再生等。

7. 具有无限性

信息的无限性指无限的信息量可以基于有限的物质，或有限的物质可以包含无限的信息量。

1.1.3　信息的分类

信息的分类很多，从不同角度有不同的划分，实用的划分方法有以下几种：

按层次分类，信息可分为语法信息、语义信息和语用信息；

按符号数分类，信息可分为二元信息和多元信息；

按内容分类，信息可分为自然信息和社会信息；

按内容的表现形式分类，信息可分为文献型、数据型、声像型及多媒体型；

按传递方向分类，信息可分为前馈信息和反馈信息。

1.2　知　　识

1.2.1　知识的含义

1980年版的《辞海》中将“知识”定义为“人们在社会实践中积累起来的经验”，并指出“从本质上说，知识属于认识的范畴”。简言之：认识的结果就是知识。它包括两种：一是个人知识——存储于大脑、依赖于人的记忆；二是社会知识——书本记录。

《现代汉语词典》中对“知识”定义为“人们在改造世界的实践中获得的认识和经验的总和”。有些学者综合了以上说法，认为“知识是人们通过学习、发现以及感悟所得到的对世界认识的总和，是人类经验的结晶”。尽管以上说法可以被认为是我国关于“知识”的权威定义，但它们还是极其简单、朴素而且不完整的。

根据韦伯斯特(Webster)词典1997年的定义，知识是通过实践、研究、联系或调查获得的关于事物的事实和状态的认识，是对科学、艺术或技术的理解，是人类获得的关于真理和原理的认识的总和。总之，知识是人类积累的关于自然和社会的认识和经验的总和。我们认为，这一定义基本概括了人类经过实践积累而逐渐形成和深化的对“知识”的较为全面的理解。

从广义上来说，知识是人类社会实践活动的经验总结，同时，也是人类社会包括人工环境、人工智能所创造的一切经验形态、智慧形态的总和，并且都外化为知识信息。因此，知识就是经验和信息，其表现形式是人类社会经验和信息的符号系统。从狭义上讲，知识是人类社会实践创造活动的产物，是一切思想体系、理论体系、工具体系的总和。可以说，知识是现实世界的数字符号系统，是思想、理论、工具、逻辑的数字符号系统。

1.2.2 知识的特征

1. 实用性

虽然知识有不同的定义，但是其共同的特征是具有实用性，知识必须能应用才能称为知识。

2. 无体性

知识通常通过人力资本与技术才能具体呈现，如传统的书面、文件、口耳相传、物质实体、组织制度，乃至无边的信息网络均成为信息与知识传播的重要渠道。

3. 无穷性

知识是一种资源，经由创造、分享、累积，可以不断发展。因此与其他资源不同的是，知识是无穷尽的，其他资源会愈用愈少，知识是愈用愈多，有无限潜能。

1.2.3 知识的分类

1997 年，世界经济合作与发展组织（OECD）在《以知识为基础的经济》报告中将知识分为两类。

(1) 编码知识：又称显性知识，指经过人的整理和组织后，可以编码化和度量，并以文字、公式、计算机程序等形式表现出来，还可以通过正式的、系统化的方式（如出版物、计算机网络等）加以传播，便于其他人学习和掌握。编码知识帮助人们解决：

know why——知道为什么；　know what——知道是什么。

(2) 意会知识：又称隐性知识，是与人结合在一起的经验性的知识，很难编码化并将其文字化或者公式化，它们在本质上以人为载体，因此难以通过常规的方法收集到它，也难以通过常规的信息工具进行传播。意会知识帮助人们解决：

know how——知道怎样做；　know who——谁知道如何做。

信息技术的作用就是为了更好地处理“是什么”与“为什么”的知识。大力发展通信基础设施与信息技术，其目的是为了推动对这两类知识的度量与编码化。未来的“信息社会”的一个特征就是大多数人将从事信息类知识或编码化知识的生产、处理与传播。

1.2.4 知识的力量

知识在人类社会发展中发挥着巨大的作用，特别在当今知识经济时代，其地位与作用更为显著。主要表现在以下几个方面。

(1) 知识是人类的财富与力量。

知识本身虽是一种观念形态的东西，但其一旦与劳动结合起来，就可以从潜在的生产力变为直接的、现实的生产力，创造出财富和价值。在知识经济时代，知识的价值特别是科技的价值最大限度地体现于经济价值。据有关权威人士估计，1933—1949 年，世界工业总产值年增长率为 5%，其中 60%是由于科技进步而获得的；20 世纪 80 年代后期经济增长中 60%～80%是依靠科技进步取得的。作为一种巨大的资源，知识蕴藏着巨大的物质能量和精神能量。

(2) 知识是人类文明发展的动力。

人类改造自然界的根本动力，正是人类知识的积累、传播和进步。知识的不断积累、创造和更新，构筑了人类社会生产力发展的阶梯，是人类征服自然的内在动力，也同样是以知识为内在动力的生产力的发展推动社会的改造。知识经济对当代社会发展的意义在于：知识和信息开始取代劳动力、稀缺自然资源和资本等而上升为最基本和重要的生产要素和资源，信息知识产业开始成为一种独立的、重要的产业形式，知识开始上升为支撑一个国家经济增长，衡量和提高一个国家国际竞争力的主要指标和重要因素。知识经济在为当代社会确立出一种崭新的、占主导地位的新模式的同时，也将在很大程度上决定着当代社会的发展方向与变迁路径。

(3) 知识是信息社会的驱动力。

在知识经济时代，信息社会的权利和财富来源不再是少数人手里的金钱和资本，而是多数人手中的知识。知识与其他力量的最大不同在于，它具有合作增强的作用，即整体大于部分之和。

1.3 文　献

1.3.1 文献的含义

在我国，“文献”一词最早见于《论语 · 八佾》：“子曰：夏礼吾能言之，杞不足征也；殷礼吾能言之，宋不足征也。文献不足故也。足，则吾能征之矣。”

古人一般把书面记载的有关典章制度的文献资料和口头相传的言论资料，统称为文献。最早以“文献”一词作为书名的是元代马端临著的《文献通考》一书。而宋代理学家朱熹的解释则是：“文，典籍也；献，贤也。”即记载知识的书籍为“文”；有学问的人为“献”。

国际标准化组织《文献情报术语国际标准》(ISO/DIS5217)对文献的解释是：“在存储、检索、利用或传递记录信息的过程中，可作为一个单元处理的，在载体内、载体上或依附载体而存储有信息或数据的载体。”

随着科学技术的进步，记录和传递知识的载体、形式、手段越来越多。我国国家标准《文献著录总则》这样定义文献：“记录有知识的一切载体。”由此可见，文献由三个要素组成，知识、载体、记录方式三位一体，不可分割，缺少其中任何一个都不能构成文献。

1.3.2 文献的类型

按不同的划分方法，文献可分为多种类型。

1. 按载体形式划分

文献按载体形式可分为印刷型、缩微型、视听型和电子型四种类型。

(1) 印刷型　以纸张为载体，以印刷为记录手段，包括图书、报刊、杂志等。这种文献的优点是用途较广、阅读方便、流传不受时空限制；缺点是存储密度低、占据空间大、保存费用高。

(2) 缩微型　主要以感光材料为载体，记录文字及其相关信息，常见的有缩微胶卷和缩微胶片。缩微型文献的优点是体积小、价格低、存储密度高，便于收藏；缺点是阅读时需要借助于缩微阅读机，使用不方便。

(3) 视听型　以磁性材料或感光材料为载体，以磁记录或光学技术为记录手段而产生的一种文献形式，如录音带、录像带、幻灯片等。这种文献的优点是直观、形象、生动，存储密度高；缺点是成本高，不易检索和更新，使用不方便。

(4) 电子型　即电子出版物。以磁性或塑性材料为载体，以穿孔或电磁、光学字符为记录手段，通过计算机处理而形成的文献。电子出版物内容丰富，类型多。这种文献的优点是存储密度高、信息量大、存取速度快、寿命长、易更新；缺点是设备、费用要求高。

2. 按加工深度不同划分

文献按加工深度不同可分为零次文献、一次文献、二次文献及三次文献。

(1) 零次文献　零次文献是最原始或者是不正式的记录，大多数未经公开传播，包括口头交谈、参观展览、参加报告会、听取经验交流演讲、实验的原始记录、工程草图等。

这是一种零星的、分散的和无规则的信息，具有原始性、新颖性、分散性和非检索性等特征。

(2) 一次文献　一次文献又称原始文献，是以著者本人的研究工作或研究成果为依据撰写的论著、论文、技术说明书等。

判断一次文献不是根据它的载体、存在形式及出版方式，而是根据它的内容性质，只要是作者根据自己的科研成果而发表的原始创作，都属于一次文献。

一次文献不仅具有创造性的特点，而且还具有原始性和分散性的特点。

一次文献的创造性是指作者根据工作和科研中的成果为依据撰写的具有创造性劳动的结晶。它包含着新观点、新发明、新技术、新成果，具有直接参考、借鉴和使用的价值。

一次文献的原始性是指它是作者原始创作和首次发表的。因此，它既有可靠性的一面，又有不成熟和特定性的一面。

一次文献的分散性是指它是作者根据自己的成果个别形成的，就其发表的载体和场所而言，还不够集中、比较分散；其形式有研究报告、论文、论著等。

(3) 二次文献　二次文献是人们把大量的、分散的、无序的一次文献收集起来，按照一定的方法进行加工、整理，使之系统化便于查找而形成的文献。二次文献中的信息是对一次文献信息进行加工和重组而成的，并不是新的信息，它的主要类型有目录、题录、索引、文摘等。

二次文献不仅具有汇集性的特点，而且还具有检索性和系统性的特点。

二次文献的汇集性是指它是在大量的分散性的文献基础上加工整理而形成的。它汇集了某个特定范围的文献。因此，它能比较完整地反映出某个情报信息部门、某个学科、某个专题等的文献情况。

二次文献的检索性是指它所汇集的不是一次文献本身，而是某个特定范围的一次文献的线索。它的重要性在于给人们提供了一次文献信息的线索，因此，它是人们打开一次文献信息知识宝库的一把钥匙，从而大大减少了人们查找一次文献信息所花费的时间。

(4) 三次文献　三次文献是选用大量有关的文献，经过综合、分析、研究而编写出来的文献。它通常是围绕着某个专题，利用二次文献搜索的有关的一次文献，采用科学的方法，对文献的内容进行深度的加工、编写而形成的，如各种综述、述评、学科年度总结、年鉴、数据手册等。

三次文献不仅具有综合性的特点，而且还具有实用性和针对性的特点。

三次文献的综合性是指它是在大量有关文献的基础上，经过综合、分析、研究而形成的。也就是把大量分散的有关特定课题的文献、事实和数据进行综合、分析、评价、筛选后，以简练的文字扼要地叙述出来，其内容十分概括。

三次文献的实用性是指它是对大量的有关特定课题的文献中所包含的知识、素材、事实和数据进行综合、分析、研究后编写出来的。它可以直接提供使用、参考、借鉴，有很高的实际使用价值。

三次文献的针对性是指它大多都是为特定的目的而编写的。在通常情况下，它是信息情报部门受用户的委托而从事信息研究的成果。

总之，从零次文献、一次文献、二次文献到三次文献，它是一个由分散到集中，由无序到有序，由博而略的对知识信息进行不同层次的加工过程。它们所包含的信息的质和量是不同的，在改善人们的知识结构方面所起到的作用也是不同的。零次文献和一次文献是最基本的信息源，是文献信息检索和利用的主要对象；二次文献是一次文献的集中提炼和有序化，它是文献信息积累的工具；三次文献是把分散的零次文献、一次文献和二次文献按照专题或者知识的门类进行综合分析、加工而成的成果，是高度浓缩的文献信息，它既是文献信息检索和利用的对象，又可作为检索文献信息的工具。

3. 按文献出版特点划分

按文献出版特点，文献可分为图书、期刊、学位论文、会议文献、专利文献、产品样本和产品目录、政府出版物。

(1) 图书　包括专著、教科书、工具书、论文集等。它是目前各种文献中品种最多、数量最大、范围最广的种类。图书往往给人们以系统性、完整性和连续性的知识和信息。

(2) 期刊　围绕某个专题定期或不定期连续出版的出版物。与图书相比，期刊论文的内容不全面系统，不成熟，论题很窄，但它的出版周期短，载文速度快，内容新颖、专深，适合于研究型读者。期刊论文是所有类型文献中数量最多的一种，占整个信息源的65%，大多数文摘索引类的检索工具都是以期刊论文作为摘录和检索对象。

(3) 学位论文　学位论文是研究生为取得学位而撰写的学术性研究论文，一般有硕士论文和博士论文。学位论文是经过审查的原始研究成果，带有一定的独创性，且具有一定的研究水平，因而是一种重要的信息源。

(4) 会议文献　会议文献是指围绕某一学科或专业领域的新成就和新课题来进行交流研讨的，它是科研人员进行学术交流的重要场合。会议文献是指在学术与专业会议上宣读的论文和报告。因此，它代表了一门学科或专业领域最新的科研成果，反映着世界科学技术发展的水平和趋势。

(5) 专利文献　专利文献是指专利申请书、专利说明书、专利公报等与专利有关的一切文献。内容一般是新颖、先进、实用的技术。

(6) 产品样本和产品目录　这是对定型产品的性能、构造原理、用途、使用方法和操作规程、产品规格等所作的具体说明，包括单项产品的样品(产品说明书)、企业产品一览、企业介绍、单项产品样本汇编、同行业产品一览表等。

(7) 政府出版物 政府出版物是指政府部门及其所属专门机构发表的文献。有行政性、政策性文件,也有科研报告。借助于政府出版物,可以了解一国的科技政策、经济政策等。

1.4 文献交流

1.4.1 文献交流论

文献是信息交流的重要物质基础,是以文字、图像、符号、声频、视频等为主要记录手段的一切知识载体,是人们在社会实践活动过程中,为了满足特定需要而创造的。在文献中,积累着无数的事实、理论、技术、实验和方法,大量的数据、图表,以及各种假设、定义、科学构思和分析等第一手资料。文献的内容可以反映出政治、经济、民族、文字、文学、艺术、科技等各行各业的面貌特点。通过文献我们可以了解和感知世界;通过文献我们可以得到精神的娱乐和精神的享受;通过文献我们可以去探索和改造世界。文献是客观世界和主观世界的缩影;文献——它已和人类社会的发展紧密地结合在一起了。

在人类社会实践的全部活动中,"交流"是不可缺少的部分。交流是一切社会交往的实质。交流不仅可看做是交换新闻和信息,而且也可看做是包括一切传递和分享各种思想事实和资料在内的一种个人和集体的活动。文献交流是人类交流活动中的重要部分,在文献交流过程中,文献本身是交流的对象,同时又是交流的工具。通过文献的交流与传递将一部分人的知识、思想、信息在另一部分人中广泛传播开来,并通过另一部分人的接受,产生新的社会效益。通过文献的交流与传递使人类把社会的认识与实践活动有机地联系为一个整体,而且借交流的有效性,为人类认识与实践活动不断注入新的活力。文献使人类的交流传递活动在更广阔的范围内实现,通过文献我们可以跨越时空,通过文献我们可以与世界各个角落对话。离开了文献的交流和传递,人类的文明发展是不可想象的。

20 世纪中期,美国和欧洲就出现了文献交流学派。80 年代初,前苏联米哈依洛夫的《科学交流与情报学》已译成中文。在我国,最早提出"文献交流"论的是周文骏先生,其《文献交流引论》一书中明确指出:"从专门的文献交流工作中,诸如从出版发行工作、图书馆工作、情报工作、书目工作的任务出发来看,文献交流就是将文献进行时间和空间的转移,使得社会能够比较合理地、充分地使用知识和情报,达到文献、知识、情报的社会共享。""用一句简单的话概括地说,文献交流就是文献及其内容的传递、交换和共享。”

1.4.2 文献交流的特性

文献交流的本质是对文献及其内容的传递、交流与共享。人们感知、认识自然信息进而认识世界、改造世界，必须建立在积极吸收、利用人类已积累起来的文献信息基础上，也就是说人类要发展，社会要进步，就必须通过文献的交流，不断利用文献信息资源，不断吸取前人所创造的文化精髓。

(1) 时效性。文献交流具有较强的时效性，也称为“文献老化”，即有些文献随着时间的推移，其内容价值就减少甚至消失。文献老化的原因是因为新的文化信息对原来的文化信息进行了修正与更替。因而对这一类的文献及时交流十分重要。只有在文献的有效期内进行广泛的交流、传递，才能最大限度地发挥文献的作用。

也有些文献随着时间的推移，其价值是愈加增强的，如名著、历史文献等。

(2) 模糊性。由于文献既是物质产品也是精神产品。精神产品在使用的过程中，其价值的测度很难确定。因为文献交流的障碍及交流对象的不同，交流的广度、深度不同，从而影响文献价值的发挥。

1.5 信息传播

传播指人类交换信息的一种过程。信息传播是人与人之间通过有意义的符号进行信息传递、信息接受和信息反馈活动的总称。

1.5.1 传播的含义

传播一词译自英语 communication，也有人把它译成交通、沟通、传通、传意等。这个词来源于拉丁文 communicare，意思是共用或共享。

传播是特定的个体或群体运用一定的媒体或形式向受传者进行信息传递与交流的一种社会活动。具体地说，可以从以下几个方面加以理解。

1. 传播的基本元素是传播者、信息内容、信息通道和受传者

在传播的诸元素中，传播者是传播活动的主体，整个传播过程就是传播者实现自己意志的过程，始终渗透传播者的期望，是传播者主动影响受传者的思想、观念和行为的过程，传播者发挥着重要的支配作用，处于主导地位。

受传者作为传播的工作对象，自觉不自觉地接受着传播者的影响，但它并不是如海绵吸水般地接受影响，恰恰相反，受传者具有积极的能动作用，因为他们具有自己特殊的社会经历和个性心理，对传播者传递的信息拥有选择机制，并在一定程度上反过来影响传播者。由于受传者具有能动的反作用，因此所谓“注射式传播”在现实中是不存在的。

信息通道则是传播所依赖的媒介形式和渠道，信息、信道都是传播的构成要素，它们和传播者、受传者一起构成了传播过程最起码的条件，四者缺一不可。

2. 传播的基本内容是信息

传播意义上的信息其外延十分繁纷复杂，凡是人们需要表达、传递的意识均为信息，既包括情报、消息、数据、指令、信号，又包括人们内部的心理情感如需要、态度，它们经过人们的加工处理，制作为具有特定含义的符号，就成为传播的基本内容。在传播过程中，传播者向受传者传递信息，除了让受传者知晓信息内容外，还有特定的传播动因，希望引起受传者的关注和心理共鸣。例如，电视、报纸、多媒体在2008年8月几乎每天报道北京举办第二十九届奥运会的进程，这种信息的传播，不仅具有显在的传播效应，即介绍情况，而且具有深刻的社会意义，即激发全国人民的爱国主义热情。可见传播的内容即信息并不仅仅是简单的事件，它常常直接或间接地蕴含着传播者的意愿。

3. 传播的基本性质是通过信息运动而展开的社会活动

传播作为人类自身的实践活动，体现着人的社会本质，反映着人们的社会关系。人们通过传播相互影响、相互作用，形成社会关系的特定内容。传播使人们及时获得信息，了解情况，积极应对，妥善处理事务，决定自己的行动。因而传播使人们得到了获得信息的权力，获得知情权，参与权，使民主得到提升，人权得到保证，社会更加和谐。可见传播在人类社会中既是社会关系和社会秩序的凝聚力，同时又是治理社会的重要工具。

1.5.2　信息化社会信息传播的特征

信息与传播有着不可分割的密切关系，信息是传播的内容，传播是信息的形式。人类社会正在经历一场前所未有的科技革命。以计算机、通信和信息技术为支柱的网络迅速发展，将人类带入信息社会，使人类走向新的文明。各种网络将世界各国、各地区联为一体，形成一个崭新的信息和通信网络系统，以更快的速度传递和处理在数量上日益增多的各种数据、信息和知识。21世纪信息传播的主要特点有如下几个方面。

1. 全球化

在信息社会，由于科学技术的迅速发展，以光缆传输的通信网络、宽带网络的发展，互联网的兴起与运用，通信卫星的发展，广播电视媒体的运用以及以计算机为平台的数字化技术的发展与应用，形成全方位的信息传播体系、把全世界紧密联系在一起的信息时代。

2. 表现形式多样化

图书、报刊、广播、电视这些传统大众传媒通过各自的媒体形式——文本、图片、声音或图像传递信息，而在网络传播中，网络的超文本链接功能和多媒体功能，集文字、图像、音频、视频、动画等多种信息表现形式于一体，为受众提供的是绚丽多彩、全面逼真的信息服务。可以说，网络囊括了传统媒体的所有表现形态，而随着技术的不断发展，网络所具有的高速度、数字化、宽频带、多媒体化、智能化等现代信息技术将得到进一步的发挥。

3. 受众接发信息的主动化

传播技术的发展使以往传统大众传媒环境下的受众的地位正发生变化，最主要的表现为：①互动性，在互动的传播系统中，受众个体是主动的，而非完全被动，改变了以往大众传媒单向传播的特性；②个性化，依据不同受众的不同需要提供信息，以"窄播"改变了以往大众传媒对所有人的"广播"特性；③异步性，受众个体能够决定在自己合适的时间里接收信息，改变了以往接收大众传媒信息的同步性。总之，以往传播系统中的控制权正从传播者向受众转移。受众不仅可以依据自己的需要主动地查找信息，而且可以由单纯的信息接收者转为信息的发布者，造就一种"一人一媒体"的局面。

4. 专业化

随着数字化技术在各个管理领域中广泛应用，人们意识到掌握信息对于决策和生产的重要性，很多企业设立了专门收集竞争对手信息的机构，这些机构由专业人员对信息进行系统地收集和分析，并建立了各类信息管理系统，使人们获取信息更科学、更系统、更专业。

1.5.3 信息传播原则

信息是宇宙间的普遍现象，是一种不以人的意志为转移的客观存在。但信息只有经过人类开发和利用，才能形成社会有效资源。因此，正确、合理的传播原则，对现在和未来的信息传播活动的过程和结果具有一定的规范作用、导向作用、定式作用和保证作用。信息传播应遵循以下基本原则。

1. 真实性原则

真实可信，是信息传播的生命，是传播致效的关键。真实性原则是对信息传播内容的基本要求。它要求传播活动中的信息内容真实可靠，公正全面，符合客观实际，不允许任何弄虚作假、吹牛撒谎。但是，传播的真实性原则并不排斥传播的艺术性。为了提高传播效果，加强传播的吸引力和感染力，传播者在准确反映客观事实的基础上,依据美学原理,巧妙地运用比喻、拟人、夸张等修辞手段和声、光、电等现代技术手段为信息内容服务,是非常必要的。

2. 针对性原则

针对性原则要求传播者根据接受者(群体的和个体的)的个性特点和知识水平,恰当地选择传播内容、传播形式和方法技巧。"羔羊虽美,众口难调"。传播不可能在共时状态下符合每一个个体接受者的全部特点和要求,但却可以依据接受者的不同年龄、不同职业、不同文化素养等所形成的层次特点,采用相应的知识水准、表现方法和传播形式进行有针对性的传播。

3. 时效性原则

传播的时效性原则,就是恰到好处地把握时间、选择时间、抓住最适当的时机开展传播活动。它可以及时传播正在发生的事件信息,帮助接受者在一定的社会环境里正确地理解和认识所发生的这类事件信息。对于像时政、事件这样的信息传播,时间间隔越短,其传播效果越好。对于即将出现的事件具有令人不快的性质或具有令人愉快的性质,可以选择提前传播信息,使人对这一事件有所准备。当已经发生的事件的性质具有不确定性、非显著性或不太适合当时的环境、形势时,可在事情过后,再选择恰当时机对事情进行报道并作出解释。及时的信息传播,大大增强了信息的价值,使信息的价值得到最大化的发挥。

4. 有序性原则

传播者依据信息的特点和结构,有次序、有步骤地进行传播,既是传播活动的客观要求,也是传播对象的共同呼声。有序性原则反映在传播内容上,要求内容的组织要由浅入深、由易到难、有头有尾、有点有面;反映在传播过程上,要求过程的推进要由近及远、循序渐进、有张有弛、步步为营;反映在传播组织上,要求在组织传播活动时要有计划、有布置、有落实、有检查、有总结。信息传播应该按照一定的步骤、顺序有条不紊地进行,使传播内容成为受众能普遍接受和理解的东西,而不应将传播的内容搞得颠三倒四、杂乱无章,给受众造成接受上的困难。

5. 量性原则

太阳能带来温暖,但焦灼会使幼苗遭灾;雨水能引发生机,但洪水会使绿色的生命溺毙。同样,人类传播中的信息量也要适合受传者的感知、消化能力,要避免信息量的不足或过多。荷兰特文特大学汉肯教授写道:"人基本上是个单信道的信息处理机。他连贯地吸收输送给他的信息,并且必须借助某种扫描过程把观测到的众多的刺激转换成一系列有次序的操作。"这样一来,接受者面对的信息愈多,愈复杂,所需要的感知、消化的时间就愈长,也愈容易引起厌烦;相反,面对的信息太少、太单调,又不能引起接受者对问题的足够了解和重视。所以,只有在一定限度和尺度之内的信息量,才是最适合受众感知的信息吸收量。此外,对单个信息的加工和传输也要适量。也就是说,对某一件事或观点的报道和阐述要言简意赅,清楚明白,恰到好处。

适量性原则既符合接受者对信息的需求量，也符合传播媒介的负载能力和节省人力、财力、时间的精神。

1.6 知识组织

人类的认知是建立在对数据、信息和知识的分析与组织基础上的。

1.6.1 知识组织的定义

知识组织(Knowledge Organization)一词最早是1929年由英国著名分类法专家H. E. Bliss在其著作《知识组织和科学系统》、《图书馆知识组织》中提出的。1989年，国际知识组织学会(ISKO)成立，它是知识组织方面最高级别的国际协会，其对知识组织各个领域进行了探讨，取得一系列的成果。

关于知识组织的定义，蒋永福同志曾明确提出："知识组织是指为促进或实现主观知识客观化和客观知识主观化而对知识客体所进行的诸如整理、加工、引导、揭示、控制等一系列组织化过程及其方法。"这个定义基本上揭示了知识组织这个概念的内涵。

目前被图书馆学界普遍接受的是王知津先生的描述，他认为，知识组织是对知识进行整序，既处理大量的现有知识，又能相对降低存储知识的物理载体的盲目增长，以免知识过于分散化。用以提供文献、评价科学文献和系统表述，以产生新的便于利用和获取的有序化知识单元的处理系统即是知识组织。

到目前为止，虽然关于知识组织的定义还没有达成共识，但现有的表述都有同一个含义，即知识组织的实质是对知识的表述与序化。知识组织的精髓在于对知识及知识间的关联进行揭示和组织，知识获取、知识处理、知识表达和知识共享是知识组织研究的内容。

知识组织是在分类系统和叙词表研究的基础上发展起来的，这从《知识组织文献分类系统(大纲)》即可窥其一斑。然而，对知识组织的研究已经引起人工智能、专家系统、超媒体、术语学、教育学等领域的关注，因为知识组织所研究的最小单元是概念及其词语表达。

1.6.2 知识组织体系

以知识结构为描述对象，是知识组织有别于信息组织的典型特征。知识结构不是线性、等级式的，而是呈网状的，概念是知识结构中的基础要素。知识结构的表现形式就是具有各种联系的概念群。知识组织就是将文献中反映知识结构的概念关系揭示出来。而要实现知识结构的描述与组织，必须依赖于组织体系。

1. 概念类聚知识组织体系

知识组织体系即是对概念及概念间关系进行描述和揭示。分类表和主题词表是最具有代表性的概念类聚体系。

分类表，也即分类法。分类表是按学科内容组织概念的分类系统。以等级结构显示文献主题概念间的关系，按学科体系排列类目，是分类表的特点。分类表提供了从学科专业检索文献的途径，满足族性检索的需求，具有较强的系统性。

主题词表，也包括叙词表。主题词表是按事物组织概念的主题系统，是一定领域规范化的主题词及使用规则的概念集合体。它将表达文献主题内容的词语作标引对象，按主题词的字顺序列组织文献，并用参照系统显示概念之间的相互关系。主题词表提供按事物名称检索文献的途径，满足特性检索需求，有较强的专指性和集中性。

由于分类表和主题词表都是从内容角度组织资源的方法，两者表达的对象都是资源的主题概念，本质上都是一种主题概念的标志系统，所以两者之间存在着隐含的概念对应关系。

2. 概念关联知识组织体系

概念关联体系不仅强调组织概念，更注重概念关联的组织。词网（Word Net）、概念图、主题图、本体等是典型性的概念关联体系。

词网是一部在线词典检索系统，侧重对英语词汇及其关系进行描述，是基于英文的词汇语义网络系统。目前包含大区 95 600 个词条，由其名词、动词、形容词和副词组织成约 70 100 个词义或同义词集，每一个集合表示一个基本的词汇概念，并在这些词汇概念间建立了多种语义关系。

概念图强调以图的方式描述并展示知识，包括概念、命题、交叉连接和层次结构的四个图表特征，其结构由节点、连接和标注构成。概念图是表示概念和概念间相互关系的空间网络结构图。

主题图侧重以可视化方式表示知识概念间的相互关系，通过由主题、关联和呈现三个核心概念组成的主题图数据模型来描述主题、主题间的关联性，以及主题与资源实体之间的关系，并联结与其相关的资源。XML 提供了一种统一的形式来描述逻辑、产生式、框架、注释、语义、网络等多种类型的知识表示方法。这样能够把不同类型的知识融合在一个完整的知识库中。

本体是通过领域知识的逻辑抽象而构筑起来的体现概念及关系的概念系统，是面向领域的通用概念模型。本体对概念及概念间关系的描述是规范的、明确的、形式化的、可共享的。目前几个主要的知识主体语言 CKML、OIL、DAML＋OIL 和 OWL 通过类和属性来描述对象，并通过公理来描述属性的特征和关系，可以构造很丰富的关系类并支持原动推理。

与概念类聚体系相比,概念关联体系更注重概念关联的组织较优的知识组织体系。在概念关联体系中,本体与主题图都具有较强的描述资源概念及概念间相互联系的功能,但本体优于主题图之处在于,本体能更规范、准确地描述概念间的语义关系,形式化能力最强,同时具有高度的知识推理能力,能通过逻辑推理获取概念间蕴含关系。所以本体是一种适应知识组织与知识整合需要的新型知识组织体系,特别是本体在 Web 上的应用,导致了语义网的诞生,并成为语义网结构的主干与核心。

1.6.3 知识管理

知识经济的出现,标志着人类社会正步入以知识资源为依托的新经济时代,在这个新时代,知识将成为最重要的经济因素,由此引发的经济革命将重塑全球经济的新格局,并将引起政治、社会的全面变革。知识经济时代,是知识产品生产和脑力劳动在整个社会生产系统中居于主导地位的新时代。

与知识经济并行发展的是知识管理。知识管理(Knowledge Management)是以知识为核心的管理,也称之为知识驱动下的管理革命,如果说诞生在美国的"泰勒制"引发企业管理的"第一次革命",那么以"人性化"的知识管理为标志的管理革命就是"第二次革命"。知识管理主要是针对企业管理而言的,是对企业所有的知识实施全面的管理,有效开发和利用企业知识资源,提高企业创新能力。知识管理中的关键技术,包括知识模型、通信模型、知识获取、知识组织、知识存储等。其中,知识组织被理解为通过概念语义空间进行知识整序,以期获得快速检索和高的查准率。

如果说,文献组织主导的时代,是对"文献价值链"的管理;在信息组织时代,摆脱了传统的文献载体,"信息价值链"成为管理对象;而知识组织的对象又进一步抽象为"知识价值链"。"知识价值链"可表示为:"知识的采集与加工→知识的存储与积累→知识的传播与共享→知识的使用与创新"。

知识是人对事物的认识和经验(包括技能)的总和。从信息的角度看,它是一种能改变人的行为方式、被人所利用的信息。但它不能独立存在于信息的集合中,也不表现为对信息的存储和提取的能力,它只能在人对信息的运用中体现和产生。当然,离开了信息,人也无法获得知识。可见,人是实现知识的主体,信息是转化为知识的基础。人的认识可以决定信息存在的价值,人的认识又会因被认识的事物所具有的信息而改变,从而形成不断提高的对事物的新认识,以至循环无穷。这就是信息在转化为知识的过程中与人的相互作用和内在联系。例如,投机者认为美元会上扬,他们拼命买进就会推动它上涨,而美元的上涨这种新信息又会使其认识强化,从而形成新的循环。

因此,人在获取知识的过程中与信息的这种相互作用和内在联系,决定了"知识管理”是一种对人与信息资源的动态管理过程。我们理解的“知识管理”应是以“人”为中心,以信息为基础,以知识创新为目标,将知识看做是一种可开发资源的管理思想。简单地说,“知识管理”就是人在企业管理中对其集体的知识与技能(不管它是写在纸上,还是存在人脑中)的捕获与运用的过程。从结构上看,它可分为人力资源的管理和信息管理两个方面。其目的就是寻求信息处理能力与人的知识创新能力的最佳结合,在整个管理过程中最大限度地实现知识共享,以便达到将最恰当的知识在最恰当的时间传递给最恰当的人,使他们能够作出最恰当的决策。图书馆知识管理是以显性知识为核心,以推动知识创新为目标,以信息技术为支撑,实现效益模式由规模、质量型向速度型转变。

未来的社会将对个人发展提出挑战。由于知识更新速度的不断加快,传统的教育方式已经不能适应时代的要求,这就要求每一个人有意识地实施自我终身教育。在工作中学习,边学边干成为21世纪人才的基本要求。由于工作中和社会中的知识往往是零散而容易被忽视的,因此个人在通过这种方式进行学习的过程中,需要特别注意实施知识管理:在坚持学习的前提下,一方面,每个人要不断积累,努力将获取的知识系统化和编码化;另一方面,由于每个人的知识结构都各有长短,因此需要有意识地与他人交流,在分享和使用知识的过程中实现知识的创新。

1.7　文献信息检索与大学生信息素质教育

从20世纪中叶起,人类开创了一个崭新的社会形态——信息化社会,信息日益成为社会发展的决定性力量和主导因素。信息化社会要求社会群体和个体都必须具有高度的信息觉悟、强烈的信息需求和正确的信息价值观等良好的信息素养。信息素质作为对人的信息行为能力的整体描述,是信息社会中个人及整个民族都必须具备的一项基本素质。应当说,信息素质的重要性已经在世界各国形成了普遍的共识。越来越多的高等院校开始探讨信息素质教育的目标,开始考虑如何将信息素质教育融入课程建设中。

1.7.1　信息时代与信息素质

江泽民在第16届世界计算机大会开幕式上指出:“21世纪信息技术的发展使人类能够将潜藏在物质运动中的巨大信息资源挖掘出来并加以利用。信息资源已经成为与物质资源同等重要的资源,其重要作用正在与日俱增。信息高速、广泛传送的特点使世界变成了一个没有边界的信息空间。远程教育、远程医疗、电子商务、电子邮件、虚拟现实的发展使人们的生产、学习和生活方式发生着深刻的变化。”人类步入信息时代的同时也面临着前所未有的挑战。所以，在这一时代，信息的占有量将是一个国家、一个民族潜在财富的标准，开发和利用信息资源的规模、水平与程度则是反映一个国家综合国力的标志。经济的竞争，科学技术的竞争，必然表现为信息竞争。因此，处于这一时代中的人的信息素质，将直接影响着社会信息化的总体水平，影响着一个国家未来的发展。

信息素质是伴随着信息产业的形成和发展而出现的一个名词，其含义也随着时间的发展而发生着变化。一般认为，信息素质是人文素质的一部分，是个体在先天所赋予的生理基础上，通过后天学习、实践而形成的信息品质，是认识、创造、检索、评价、利用信息的品质和素养，其中检索、评价和利用信息的能力则是信息素质的核心能力，表现为能够有效地、快速地获取信息，熟练地判断、评价信息和精确地使用、创造信息。

一般认为，大学生信息素质的标准有以下五个方面。

(1) 信息意识　应明确自己的信息需求，并能鉴别各种形式和类型的信息资源。

(2) 获取信息　应具备高效地获取所需信息的能力。具体指标包括选择合适的检索方法和检索系统，以获取所需信息；构造与实施有效的检索策略有效地检索到自己所需的信息，尤其强调使用现代信息技术和技能获取信息的能力。

(3) 信息评价　能客观、审慎地评价信息与信息源，并将其纳入信息库与评价系统。具有从获取信息中提炼信息主题的能力；为评估信息与信息源形成最初的标准；能通过对新旧知识的比较而确定信息的增加值；能确定新的知识对个人价值体系的影响，并使其融入个人的价值体系中；能通过与个人、领域专家及其他人员的交流，对信息的理解与解释的有效性加以判断；决定是否有必要修订初始的查询。

(4) 信息利用　能够有效地利用信息完成特定的任务。具体指标包括能够利用各种获得的信息，以及产生特定的信息产品或成果；有效地将信息产品、成果与他人交流。

(5) 信息道德　在收集、整理、开发和利用信息时，遵守一定的道德规范，注重知识产权保护，遵守信息法规，按照一定的信息规律办事。

1.7.2 文献检索的作用和意义

1. 文献信息检索

文献信息检索，是指从众多的文献信息源中迅速而准确地查找符合特定需要的文献信息或文献线索的方法和过程。

文献信息检索，广义上包括文献信息的存储和检索两个方面。存储是指对一定数量的提示文献特征的信息或从文摘中摘出的知识信息进行组织、加工、整序并将之存储在某种载体上,编制成为检索工具或组织成检索系统。检索是根据特定的需要,利用一定的检索工具和检索手段,把需要的文献线索或知识信息从检索系统中查找出来的过程。存储和检索是意义不同却又互相联系、不可分割的两个过程。存储是进行检索的前提和基础,检索则是存储的逆过程,须按照存储的同一思路、采用相同的方法进行,才能取得良好的检索效果。

2. 文献信息检索的作用和意义

随着信息时代的到来,人们已认识到信息在政治、经济和社会生活中的作用。"知识就是力量"、"知识就是财富"、"知识改变命运"的观念亦已被人们所接受。所以说,从适应世界范围的教育发展趋势出发,学校应该注重培养既有创造能力,又有独立工作能力的人才。尤其是即将走上工作岗位的年轻人,要具备分析问题和解决问题的能力,富有创造勇气和动手技能,这些都需要我们能有效地收集和利用前人已积累的知识。

实践证明,信息检索与利用是一门应用性很强的学科,是素质教育的一部分,学生掌握信息检索的方法和技能,就会提高自己的适应能力、综合能力、开拓能力和竞争能力,对迎接未来的挑战具有十分重要的意义。主要表现在以下几方面。

(1) 通过文献信息检索课程的教学,学校可以培养学生的信息意识和获取新知识的能力。在信息社会,文献数量激增,类型多种多样,学生通过运用所掌握的文献检索方法和技能,收集、分析、选择有价值的文献信息,使知识、信息、情报与自己的需求最恰当地、有序地结合,将会发挥出极大的创造力。

(2) 通过文献信息检索课的学习,学生能够学会利用图书馆,提高自学能力。随着信息产业的兴起、国际网络化进程的加速,知识的创造、储存、学习和使用方法发生了巨大的变革。学生一旦掌握了文献信息检索知识这一开启知识信息宝库的钥匙,就能不断地拓宽自己的知识领域、更新知识、完善自己的知识结构,以适应时代发展的要求。

(3) 掌握了文献信息检索的方法和技能,将大大地缩短收集资料的时间,提高利用文献的准确率。文献信息检索可以跨越地区、国界和时间的限制,收集到某一学科、某一主题的较完整的资料信息。据报道,运用计算机检索文献,13 分钟可以检出 1 800 篇文献,30 分钟可为 250 个研究课题提供所需查找的文献,2.5 小时可以查阅 5 个专业的全部文献。通过文献信息检索方法的运用,学生可节省大量查资料的时间。

(4) 通过运用文献信息检索的方法和技能,学生可以不断更新知识,提高自身综合素质,更好地迎接时代的挑战。在知识经济时代,知识更新的速度日益加快,几年前发展起来的高新技术今天已有30%过时,电子技术已有50%被淘汰。我们掌握了文献信息检索的方法和技能,就能及时了解最新的知识和信息;只要把学到的新知识运用于实践,就能在实践中有所创新与发展。

文献信息检索课与信息素质教育有着极高的相关性。信息素质是一组能力集合。从各种信息源中检索、评价和使用信息的能力，是信息社会人们必须掌握的终身技能。文献信息检索课是信息素质教育中不可缺少的一部分，素质教育也是文献信息检索课的最终目标。

思考与训练

1. 什么叫文献？信息、知识、文献三者的关系如何？
2. 什么叫一次文献、二次文献、三次文献？三者相互之间有什么关系？
3. 知识组织体系有哪些？
4. 加强大学生信息素质教育和学习文献信息检索课的重要意义。

第 2 章　文献信息检索基本原理

人类关于自然界、社会以及对人类自身的认识大都蕴藏在文献之中。由于信息时代科学技术突飞猛进地发展,使得知识的生产量急剧增加,并由此带来了记录知识的载体与日俱增。无论是传统的图书、期刊、音像等文献,还是数字化的各种各样的光盘数据库或电子数据库,都是由专业人员将它们科学地组织起来,存储在服务器空间和网络系统空间,让读者查找利用的信息资源。本章的介绍,就是要使学生了解文献信息检索的基本原理,并知道如何利用各种文献信息资源。

2.1　文献信息检索的原理和意义

2.1.1　文献信息检索概念

文献信息检索,是指将信息按一定的方式组织和存储起来,并根据用户的需要找出有关信息的过程,即从众多的文献信息源中,迅速而准确地查找出符合特定需要的文献信息或文献线索的过程。文献信息检索,广义上包括文献信息的存储和检索两个方面。存储是指对一定数量的揭示文献特征的信息或从文献中摘出的知识、信息进行组织、加工、整序并将之存储在某种载体上,编制成检索工具或组织成检索系统。检索就是根据需要,利用一定的检索工具和检索手段,把所需的文献线索或知识、信息从检索系统中查找出来的过程。通常所说的文献信息查询或检索只是名称的后一半,是"狭义"的信息检索。存储和检索从意义上讲是具有完全不同的两个含义,存储是为了检索,而检索以存储为前提,它们是相互依存的关系,如果检索标志与文献的存储标志相比,能够取得一致,就叫"匹配",就可得到"命中文献"。

文献信息检索是文献检索和信息检索两个概念的统一。

文献检索是信息检索的一种类型,是指依据一定的方法,按照一定方式将文献组织存储在某种载体上,并利用相应的方法或手段从中查出符合用户特定需要的文献的相关过程。查找出来的文献只是关于文献的信息或文献的线索,如果要真正获取文献中所记录的信息,那么还要依据检索所取得的文献线索或关于特定文献的信息,去索取和查阅文献的原文。文献检索是文献信息工作的重要组成部分,是科学研究的前期工作。

信息检索是指依据一定的方法,从已经组织好的有关大量信息集合中查出特定的相关信息的过程。因此,检索必须按照存储的统一思路和方法才能得到良好的检索结果。

2.1.2 文献信息检索的类型

1. 按内容划分

按照文献信息检索的内容,可划分为数据信息检索、事实信息检索和文献信息检索。

(1) 数据信息检索　以文献中的数据为对象的一种检索,如查找某种材料的电阻,某种金属的熔点。

(2) 事实信息检索　以文献中的事实为对象,检索某一事件发生的时间、地点或过程,如查找鲁迅生于某年。

(3) 文献信息检索　以文献原文或关于文献的信息为检索对象的一种检索。

文献检索是最典型和最重要的,也是最常利用的信息检索。掌握了文献检索的方法,就能以最快的速度,在最短的时间内,以最少的精力了解前人和别人取得的经验和成果。

2. 按组织方式分

按文献信息检索的组织方式,可分为全文检索、超文本检索和超媒体检索。

(1) 全文检索　是指对存储于数据库中整本书、整篇文章中的任意内容信息的信息检索,用户可以根据自己的需要从中获取有关的章节、段落等信息,还可以进行各种频率统计和内容分析。随着计算机容量的扩大和检索速度的提高,全文检索的范围也在不断扩大。

(2) 超文本检索　是对每个节点中所存信息以及信息链构成的网络中信息的检索,是对信息在系统中组织方式不同而言。从组织结构看,超文本的基本组成元素是节点和节点之间的逻辑连接链,每个节点存在的信息及信息链被连接在一起,构成相互交叉的信息网。超文本检索强调的是中心节点之间的语义连接结构,要靠系统提供工具作图示穿行和节点展示,提供浏览式查询。

(3) 超媒体检索　是对文本、图像、声音等多种媒体信息的检索,是超文本检索的补充。其存储对象超出了文本范畴,融入了静态、动态及声音等多种媒体的信息,信息存储结构也从单维发展成多维,存储空间也在不断扩大。

3. 按检索设备分

按文献信息检索的检索设备，可分为手工检索和计算机检索。

(1) 手工检索　简称"手检"，是指人们通过手工的方式来存储和检索信息。手检工具主要有书本型和卡片型的信息系统，即目录、文摘、索引等各类工具书刊。

(2) 计算机检索　计算机检索是指以计算机技术为手段，通过计算机软件技术、网络和数据库及通信系统等现代检索方式进行的信息检索，检索过程是在人、机的协同下完成的(参见本章 2.3 节和 2.6 节)。

2.1.3　文献信息检索的原理

文献信息检索的全过程包括存储和检索两个过程。

存储过程就是按照检索语言将原始文献信息进行处理，为检索提供经过整序的文献信息集合的过程。文献信息存储在检索工具中形成的文献信息特征标志与信息检索提问标志要相一致。具体讲，文献信息的存储包括对文献信息的著录、标引以及编排正文和所附索引等。所谓文献信息的著录，是按照一定的规则对文献信息的外表特征和内容特征简明扼要的表述。文献信息外表特征包括文献信息的著者、来源、卷期、页次、年月、号码、文种等。文献信息内容特征包括题名、主题词和文摘。文献信息的标引是就文献信息的内容按一定的分类表或主题词表给出分类号或主题词。

检索过程则是按照同样的检索语言(主题词表或分类表)及组配原则分析课题，形成检索提问标志，根据存储所提供的检索途径，从文献信息集合中查找与检索提问标志相符的信息特征标志的过程。

因此，只有了解文献信息处理人员如何把文献信息存入检索工具，才能懂得如何从检索工具中检索所需信息。文献存储和检索原理如图 2-1 所示。

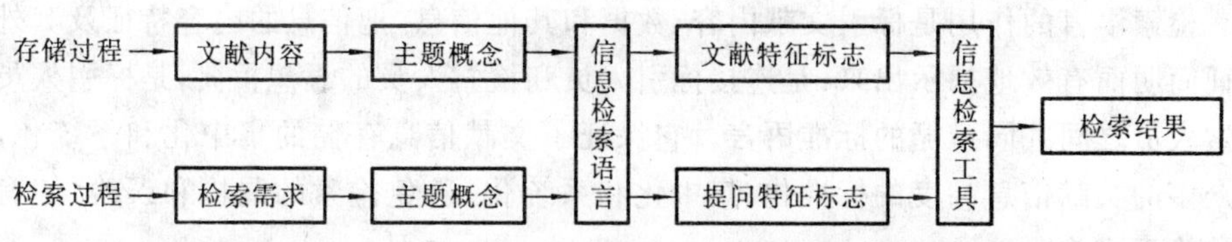

图 2-1　文献信息存储和检索原理图

2.1.4　文献信息检索的意义

文献信息检索的意义主要体现在以下几个方面。

(1) 充分利用和掌握有效的文献信息资源，有利于举一反三，扩大知识视野，学好专业知识和技能。

(2) 掌握科学的文献信息检索方法，是获取新知识的捷径，可以把学生引导到超越教学大纲的更广的知识领域中去，不断更新知识，适应社会发展的需求。

(3) 掌握好科学的文献信息检索方法，就可以缩短查阅文献的时间，获取更多的文献信息，提高工作效率，有利于就业后了解市场同类产品及销售情况，积极参与市场竞争。

(4) 有利于为企业提供竞争情报和相关信息，为决策作参考。

2.2 检索语言

2.2.1 检索语言的概念和作用

检索语言是一种人工语言，它是各种信息组织、存储和信息检索时所用的一种语言。无论是传统的手工检索系统，还是现代的计算机检索系统，都是通过一定的检索语言组织起来的，并为检索系统提供一种统一的、标准的用于信息检索的专用语言。也就是说，信息资源在存储过程中，其内容特征和外部特征按照一定的语言来表达，那么检索文献信息的提问也必须按照同一的语言来表达。为了使检索过程快速、准确，检索用户与检索系统需要统一的标志系统。这种在文献信息的存储与检索过程中共同使用、共同理解的统一的标志就是检索语言。因其使用的场合不同，检索语言也有不同的称谓。例如，在存储文献的过程中用来标引文献，就叫标引语言；用来索引文献信息时，则叫索引语言；在检索文献过程中又称为文献检索语言。

检索语言的作用是标引文献内容、数据和其他信息，把信息的内容特征及其外表特征简明而有效地揭示出来；是连接标引人员和检索人员的思想桥梁，是标引人员和检索人员之间共同遵循的标准语言。它保证了文献信息存储的集中化和系统化，并使众多的文献信息高度的标准化、集中化和系统化，避免检索的漏检和误检，使有规律的检索成为可能。

2.2.2 检索语言种类

检索语言的种类很多。按描述文献特征的不同，检索语言可分为描述文献外表特征的检索语言和描述文献内容特征的检索语言。描述文献外表特征的检索语言包括题名（书名、篇名）、著者姓名、号码（专利号、报告号、标准号等）和引文语言（被引用著者姓名和被引用文献的出处）等。描述文献内容特征的检索语言包括分类语言、主题词语言和代码语言三种(见图 2-2)。

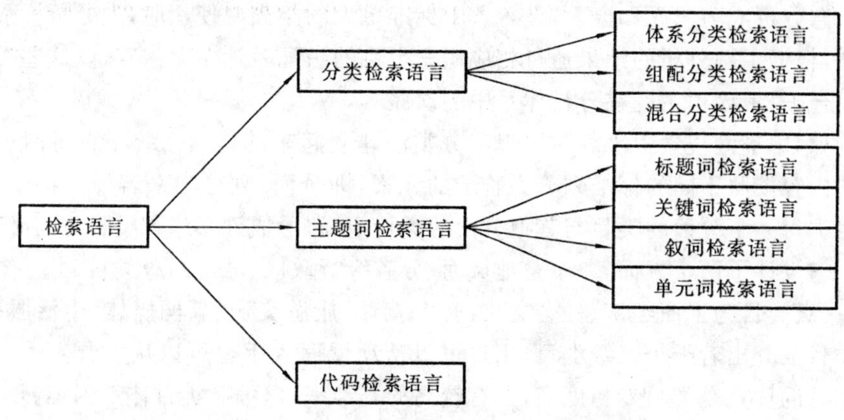

图 2-2　描述文献内容特征检索语言示意图

1. 体系分类检索语言

体系分类检索语言也叫分类语言，是一种按科学范畴和体系来划分事物的检索语言，按其所属的学科性质进行分类和排列，以阿拉伯数字或以拉丁字母和数字混合作为类目标志符号，以类目的从属关系表达复杂概念及其在系统中的位置，甚至还表示概念与概念之间关系的一种检索语言。分类语言的具体表现形式就是分类法。

分类语言又分为体系分类语言、组配分类语言和混合分类语言。目前使用最广泛的是体系分类语言。

1) 体系分类语言

体系分类语言是一种直接体现学科知识分类的等级制概念的标志系统，是通过对概括性文献信息内容特征进行分类的检索语言。

体系分类语言广泛用于图书、资料的分类和检索，它是图书情报界使用最普遍的一种检索语言，它的具体体现形式就是图书分类法。世界比较著名的分类法有：IPC、DDC、LC、ICS，我国目前比较流行的有《中国图书馆图书分类法》(简称《中图法》)、《中国科学院图书馆图书分类法》(简称《科图法》)、《中国人民大学图书馆图书分类法》(简称《人大法》)等。

体系分类语言是以学科的分类为基础，概括文献的内容特征及某些外表特征，运用概念划分的方法，按知识门类的逻辑次序，从总到分、从一般到具体、从简单到复杂，进行层层划分，从而产生许多不同级别的类目，层层隶属，形成一个严格按学科门类划分和排列的等级制体系。

2) 组配分类检索语言

组配分类检索语言也称为组配分类法，是为了适应现代信息资源标引和检索的需要发展起来的分类法类型。它运用概念可分析和综合的原理，将可能构成文献主题的概念分析成为单元和分面，设置若干标准单元的类表。使用时，先分析标引对象的主题，根据主题分析的结果通过相应概念类目的组配表达主题内容，以这些类目的标志组合，表示该项主题在分析体系中的次序。

例如，中华网搜索引擎就是以组配分类法建立起来的检索系统。它将网页信息或网站内容按照不同的标准划分为若干的元素，即分面；划分出来若干个特征概念，即类目。每一个分面的类目与其他分面的类目组配，形成许多组配类目，达到细分的目的。它设计了两个方面，一个是地域面，分省级行政区、城市两级类目；另一个是主题面，一级类目为工商经济、社会文化、教育就业、旅游交通、新闻媒体，生活服务等，一级类目下分出若干个二级类目，用户可以从地域面入手也可以从主题入手。分面组配体系的优点是类目专指度高，具有较高的查准率，但编制类目体系困难。

3）混合式分类检索语言

混合式分类检索语言也称为混合式分类法，它是介于上述两种分类法之间，既应用概念划分和概念原理，又应用概念分析和综合的原理而编制的分类法。根据侧重面不同，既有体系分类法和组配分类法之分。体系和组配分类法的特点是在等级分类体系的基础上又采用分面组配的方法，以达到细分主题的目的，来满足信息查询和检索的需要。混合式分类法是体系和组配相互融合为一体，因此拥有二者的优点。现在的一些比较好的网站如新浪、网易等都是采用的这种分类体系。

2. 主题词检索语言

主题词检索语言也称为主题词语言，是经过选择，用于表达文献信息内容的词语作为概念标志，并将概念标志按字顺排列组织起来的一种检索语言。经过选择的词语叫主题词，主题词表是主题词语言的体现，词表中的词语作为文献内容的标志和查找文献的依据。根据词语的选词原则、组配方式、规范方法，它又可分为标题词检索语言、叙词检索语言、关键词检索语言、单元词检索语言等。

1）标题词检索语言

标题词检索语言也称为标题词语言，又称为标题法。它是主题检索语言最早的一种类型，也是一种很规范的自然语言，即经过标准化处理的表达文献所论述或涉及的事物概念的词、词组或短句作为标志的一种检索语言。例如，一篇关于计算机的设计和另一篇计算机维修的文章，都可以直接用“计算机”来做标题词，它们在标题词系统中都是按“计”字排列集中在一起的；一篇关于路桥设计和另一篇关于路桥维护的文章，都可以直接用“路桥”来做标题词，它们在标题词系统中都是按“路”字排列集中在一起的。

标题词是从文章的中心思想出发，以文章的主题概念作为标目，它的划分标记是规范化的词，将这些词按字母顺序排列，构成标题词表。检索时通过字母顺序直接提供按主题检索文献的途径，如《工程标题词表》、《美国国会图书馆标题词表》等。

2）叙词检索语言

叙词检索语言又称为叙词语言，是从文献中优选出来，经严格规范化处理的名词或名词词组，通过组配来标示文献内容或主题的一种标志系统。叙词语言就是以叙词作为文献检索标志和查找依据的一种检索语言。它既表达文献内容特征，词与词之间又有严密的语义关系。

3）关键词检索语言

关键词检索语言也称为关键词语言，是指出现在文献标题、文摘、正文中对表达和揭示文献内容具有实质意义的词语、关键词作为一种检索语言。关键词用作文献内容的标志和查找目录、索引的依据，不需要规范化，也不需要关键词表作为标引和查找图书资料的工具。

关键词语言的基本原理是直接以自然语言的单词作为表达文献和提问的标志。因而，关键词语言不必编制专门的词表，不进行词汇控制，也不显示词间关系，可利用计算机进行自动抽词标引，极大地提高标引的速度，缩短检索系统的报道时滞，符合在文献数量激增的背景下快速检索文献的需要。由于关键词能直观、深入地揭示信息中所包含的知识，而且符合人们的思维方式，因此关键词法在信息组织中得到了广泛的应用。网上各种各样的搜索引擎和数据库大多采用了关键词法组织信息资源，如网易、搜狐等，中国科技期刊数据库等也使用了关键词法来组织信息。但由于关键词法的词语不规范，影响了文献信息的查全率和查准率。

在关键词语言发展的进程中，出现了多种关键词索引形式，大体可分为两类：一类是带上下文的关键词索引，包括题内关键词和题外关键词索引等；另一类是不带上下文的关键词索引，包括单纯关键词索引、简单关键词索引。

4）单元词检索语言

单元词是规范的自然语言，它是指从文献中抽取出来最基本的、不能再分割的单元词语的一种检索语言，又称元词。它从文献内容中抽出，经过规范，能表达一个独立的概念。单元词之间具有灵活的组配功能，用来标引文献的主题概念，所以又称其为后组式检索语言。例如，“计算机”和“软件”是表达两个独立的概念。可是“计算机软件”又可以组合成一个复合概念。因此单元词的组配仅限于字面上的组配。单元词表比较简单，只有一个字顺表，较完备的单元词表是由一个字顺表和一个分类词表组成。常用的单元词语言检索工具有《化学专利单元词表》和《世界专利索引(WPI)——规范化主题词表》等。

3. 代码检索语言

代码检索语言是对文献所论述事物的某一方面的特征，用某种代码系统加以描述和标引的语言，如化学物质的分子式、化学物质登记号、基因符号等。

2.3 检索系统

2.3.1 检索系统概念

检索系统就是为了满足各种各样的信息需求而建立的一整套信息的收集、整理、加工、存储和检索的完整系统。它是由一定的检索设施和加工整理好并存储在相应载体上的文献集合及其他必要设备共同构成的。它与检索工具一道,共同服务于信息检索。

2.3.2 检索系统的分类

信息检索系统按文献信息的存储和检索设备划分,可分为手工检索系统和计算机检索系统。

1. 手工检索系统

手工检索系统是用手工方式来处理和查找文献的工具系统,是传统的检索系统,其内容千差万别,种类繁多,结构各异,但组成方法基本相同。它主要是指利用印刷型、缩微型检索工具。手工检索系统由手工检索设备(书本式目录、文摘、索引、卡片柜等)、检索语言、文献库等构成,以人工方式查找和提供文献信息。

手工检索系统包括 6 个子系统。

(1) 文献筛选子系统,即根据一定的标准选择存储的文献。

(2) 词表子系统,即编制、维护、修订分类表和主题词表。

(3) 标引子系统,即根据词表,将文献的主题内容经概念分析而转换成检索语言。

(4) 查寻子系统,即把信息用户的需求转换成检索策略。

(5) 用户与系统之间交互子系统,即通过与信息用户的商谈,收集反馈,具体确定检索目标。

(6) 匹配子系统,即检索策略同文献索引中有关标引记录相比较,实施检索作业。

手工检索系统具有操作简单,费用低廉,查准率高等优点,但耗时较多,效率较低。在中国,手工检索系统将与自动化检索系统长期共存,互相补充,在情报交流中发挥其应有的作用。

2. 计算机检索系统

计算机检索系统又称为现代化检索系统，是利用计算机技术、电子技术、网络技术等，存储和检索在计算机或计算机网络内的信息资源的检索系统，存储时，将大量的信息资源按一定的格式输入到系统中，加工处理成可供检索的数据库。

计算机信息检索系统主要由四个部分构成，即硬件部分、软件部分、信息数据库、通信网络。

(1) 计算机检索硬件主要包括：服务器、交换机、存储设备、检索终端、数据输出设备等。

(2) 计算机检索软件是检索系统的管理系统，其功能是进行信息的存储、处理、检索以及整个系统的运行和管理，检索软件的质量对检索功能和检索速度有重大影响。

(3) 数据库是在计算机存储设备上按一定方式存储的相互关联的数据集合，是检索系统的信息源，也是用户检索的对象。数据库可以随时按不同的目的提供各种组合信息，以满足检索者的需求。一个检索系统可以有一个数据库，也可以有多个数据库。

(4) 通信网络是信息传递的设施，起着远距离、高速度、无差错传递信息的作用。通信网络分成资源子网和通信子网两部分，资源子网包含网络中所有的计算机、输入输出设备、各种软件资源和数据资源，负责全网的数据处理业务；通信子网由用作信息交换的结点计算机和通信线路组成的独立数据通信系统，承担全网数据传输、转接、加工和交换等通信处理工作。现在常用的是光缆通信网络。

因此，计算机检索系统也可以说是由数据库及所有支持检索实施所需的硬件、软件构成，通过一定的检索软件进行信息的存储、处理、检索以及整个系统的运行和管理。也就是说硬件部分决定了系统的检索速度和存储容量，软件部分则是充分发挥硬件的功能，确定检索方法，数据库是检索系统的核心部分。

关于计算机检索系统类型和检索特点，见本章 2.6 节。

2.4 检索工具

2.4.1 检索工具的概念和特征

检索工具是经过对文献信息一系列的判断、选择、组织、加工等处理后形成供检索用的工具与设备。文献信息检索工具是以各种原始文献为素材，在广泛收集并进行筛选后，分析和揭示其外形特征和内容特性，给予书目性的描述和来源线索的指引，形成一定数量的文献信息单元，再根据一定的框架和顺序加以排列或形成可供检查的卡片或工具，或以图书的形式出版，或以期刊的形式连续出版，是二次文献，使科研人员从中了解本专业学科或领域的进展情况及科学技术发展的全貌。同时，还可以了解图书、期刊等各类文献的出版情况及其在一些图书信息部门的收藏情况，易于利用。任何检索工具都有存储和检索两个方面的职能，存储的广泛、全面和检索的迅速、准确是对文献检索工具的基本要求。

检索工具应具备如下特征。

(1) 详细而又完整地记录文献线索和所收录文献的各种特征，读者可根据这些线索查找所需文献。

(2) 每条描述记录要标明可供检索用的标志，如分类号、主题词、文献序号、代号代码等。

(3) 提供多种必要的检索手段和检索途径，如分类索引、主题索引、作者索引、代码索引等，便于读者从各种途径方便地进行检索。

(4) 出版形式多样性，可以是图书、期刊、卡片、缩微品、磁带、磁盘、光盘等，兼备对文献信息的揭示报道、存储累积和检索利用的功能。

(5) 在体例编排结构上，从实用易检出发，可以结合文字特点和学科特点对所选的款目按分类排组或按主题、叙词、关键词等的字序排组，并利用"参照"关联相关部分。此外，又辅以适宜的辅助工具，以便同主体的排列相辅相成。

2.4.2 检索工具种类

由于检索工具的著录特征、报道范围、载体形式和检索手段等特征的不同，检索工具有多种划分方法。

1. 按检索手段划分

检索工具按检索手段，可分为手工检索工具、机械检索工具、缩微文献检索工具与计算机检索工具。

1) 手工检索工具

手工检索工具又可分为两大类：检索型检索工具和参考型检索工具。

检索型检索工具主要向用户提供经过加工、整理并按一定的方式排列的文献资料的线索、出处等，用户通过这类检索工具所提供的线索，能够方便、快捷地找到自己所需要的信息，如书目、索引、文摘、题录。

2) 机械检索工具

机械检索工具是指运用一定的机器设备来辅助检索文献信息的检索工具，主要有机器穿孔卡片检索工具和缩微文献检索工具。以穿孔卡片为载体的检索工具，是手工检索到机械检索的过渡。最早的手检穿孔卡片检索工具出现于 1904 年，后来发展到边缘穿孔卡片、比孔卡片到机械穿孔卡片等。但是自计算机检索出现后，穿孔卡片检索工具已逐渐不再单独使用。

3）缩微文献检索工具

缩微文献检索工具又称为光电检索工具，它是以文献缩微品作为文献库，用一定的光电设备从中进行文献信息检索。一张缩微平片可以缩摄存储几十页至几千页的文献，且存储时间较长，已普遍运用于一些珍贵文献的复制保存。

4）计算机检索工具

计算机检索工具是以磁性介质为载体，用计算机来处理和查找文献的一种电子化自动化系统，由计算机、检索软件、文献数据库、检索终端及其他外用设备组成。用户可以通过终端设备和通讯线路与相关检索系统联系，查找所需文献。电子计算机检索的速度和效果都明显优于其他检索方式，目前在世界各国都已得到了迅速发展。它是由电子计算机检索系统构成，具有密度高、容量大、查找速度快、不受时空限制等优点。

2. 按物质载体形式和种类划分

检索工具按物质载体形式和种类可分为：书本式检索工具、卡片式检索工具、缩微型检索工具和机读式检索工具。

1）书本式检索工具

书本式检索工具又可细分为期刊式、单卷式和附录式三种。

(1) 期刊式检索工具是在一个名称之下，定期连续刊行的一种检索工具，具有期刊的特点，是目前查找科技文献的主要检索工具。其优越性在于收录文献新，报道文献快，且能够比较完整系统地收选一个学科领域的有关文献信息，便于回溯检索和全面了解该学科领域的发展状况；同时也便于装订、保存、借阅、管理。

(2) 单卷式检索工具大多是以一定的专题为内容而编印、单独出版的。它收集的文献比较集中，往往积累了一段相当长时间的文献，并以特定范围的读者作为对象。对于专题文献检索比较方便，有较高的使用价值。

(3) 附录式检索工具不独立出版，而是附于有关书刊之后，但具有一定的参考价值。尤其是作为情报信息研究成果的综述、述评所附的参考文献目录，往往是通过全面搜集大量文献进行精选而成，所以具有较高的价值，也越来越受到人们的重视。

2）卡片式检索工具

卡片式检索工具是文献收藏单位揭示馆藏文献信息的常用检索工具，如传统图书馆使用的卡片目录，它把每条款目写在或印在一张卡片上，然后按一定的方式将卡片一张张排列起来，成为成套的卡片。它一般包含主题目录、分类目录、篇名目录、著者目录等。其优点是可以随时抽排，不断充实、更新，及时灵活地反映现有文献信息。其缺点是占有较大的馆藏空间，体积庞大，成本费用也比较昂贵，制作费时费力等。

目前已大都停止使用。

3）缩微型检索工具

缩微型检索工具是指计算机输出的缩微品，有平片和胶卷两种形式。由计算机将存储在计算机存储器里的书目著录，按照人们指定的格式和排列系统进行输出，一张普通的缩微平片可包含 3 000 多条书目著录，即能代替 3 000 多张卡片。其特点是存储量大，体积小，成本低廉，易于保存。但它不像卡片式检索工具那样可随时增减款目，需由计算机进行全套更新，所需费用较大。

4）机读式检索工具

机读式检索工具是将书目著录按照一定的代码和一定的格式记录在特定载体上，专供计算机“阅读”的检索工具。只有借助于计算机，才能对它进行检索。例如，一盘规格为 2 400 英尺的机读磁带，可记录 4 000 万个字符，相当于每页 6 000 字的文献 6 600 页，而记录时间仅需 20～30 分钟，并可实现多种形式的输出，如在计算机上显示出来，或用打印机打印，还可以存储在个人磁盘中保存等。其特点是查找文献迅速准确，检索效果好。

3. 按收录的学科范围划分

检索工具按收录的学科范围可分为：综合性检索工具、专业性检索工具和单一性检索工具。

（1）综合性检索工具，即收录范围是多学科的，适用于检索不同学科专业文献。

（2）专业性检索工具，即收录范围仅限于某一学科或专业，专业性强，适合科技人员检索特定专业的文献信息，内容更集中、系统。

（3）单一性检索工具，即收录文献只限于某一特定类型的特定范围，以新技术发明作为检索对象，如专利文献目录索引等。

2.5 检索策略

2.5.1 检索策略的概念

所谓检索策略，是指检索者为实现检索目标所做的安排和部署，包括课题分析、检索工具的选择、检索方法、检索途径等。检索策略几乎包括了全部检索有关的基本知识的应用，指导整个检索过程。因此，检索策略的优劣主要取决于检索人员的知识水平和业务能力，也是影响检索效率的主观原因。

2.5.2　检索策略的制定

1. 分析课题

首先要在分析课题的基础上，弄清楚课题的性质是什么，了解课题的目的、意义，确定检索内容的学科范围、文献类型、检索年限，根据学科范围选择检索工具以及检索范围的限定和检索技术。根据课题要求和特点，选择检索方法，找出检索词，按逻辑关系列出检索式，制定查找程序。要特别注意确定检索标志、提问逻辑、检索词之间的组配方式，它是检索策略的重要部分，关系到检索课题的查全、查准。弄清所需的文献类型、要求的文种、年代的限定、课题的关键词等是检索的第一步。

例如，有人需要查找作为首饰用的"变色钻石"，如果从钻石、金刚钻或碳素材料的角度去查，那就会毫无结果。事实上，"变色钻石"是一种刚玉，应从氧化铝或刚玉的角度着手检索。

2. 选择检索工具

根据检索课题的要求，首先必须对各种检索工具所覆盖的学科范围有清楚的了解，按照相应的检索途径查找有关的索引，再根据索引指示的地址查得相应的文献线索，如题名、内容摘要、作者及作者单位、文献出处等。如果是利用联机、光盘检索系统或数据库检索系统，则可按提示进行操作，其检索途径和功能远比手工检索工具多得多，文献线索的输出形式可根据需要灵活选择。一般来说，可以先利用本单位已有的信息检索工具，再选择单位以外的信息检索工具，在与信息检索主题内容对口的信息检索工具中选择高质量的信息检索工具。

3. 检索技术

检索策略制定的好坏与检索方法的选择、检索程序和检索人员的技术有关。有的检索人员往往忽略检索策略的制定，忽略检索方法和检索工具各自的特点。检索工具有综合性和专业性的不同，覆盖专业面、收录文献类型、语种、出版文字的不同等，因此应根据课题分析的结果进行选用。拿了题目不了解课题内容，在题目中找出检索词，或由用户提出检索词就进行检索，这样检出来的文献不够全面，容易造成漏检。这种情况的出现与检索人员的经验有关。涉及多学科内容的检索，应对各学科间存在的同义词、近义词进行选择，稍有疏忽，就会造成漏检。

4. 确定检索途径和检索标志

标志是确切表达文献内容及某些外表特征而使用的一种符号或词，是经过规范化处理的，是比较通用和定型的。要注意文献的外部特征，如出版年、文献类型、书名、刊名、著者等，也要注意文献内容特征，如学科属性、分类、主题、结构符号等。族性检索用分类途径好，特性检索用主题途径好，知道分子式可用分子式途径，要查发明,有专利号的用查专利的途径。

5. 确定检索策略

选用具体的检索工具后,就要考虑选择哪种检索方法,确定具体的检索途径,选择是从分类途径还是从主题途径检索,所查找的文献要达到什么要求,选用什么检索词等,以便具体进行检索。

6. 获取原始文献

利用检索工具获得的文献线索中,文献来源(出处)往往是采用缩写的方式,因此还必须把缩写的文献来源转换成全称,一般可通过检索工具本身的附录予以解决。另外还要识别著录时所用的各种缩写等。检索文献最终要获取原文,按照文献来源的全称,查找馆藏目录。如查不到,读者可以利用各类联合目录获得其他单位收藏的信息,还可以委托图书馆进行馆际互借或馆际文献传递。这样就完成了文献检索的全过程。

2.5.3 文献检索效果的评价

文献检索完成后,要根据一定的评价指标对检索结果进行科学的评价,以找出文献检索中存在的问题和影响检索效果的各种因素,以便提高检索的有效性。常见的评价指标有查全率、查准率、漏检率、误检率、收录范围、响应时间、用户负担和输出形式等。其中最主要的指标是查全率和查准率。

查全率是指检索出的相关文献量占系统中所有相关文献总量的百分比,用来反映检索的全面性。查准率是指检索出与主题相关的文献量占所有检出文献总量的百分比,用来反映检索的准确性。

查全率和查准率是两个互补的关系。在一个特定的检索系统中,当查全率不断提高的同时,查准率就会降低,而当查准率提高的同时,查全率又会降低。但值得引起注意的是当查全率和查准率都很低的时候,两者可以通过检索策略的改善同时得到提高。

用户查找信息的目的各不相同,对查全率和查准率的要求也不同,有时,寻找特定的事实并不关心一次检索中漏检了多少,或检索某个主题时并不在乎误检了多少。因此可根据用户需要,选择合适的查全率和查准率要求。

2.6　计算机检索

2.6.1　计算机检索发展概况

计算机信息检索的发展，是与计算机技术、数字化技术、存储技术、网络通信技术的发展密切相关的。从20世纪50年代计算机开始应用于信息检索，至今大体经历了四个阶段。

1. 脱机检索阶段(20世纪50年代中期到60年代中期)

自1946年2月世界上第一台电子计算机问世以来，人们一直设想利用计算机查找文献。进入50年代后，在计算机应用领域“穿孔卡片”和“穿孔纸带”数据录入技术及设备相继出现，以它们作为存储文摘、检索词和查询提问式的媒介，使得计算机开始在文献检索领域中得到了应用。

这一阶段主要以脱机检索的方式开展检索服务，其特点是不对一个检索提问立即作出回答，而是集中大批提问后进行处理，且进行处理的时间较长，人机不能对话，因此，检索效率往往不够理想。但是，脱机检索中的定题服务对于科技人员却非常有用，定题服务能根据用户的要求，先把用户的提问登记入档，存入计算机中形成一个提问档，每当新的数据进入数据库时，就对这批数据进行处理，将符合用户提问的最新文献提交给用户，可使用户随时了解课题的进展情况。

2. 联机检索阶段(20世纪60年代中期到70年代中期)

由于计算机分时技术的发展，通信技术的改进，以及计算机网络的初步形成和检索软件包的建立，用户可以通过检索终端设备与检索系统中心计算机进行人机对话，从而实现对远距离之外的数据库进行检索的目的，即实现了联机信息检索。

可以说，联机检索是科技信息工作、计算机、通信技术相结合的产物，它标志着70年代计算机检索的水平。

3. 光盘数据库检索阶段(20世纪70年代中期到80年代末)

光盘数据库检索阶段真正发展是在20世纪70年代。它是单机信息检索系统的一种，解决了单机检索系统数据存储量少的问题，也是目前比较广泛应用的一种检索系统，它在信息检索领域应用的光盘主要还是只读光盘。

1982年出现了记录带有声音的静止图像的光盘，1984年日本研制出了可反复擦写的光盘。目前借助于各种软、硬件，光盘已经可以达到数据、图像、声音的综合处理。

4. 网络化检索阶段(20世纪90年代初至今)

由于电话网、电传网、公共数据通信网都可为情报检索传输数据,特别是卫星通信技术的应用,使通信网络更加现代化,也使信息检索系统更加国际化,信息用户可借助国际通信网络直接与检索系统联机,从而实现不受地域限制的国际联机信息检索。尤其是世界各大检索系统纷纷进入各种通信网络,每个系统的计算机成为网络上的节点,每个节点连接多个检索终端,各节点之间以通信线路彼此相连,网络上的任何一个终端都可联机检索所有数据库的数据。这种联机信息系统网络的实现,使人们可以在很短的时间内查遍世界各国的信息资料,使信息资源共享成为可能。

计算机信息检索的实现,大大方便和加速了信息资源的交流和利用,并对社会经济的发展和人们的科研方式产生了深刻的影响,从而也极大地促进了科技的进步。

2.6.2 计算机信息检索的概念与原理

1. 计算机信息检索概念

计算机信息检索是指以计算机技术为手段,通过计算机软件技术、网络和数据库及通信系统等现代检索方式进行信息检索的,检索过程是在人机的协同下完成的。计算机的产生使信息检索发生了革命性的变化,大大提高了信息存储和检索的能力,但又有很强的技术性,因此计算机信息检索应作为科技人员的一项基本功,这一能力的训练和培养对科技人员适应未来社会的发展非常重要。一个善于从电子信息系统中获取信息的科研人员,必定比不具备这一能力的人有更多的成功机会。美国报道生活新方式的期刊 POV 也将交互网络检索专家作为未来十大热门职业之一。这些情况都说明了计算机信息检索越来越重要,故值得大家对这一技术予以重视。

2. 计算机信息检索原理

就是指人们在计算机或计算机检索网络的终端上使用特定的检索指令、检索词和检索策略,从计算机检索系统的数据库中检索出所需要的信息,然后再由终端设备显示和打印的过程。为实现这种信息检索,必须事先将大量的原始信息加工处理,存储在各种信息载体上待用,所以,广义上讲,计算机信息检索包括信息的存储和检索两个方面。

计算机信息存储就是将所选中的一次文献进行主题分析、标引和著录,按一定格式输入计算机,构成机读数据库记录和文献特征标志,这相当于编制手工检索用的文摘、索引等检索工具,即信息的标引、加工和存储过程。

计算机信息检索则是存储的逆过程。用户对检索课题加以分析,明确检索范围,弄清主题概念,然后用系统语言来表示主题概念,形成检索标志和检索策略,输入到计算机进行查找。这一查找的过程实际上是计算机自动比较匹配的过程,当检索标志、检索策略与数据库中的信息的特征标志及其逻辑组配关系相一致时,则属"检索命中”,即找到了符合要求的信息。检索结果可以联机或脱机打印输出。

关于计算机信息检索原理,一般著述皆如图 2-3 所示。

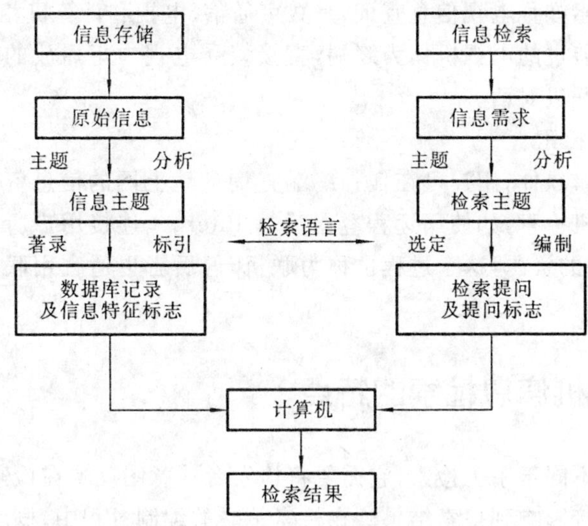

图 2-3　计算机信息检索原理图

2.6.3　计算机检索的类型

计算机检索的类型与计算机和网络技术的发展是有密切关系的,不同时期的计算机对信息记录的方式、存储内容、排序、使用的范围和检索方式都有所不同,计算机检索的类型也有所不同。大致可分为以下四种。

1. 脱机检索

传统意义上的脱机检索是指系统根据用户需求在机读磁带上顺序扫描寻找匹配的文献,通常是分批处理用户提问,又称批式检索。在网络通信迅速发展的今天,脱机检索又常常被称为离线检索,作为在线检索或联机检索的补充,如光盘检索就是一种典型的脱机检索,它使 20 世纪 80 年代后期濒于消失的传统脱机检索又有了新的生命。

2. 联机检索

用户根据联机检索终端通过通信线路与系统的主机连接,在中央处理机控制下查询系统的几十个甚至上百个数据库,并能够与系统实时对话,随时调整检索策略。

国际联机检索是指商业性计算机数据库检索服务机构(也称连接买主)通过国际卫星通信网络,为世界各地的用户终端提供人机对话式检索服务方式。即用户利用终端服务设备,通过国际通信网络,与世界上任何一个国家的大型计算机检索系统的主机联结,从而可以检索到世界各国存储在计算机数据库中的信息资料。

3. 视频数据检索

视频数据检索亦称电视信息查询,是数字通信、电视和计算机相结合的产物。用户将显示器或改装过的电视机作为终端,直接接受电视中正播放的信息或与视频系统的数据库进行联机对话。

4. 网络信息检索

通过网络接口软件,用户可在任一终端查询各地上网的信息资源。网络检索也是一种广义的联机检索,如使用远程登录通过 Internet 连接用户所指定的远程计算机,共享该主机上的资源,这个过程也称为联机,但后者更适宜用联网或网络检索这一概念。

2.6.4 计算机信息检索的特点

计算机检索不同于手工检索,它需要将检索者的意图反映在检索策略上,检索策略的得当与否直接影响到检索结果。在检索策略的编制过程中,概念的选择、数据库的选择和策略的制定都是至关重要的。

计算机信息检索的特点包括以下几点。

(1) 检索途径多。

计算机信息检索提供了主题、分类、著者、题名、全文等多种检索途径进行检索,还可以对多个检索词进行逻辑组配检索和限制检索。

(2) 新颖性。

计算机信息检索系统的数据库更新周期比印刷型检索工具要快得多,可以实现按季、月、日更新,有些联机数据库甚至是实时更新。

(3) 高效性。

计算机信息检索速度快、效率高,有些数据库的速度是几分钟就可以从成千上万条记录中找到所需信息。

(4) 灵活性。

用户对检索结果可以在线浏览,也可以保存到计算机上或其他存储设备上,还可以进行文本编辑加以利用。检索不受时空的限制。

(5) 广泛性。

计算机信息检索系统收录文献的年代长、学科范围广,有些系统不仅收录文摘和题录,而且还收录了文献的原文。

思考与训练

1. 什么叫文献信息检索？其原理和意义是什么？

2. 检索语言主要有哪三大类？其概念是什么？

3. 简述主题法和分类法的特点。

4. 信息检索系统按文献信息的存储和检索设备可划分为哪两类？其概念及特点是什么？

5. 检索工具的定义即特点是什么？按检索手段划分为哪四种？

6. 简述手工检索系统和计算机检索系统的特点？

第3章　工具书及其检索方法

工具书是比较全面地汇集某方面的资料，按照特定的方法编排起来，供人们检索文献线索，以及查找有关事实性和数据性信息的图书。人们在学习和工作中都会碰到事实和数据检索，比如，2004年上海房地产运行情况怎样，在经贸中OPT代表什么，广东省的律师事务所都有哪些，这些都是具体的数据和事实问题，都可以利用工具书加以解答。这类图书包括百科全书、类书、手册、词典、年鉴、指南、目录、索引、文摘等，本章将对各类工具书的内容及使用方法加以介绍。

3.1　工具书的源流与功能

3.1.1　工具书的源流

工具书起源于人类记录自己的思想、观念以及日常所发生的各种事件的愿望。西方工具书有2 000多年的历史。古希腊的亚里士多德被认为是编纂西方古代百科全书的始祖，他编纂的全面讲述当时已有的一切学问的讲义被认为是百科全书的萌芽。而近现代百科全书的真正奠基人是法国学者狄德罗。以狄德罗为首的法国百科全书派，包括卢梭、伏尔泰、孟德斯鸠等人，于1751—1780年编纂了举世闻名的《百科全书：科学、艺术与手工艺大词典》，这部巨著不仅包括艺术、自然、科学内容，而且把工业、贸易等非学院知识纳入其范围，是真正的人类知识大全，标志着现代百科全书的诞生。除了百科全书外，近现代西方工具书发展较快的还有词典、年鉴、手册、传记资料和书目。

中国编制工具书的历史与西方差不多悠久，也有2 000多年的历史。早在周代已出现字表类工具书，到汉代各种工具书纷纷行世。汉代以后，工具书在种类和形式上不断创新，出现了类书、政书、字典、图录和书目等。我国第一部古代辞书《尔雅》成书于战国至西汉年间，是一部分类解释词语的词典。东汉许慎编撰的《说文解字》是第一部系统分析字形、考究文字本意的字典。清代康熙年间编成的《康熙字典》是影响最大的古代辞书,"字典"一词即源于此。类书是中国古代汇集优秀著作中的历史事实、名物制度、诗赋文章、成语典故等的工具书,是引证古代政治、经济、文化等方面史料的重要来源,与西方的百科全书有些相似。有人认为类书可谓中国的百科全书,但百科全书是系统化地阐述各门知识,而类书是将部分且片段的资料抄撮成书,并不加以论述说明,足见其是有差别的。宋代的《太平御览》、明代的《永乐大典》、清代的《佩文韵府》等都是古代著名的类书。

工具书发展至今已具有相当的规模和水平,拥有一批极具参考和使用价值的经典之作。电子版工具书产生于20世纪80年代,在90年代得到迅速发展,从比较宽泛的概念和载体形式来看,电子工具书既有磁盘版,也有光盘版和网络版。甚至可以说,工具书已进入网络化时代。

3.1.2 工具书的功能

不同类型的工具书各有不同的功能作用。但是如果从工具书的总体上来看,其功用又具有许多相同之处。以下从几个方面加以简单的论述。

1. 积累知识,传播思想文化

各个时代、各种内容、各种类型的工具书都深入细致地汇集了某种知识资料,所以说,工具书是积累知识、传播文化的重要工具。

工具书当中的字词典在积累文字词语知识、传播思想文化方面的功能,是任何普通用书都不能比拟的。我国历代的工具书还积累了丰富的政治、经济、文化等各个领域的历史资料,使中华民族的许多文化遗产得以相继保存和流传下来。

现存最早的类书《北堂书钞》也保存了许多古籍片断资料的原始原貌。最大的类书《永乐大典》,虽然残存的数量不多,但其中仍有许多不见于他书的珍贵资料。

工具书发展到近现代,其积累、保存、传播思想文化知识的功能有了更大的发展。像被誉为"工具书之王"的现代百科全书,包容的学科领域之多,记述的知识范围之广,没有哪种图书能与之匹敌。法国资产阶级启蒙思想家狄德罗在编修《法国大百科全书》时也曾这样写道:"百科全书旨在收集天下学问。"

2. 解决读者疑难问题、提供事实与数据

工具书中的参考工具书主要是为人们提供知识、解难释疑和查找资料用的,是进行数据和事实检索的工具。

查词汇　主要利用的工具书就是字典、词典,百科全书和专业手册在一定程度上也具有这方面的功能。

查事实　要了解某一学科的历史沿革、某一领域的概况与前景,要搞清某一范围的成就与进展、某一事件的缘由与结果,可使用年鉴、百科全书、手册等类工具书。

查人物　要掌握某一位科学家、学者以及其他知名人士的生平事迹、学术专长、代表著作、成就贡献、生卒年月以及别名笔名等，可利用人名录、词典、百科全书、手册、年鉴、图录、表谱等。

查团体　团体主要指国际组织、政府部门、研究机构、学会协会、大专院校、公司企业、图书馆、情报组织等。要了解这些团体的名称及缩写、地址、业务范围、组成部分、人员概况等，可直接利用机构名录、年鉴、手册查找，一些历史悠久、影响较大的团体也可通过百科全书、词典查找。

查产品　要了解某种产品的名称、型号、商标、外形和内部结构、必要的数据、特性、用途、产品附件、设计部门、制造厂商等情况，主要是利用厂商名录、产品样本汇编等查找，利用一些手册、年鉴也可获取有用的资料。

查物质　查找某种物质的结构、组成、化学与物理性质、生成方法、用途及数据参数等知识内容，主要利用专科性词典、百科全书、手册、大全、年鉴等。

查地名　世界上地名有很多，如国家、城市、江河、海洋、高山等的名称都属地名的范围。查找中外地名一般可使用地名录、百科全书、词典、手册等。有些大的词典和综合性词典后附有地名附录或索引，使用很方便。

查图谱　图的名目很多，它们可以是画图、草图、线条图、照相图、铜版图以及其他形式的宏观图或微观图等。查图谱主要利用各种专门性的图录，如地图集、星云图集、金相图集、光谱图集、色谱图集、波谱图集等，百科全书也可以解决一些问题。

查年代　主要利用表谱中的年表、历表，有些问题也可利用百科全书、词典解决。

查数据　要检索各种指标、记录、常数、参数、公式、规格等，一般要使用数表及手册，至于要查找年度统计资料和统计数据，主要利用的工具书是年鉴。

3. 提供线索

工具书中的检索工具书，如目录、索引、文摘等，通过对原始文献资料的外在特征和内容主题与论点的描述和揭示，从而为读者提供获取文献原文的线索。

4. 为读书治学指示门径

一是能帮助广大青年学生提高自学能力，独立自主解决读书治学中遇到的各种各样的疑难问题，从而提高学习的积极性、主动性。

二是帮助教师、研究生和科研人员及时、准确地捕捉、掌握教学和科研最新水平的新信息、新动态，不断开阔视野，扩大知识面，广泛参考并吸收国内外学术界已取得的研究成果，借以提高研究工作的起点和科学性。

三是节省时间，提高工作效率。

3.2　工具书的排检方法

工具书的排检方法是指内容的编排结构和检索方法。工具书因内容、目的或读者对象的不同，排检方式也各不相同。主要的排检方法有字顺排检法、主题排检法、分类排检法、时序排检法、地序排检法。大多数工具书都是几种主要排检方法同时使用。

3.2.1　字顺排检法

1. 形序排检法

形序排检法是以汉字字形的特点为依据设计的排检方法，主要包括部首法、笔画笔形法和四角号码法。

1）部首法

部首法首创于东汉许慎的《说文解字》，是我国工具书的传统排检法，以部首归并汉字，先将汉字按其所属部首归并集中，再按笔画多少排列先后顺序。如我们常用的《新华字典》、《新华词典》、《现代汉语词典》、《辞海》等，都使用部首法作为最主要的排检法之一。

2）笔画笔形法

笔画笔形法是按照笔画数目和起笔笔形来归并排列汉字的一种排检方法。它有两种应用形式：第一种形式是先按笔画多少来归并汉字，笔画相同者，再按起笔笔形排序，笔画笔形均相同的字，则依其字形结构排序，如《广东历史人物辞典》；第二种形式是先按笔画多少来归并汉字，笔画数相同的，再依部首归类排列先后顺序。

笔画笔形法是先数笔画，后看部首，与部首法恰恰相反。

3）四角号码法

四角号码法是一种以四位数码来代替汉字四角的笔形，并据此来归并排列汉字先后次序的排检方法。四角号码法最早出现于 1926 年，1928 年由商务印书馆改定，其取号规则包括笔形规则和取角规则，如《二十四史纪传人名索引》等。

2）音序排检法

音序排检法是按照汉字的读音来排列汉字的一种排检方法。现在使用的主要是汉语拼音字母排检法，逐字依《汉语拼音方案 · 字母表》中汉语拼音字母顺序排列，第一个字母相同的，再依第二个字母的顺序排列，其余类推。全部字母相同时，按阴平、阳平、上声、去声的顺序排列。这种方法简单方便，但不利于查找不会读或读不准的字，如《古汉语常用字字典》等。

2. 字母顺序排检法

外文工具书使用最多的排检方法是字母顺序排检法。字母顺序排检法就是机械地按字母顺序排列，有两种不同形式：第一种形式是逐词排列法，即“word by word”，以参与排检的各个独立的词为排检单位，逐词相比；第二种形式是逐字母排列法，即“letter by letter”，所有参与排列的项目，无论单词、词组或句子，不管字母数的多少，均视为一个排列单位，按字母逐个相比。

字母顺序排检法广泛应用于各种类型的工具书，如词典、百科全书等，它们的正文几乎都是按照字母顺序排列的，如《不列颠百科全书》等。中国也有不少工具书采用汉语拼音字母顺序排列。

3.2.2 主题排检法

主题排检法以规范化的自然语言（即主题词）为标志符号标引文献的中心内容，再将这些主题词按一定顺序排列，使论述同一主题的内容集中在一起的一种方法。主题排检法要结合字顺排检法来组织主题词，西文工具书一般采用字母字顺排列，中文工具书一般按首字的汉语拼音字母或笔画顺序排列。我国目前选取主题词的依据是《汉语主题词表》。西文则将其作为主要的排检法之一，如世界著名的检索工具《科学引文索引》(SCI)、《化学文摘》(CA)、《科学文摘》(SA)、《工程索引》(EI)等。

3.2.3 分类排检法

分类排检法是将词目或文献按其知识内容、学科属性分门别类地加以归并集中，按逻辑原则排列先后顺序的一种排检方法。分类排检可以体现知识的学科属性和逻辑顺序，较好地反映事物概念之间严格的派生隶属和平行关系，便于读者按学科进行查找。分类排检法通常也要结合字顺排检法来使用。我国古代最常用的分类法有四分法、六分法，四分法以《隋书·经籍志》、《四库全书总目》等为代表；六分法以《七略》、《汉书·艺文志》等为代表。分类排检法在我国工具书编排中应用最为广泛，如最早的词典《尔雅》、古代的类书、现代的辞书《中国大百科全书》、《广东文献综录》等都用分类排检法。

3.2.4 时序排检法

时序排检法就是按照内容的时间先后顺序进行编排，多用于年表、历表、大事记及历史纲要等工具书，如《世界历史大事年表》、《中国历史纪年表》等。

3.2.5 地序排检法

地序排检法是按照地理区划进行编排，多用于有关地理、地方资料的查找，如地图和地图册、旅游指南、名胜词典、地方志等。如果是国际性的，可先区分洲，再依地理位置从北到南、从西到东排列；或者按国家名称的字母顺序排列。如果是一个国家的，通常以该国规定的行政区划为序。

3.3 工具书的分类及应用

目前国内外图书情报界广泛流行依据工具书的性质特点和功能用途将其分为检索工具书和参考工具书。

3.3.1 检索类工具书

检索工具书主要用于提供书刊论文资料信息和线索。它主要是通过对原始文献资料的外在特征和内容主题与论点进行描述和揭示，从而为读者提供获取文献原文的线索。根据检索工具书对原始文献的揭示程度和描述内容的不同，可以将其分为目录、索引和文摘三种类型。

1. 目录

目录，通常也称为书目，自古以来还有录、略、志、考、解题、簿、书录、提要等不同称谓，是著录一批相关的文献，并按照一定的次序编排而成的一种揭示与报道文献的工具。它不仅反映书刊，而且还包括声像资料、数据库等形式和载体的文献。目录以文献整体作为报道对象，作为一种重要的文献检索工具，它不仅可以反映某一图书馆，甚至一个国家的文献收藏和出版情况，也可以反映某一学科的最新进展。

2. 索引

索引，也称引得，是一种提供文献信息线索的常用检索工具，它将书刊中具有检索意义的重要文献信息，如篇名、人名、地名等文献单元按一定的方式编排起来，以供人们能迅速地查检到其出处。与书目相比，索引能进一步揭示书刊的各项内容，便于检索散见于书刊中的资料。

索引在文献工作领域的应用十分广泛，种类也很多。例如，按照文献外部特征编制的索引有篇名索引、著者索引、引文索引；按文献内容特征编制的索引有分类索引、主题索引；按号码特征编制的索引有标准号索引、专利号索引、报告号索引等；按特殊用途编制的索引有地名索引、人名索引,如《二十四史纪传人名索引》、《十三经索引》、药名索引等。

3. 文摘

文摘,是索引的延伸,它在指明资料来源方面和索引有着相同的作用。关于文摘的定义,我国国家标准局给予这样的解释:文摘是"以提供文献内容梗概为目的,不加评论和补充解释,简明、确切地记述文献重要内容的短文"。因此,文摘主要摘录图书、期刊论文的内容。

目前世界各国出版大量的索引及文摘刊物,是学术研究重要的参考工具。我们将在本章的检索刊物部分中单独进行介绍。

3.3.2 参考类工具书

参考类工具书是根据一定的社会需要,广泛收集某一范围的知识信息资料,并按照一定的方法编排,专为读者提供确切的事实资料和具体数据的工具书。与检索工具书仅提供文献线索相比,参考类工具书提供的知识和资料更具体,如各种物理常数、市场行情、字词释义、机构名称、地图、图片、规章制度等。

1. 百科知识检索工具——百科全书、类书、手册

1) 百科全书

百科全书是概要记述人类一切门类知识或某一门类全部知识的完备的工具书,被称为"工具书之王",具有各种类型工具书的功能,能够不同程度地回答"何物"(what)、"何人"(who)、"何时"(when)、"何地"(where)、"为何"(why)和"如何"(how)之类的问题。百科全书涉及各个领域,其内容之丰富、规模之宏大是任何其他著述所不及的。

专门以图书馆学和情报学为对象的美国《图书馆学情报学百科全书》,对百科全书所下的定义和所作的解释,有助于理解百科全书的性质:"百科全书是人类最有用的知识的系统概述","把百科全书同辞典相比,辞典的作用是立界说、下定义,而百科全书则是既立界说、下定义,又对内容加以解释和说明。用形象的话说,百科全书是接着辞典说下去。辞典回答的是'什么',而百科全书回答的,除了'什么',还有'什么时候'、'怎样'、'什么地方'和'为什么'"。我们认为,美国的《ALA 图书馆与情报学词汇》一书关于百科全书的定义较为中肯:"一本或一套含有所有知识领域主题方面的资料性条目的图书,通常按字顺排列,或者是一种涉及一个专门学科或主题的同类著作。"

百科全书包括综合性和专业性百科全书。综合性百科全书包罗万象,试图囊括世界上各种学科的所有知识。专业性百科全书只集中介绍某一学科的知识,包括历史渊源、发展现状、重要概念和人物等,如《岭南文化百科全书》。其编纂有两大体系:

一种是按照知识体系的分类，如《中国大百科全书》；另一种是按照条目字顺排列，如《不列颠百科全书》。

2）类书

类书是采辑若干古籍中有关事物的记载，将其依字顺或按韵编排，以备检索文章掌故事实者，是我国特有的百科性工具书。有人认为类书可谓中国的百科全书，但百科全书是系统化地叙述各门知识，而类书只是辑录原书原文，按类堆砌，并注明其出处，但不加以解释，属于资料的汇编。例如，查考中秋的起源及庆典，我们便会在类书里的中秋门类下，查到各种古籍中有关中秋的起源、节气、庆典、祭祀乃至相关诗词歌赋等。

三国时期王象等编辑的《皇览》为中国第一部类书。隋朝虞世南编辑的《北堂书钞》、唐朝欧阳询等编辑的《艺文类聚》、宋代李昉等编辑的《太平御览》、宋代杨亿等编辑的《册府元龟》、明代解缙等编辑的《永乐大典》以及清代陈梦雷等编辑的《古今图书集成》均为著名的类书。

类书的数字化、网络化在同类的工具书中起步较晚。目前商务印书馆正计划利用其已有资源推出类书和政书的在线服务。

3）手册

手册是汇集某一范围或某一专科领域经常需要查考的基本知识、数据规格和统计资料，以便读者随时参考利用的工具书。手册可以说是面向实际应用的工具书，往往是根据人们在学习、工作和生活中经常碰到的、急需解决的知识性问题而编制，属于信息密集、叙述简明、准确权威、编排合理、检索方便的便捷参考工具书。相对于专业性的百科全书来说，手册更实用，更偏向于回答“如何做”(how)的问题。

按手册内容的不同，可分为综合性手册和专门性手册。

综合性手册主要收集多个领域的基本知识和参考资料，收录范围较广泛，如《中华人民共和国资料手册》、《生活科学手册》等。

专门性手册一般汇集某学科或某专业的实用知识和参考资料，内容比较专深、具体，供专业人员或专门人员使用，如专门为海关人员编辑出版的《中国海关报关实用手册》、《报关实用手册》等；专门为货运物流人员编辑出版的《货运物流实用手册》等；专门为法律工作人员编辑出版的《法律工作手册》等；专门为医学人员编辑出版的《内科手册》、《实用大外科手册》、《药物临床手册》等。

2. 语言性工具书——字典、词典

字典汇集单字，解释字形、读音、含义和用法；词典则解释词语的概念、意义及其用法。英语统称“dictionary”，无字、词典之分。词典的特点是收词多，提示简要，编排科学，查检方便。词典可分为语文词典和学科词典两大类。

3. 年度统计资料与统计数据的检索工具——年鉴

年鉴(almanacs，yearbooks/annuals)，是系统汇辑上一年度事实和统计数据的资料性工具书。按内容的侧重点，年鉴还可以分为描述性年鉴(yearbook almanacs)和统计性年鉴(statistical yearbook)。前者重在以文字形式记录过去一年某一国家、地区或行业内有重大影响的人和发生的重要事情,内容包括相关机构组成,本地区或行业领域所取得的成就、举行的各项活动、各类排名等。后者重在提供某国家、地区或行业/领域过去一年或数年的各种相关统计数据,通常分门别类,以表格形式列出,每年更新。当然大量的年鉴既有文字的描述,又有大量的统计数据,如《中国统计年鉴》、《广东省统计年鉴》等。

4. 人物、机构名和地名信息检索工具——名录

这类工具书包括人物传记、地名词典、各类机构指南等。它们提供学术机构、行政事业机构、企业、知名人士、地区城市的有关信息,是政治、文化、科学技术交流的重要工具。可以说,名录是主要用来回答"who"、"where"问题的工具书。名录也有许多异称,如便览、指南等。

根据名录收录的内容,可以将其分为:人物信息检索工具——人名录;机构信息检索工具——机构名录;地域名称与概况检索工具——地名录;商品、产品信息检索工具——商品/产品名录。

1) 人名录

人名录又称名人录,收录全世界范围内或某个国家、地区或某个学科领域内有名望、取得重大成就、作出重大贡献、具有重要影响的人物传记简介,提供名人的联络方式。名人录基本上只收录在世的人物,即 who is who,如《世界名人录》、《美国名人录》、《国际名人录》、《国际音乐名人录》等。

传记辞典与名人录的区别之一在于人物的出生/生活年代。传记辞典可能收录历史上所有的名人,即同时包括 who was who。有些学科人物传记辞典可能比名人录提供更为详细的信息,如《中国专家大辞典》、《当代中国书法家大辞典》、《20世纪诺贝尔奖获奖者》。此外,还有地方名人录,如《广东历史人物辞典》、《广东近现代人物词典》,等等。

2) 机构名录

企业机构名录提供某个范围(国际、国家、地区)或领域/行业内企业、单位、学校、协会等机构的联络方式和概况介绍,包括经营/活动/服务性质、成立年月、负责人姓名、财政数据等内容。机构名录为机构之间的联系、协作、交流提供方便,为产品情况提供信息,有些名录还具有明显的经济效益。

常见的机构名录有《中国政府机构名录》、《世界大学名录》、《研究中心指南》、《中国高等教育名录》、《麦克米伦跨国公司名录》、《中国工商企业名录》、《中国物流企业名录》、《出国留学指南》、《彼得森研究生指南》等。

3) 地名录

地名录是广泛收录规范化地方名称,并注明国别、行政区划、经纬度和地理位置的便览性工具书。它可和地名词典、地名译名手册一起称为地名工具书。

常见的地名录有《世界地名录》、《中国地名录》、《中华人民共和国地名大辞典》、《世界地名手册》等。

4）商品/产品名录

这种名录提供所有类别或某一类别的商品/产品信息，包括性质、用途、标志、标准编号等内容，有些还同时提供相关生产厂家信息。

常见的商品/产品名录有《品牌与公司》、《托马斯》(Thomas Register)、《中华人民共和国海关统计商品目录》、《中国化工产品大全》等。

5. 史实、历法和历史沿革信息的检索工具——表谱

表谱性工具书是一种以表格或其他较为整齐简洁的形式，附以简略的文字来记录史实、时间、地理等资料的工具书。其具备查考历史年代，查找历史大事，换算不同的年、月、日以及查考人物生平与官职、地理沿革等功能。表谱性工具书主要回答的是"when"(何时)和"where"(何地)发生了什么的问题。

表谱性工具书主要有年表、历表和专门性表谱三种类型。

1）年表

年表类工具书通常按时间顺序(有时逐日记录)追寻历史发展的脉络，叙述全世界或某个国家、地区或学科领域在各历史发展时期有重大影响和贡献的主要事件和人物，以供查考历史年代、历史大事等资料的工具书。

常见的年表有：我国用来查考历史年代和历史纪元的年表，如《中国历史纪年》、《中国历史纪年年表》等；除了反映历史纪元外，还记载历史事件的发生和演变过程的大事年表，如《中外历史年表》、《中华人民共和国大事记》、《中华人民共和国全记录》、《世界的不同时代》、《世界各国历史年表》、《广东科学技术全记录》等。

2）历表

历表类表谱是一种把不同历法的历日按一定的顺序编排在一起，组成相互对照的表格，以供人们查考和换算不同历法的年、月、日的工具书，如《中西回史日历》、《二十史溯闰表》、《两千年中西历对照表》等。

3）专门性表谱

专门性历史表谱是主要用于查考人物表谱、职官和地理沿革等历史科学资料的工具书，如《历代名人表谱》、《中国历代官制简表》、《苏轼年谱》、《中国近现代政区沿革表》等。

6. 图像信息检索工具——图录

图录性工具书是一种以图像、文字、符号反映客观事物特征的工具书，形象、直观、简明清晰。它包括地图、历史图录、人物图录、艺术图录、各种自然科学的学科图谱、技术科学的设计图集等。

1）地图/地图册

地图是将地球表面的自然、社会现象按照一定的投影方法和缩小比例的方法编制而成的工具书。它能概括地反映地表事物和现象的地理分布情况，供查考地名及其位置、地理资料之用。地图可以分为：地理地图，如《世界地图集》和《中华人民共和国地图集》等；历史地图，如《中国历史地图集》、《中国史稿地图集》等；专业地图，如《中国自然地理地图集》、《中国交通地图册》等。

2）图谱

图谱是以图像为主体或附有简要文字说明来反映各种事物形象的参考工具书，常用于汇集著名的历史人物、文化遗址、古代器物以及重大历史事件的图像和图形，为研究和了解历史提供直观、形象的材料，如《中国历史参考图谱》、《中国文化史图鉴》、《中国动物图谱》、《中国历代名人图鉴》、《民国军服图志》等。

3.4 国内外检索刊物

3.4.1 中国检索刊物

1.《全国报刊索引》

《全国报刊索引》由上海图书馆编辑出版，创刊于 1955 年，是国内最早出版发行的综合性中文报刊文献检索工具，是中国有史以来连续出版时间最长、收录报刊最多、最全面的报刊论文索引，收录了全国（含港、台地区）的期刊 8 000 种左右，涉及所有哲学、社会科学、自然科学以及工程技术领域。《全国报刊索引》现为月刊，分《哲学社会科学版》和《自然科学技术版》两刊。

《索引》的正文采用分类编排，现采用的是《中国图书馆分类法（第四版）》，后附有个人著者索引、团体著者索引、题中人名索引以及收录期刊名录。条目著录格式根据国家 GB3793-83《检索期刊条目著录规则》结合报刊文献的特点进行著录，自 2000 年 1 月起增加第一作者的所属单位。最新的著录格式如下：

①顺序号②文献题名③/责任者④（第一作者所属单位，邮编）⑤//报刊名⑥—年，卷（期）⑦—页码

《全国报刊索引》也有光盘版和网络数据库版。

2.《报刊资料索引》

《报刊资料索引》由中国人民大学书报资料中心出版，按学科或专门课题分类出版发行，各类资料汇编出版频率不同，有月刊、双月刊和季刊等。这是国内较有权威性的报刊资料汇编刊物。

《报刊资料索引》是年度索引，收录本年度《人大复印报刊资料》所选录（包括全

文、文摘和题录)的文章。每个条目内容包括篇名、著者以及原载报刊名称和卷期号等信息。《报刊资料索引》共有八个分册。第一分册:马列主义毛泽东思想研究、哲学、社会科学总论类;第二分册:政治、法律类;第三分册:经济类;第四分册:文化、教育、体育类;第五分册:语言文字、文学、艺术类;第六分册:历史、地理类;第七分册:科技、生态环境、出版类;第八分册:著者索引。最新的著录格式如下:

文献顺序号 篇名/责任者//出处

《人大复印报刊资料》和《报刊资料索引》目前已经全面实现了计算机化。

3.《中国科学引文索引》

《中国科学引文索引》(China Sciences Citation Index,简称CSCI),由中国科学院文献情报中心编制,1995 年出版试刊号,在基本结构和选刊标准等方面与美国的 SCI 接轨,收录 1989 年来我国出版的千余种中、英文重要核心期刊上发表的论文及其中文引文,专业覆盖数、理、化、农、林、医及工程技术各领域,按年度更新,是评价国内科学技术学术活动整体状况和期刊质量水平的权威性引文分析工具。

4.《中文社会科学引文索引》

《中文社会科学引文索引》(Chinese Social Sciences Citation Index,简称 CSSCI),由南京大学于 1998 年开始研制,1999 年香港科技大学加盟并资助,共同开发。

作为我国人文社会科学主要文献信息查询与评价的重要工具,CSSCI 提供多种信息检索途径。来源文献检索途径:篇名、作者、作者所在地区机构、刊名、关键词、文献分类号、学科类别、学位类别、基金类别及项目、期刊年代卷期等。被引文献的检索途径:被引文献、作者、篇名、刊名、出版年代、被引文献细节等。

5.《中国学术期刊文摘》

《中国学术期刊文摘(中文版)》(简称 CSAC)创刊于 1994 年,是中国科学技术协会学术部和国家自然科学基金委员会计划局联合支持、科技导报社主办的综合性科技类检索刊物,与 2006 年创刊的《中国学术期刊文摘(英文版)》(简称 CSAE) 构成姊妹刊物,致力于将我国科学技术各领域的原创性学术成果全面、快速地向科技工作者交流、传播。CSAC 遴选了我国 400 余种高水平科技类学术期刊为文摘收录源期刊,每期刊载约 2 000 条论文文摘信息,重点收录国家自然科学基金和其他部委级以上科学基金支持的课题项目论文文摘。CSAC 为半月刊,其中“自然科学”、“医药科学”两大门类学术论文的文摘上半月出版,“农业科学”、“工程与技术科学”、“人文与社会科学”三大门类学术论文的文摘下半月出版。

6.《中国社会科学文摘》

《中国社会科学文摘》(双月刊)创刊于 2000 年。本刊为中国社会科学杂志社主办的反映中国社会科学和人文科学研究最高学术水平的文摘类期刊,集全国人文社会科学研究之精华,兼顾学术研究的严肃性与知识传递的趣味性,具有权威性高、涵盖面广、信息量大、综合性强的特点。

其他国内重要的索引刊物还有《国外社会科学论文索引》、《内部资料索引》等，重要的文摘刊物则还有《高等院校文科学报文摘》、《经济学文摘》、《管理科学文摘》、《新华文摘》、《国外社会科学文摘》等。

3.4.2 国外检索刊物

《工程索引》(EI)、《科学引文索引》(SCI)、《科技会议录索引》(ISTP)、《科学评论索引》(ISR)是世界上四大检索工具。其收录论文的状况，是评价国家、单位和科研人员成绩、水平以及进行奖励的重要依据之一。

1.《工程索引》(EI)

《工程索引》(Engineering Index，简称 EI)，创刊于 1884 年，美国"工程信息公司"(Engineering Information Inc.)编辑出版的著名的工程技术类综合性检索工具。到目前为止，收录了 50 多个国家，25 种文种，4 500 多种期刊和 2 000 多种国际会议录、论文集、学术专题报告以及科技图书、年鉴、标准等。EI 报道的内容涉及面很广，几乎涉及工程技术的各个领域，但不收录纯基础理论文献和专利文献。每条款目著录有主题词、文摘号、题名、文摘内容、文摘员代号、参考文献篇数、作者姓名及其所在单位和地址、刊名缩写、期刊出版项、卷期年月、出版单位、所在页码。款目按《工程叙词表》的顺序排列，并有作者索引、主题索引、作者工作机构索引。EI 有光盘版、联机检索版、网络版。

2.《科学引文索引》(SCI)

《科技引文索引》(Science Citation Index，简称 SCI)，创刊于 1961 年，由美国科学情报研究所(Institute of Scientific Information，简称 ISI)编辑出版，是目前世界上最具权威的通过引文检索和评价论文及其期刊的大型综合性期刊文献检索刊物。到目前为止，收录了 40 余个国家和地区出版的 3 700 多种期刊和一些专利、会议录、科技报告等，扩展版(SCIE)收录的期刊达 5 800 种。内容涉及生命科学、医学、物理、生物、化学、工程技术、行为科学等各个领域，现已成为当今最有影响的检索工具之一。收录的引用文献主要是当年的，少部分是上一年度的，而被引文献则包括历年发表的文献。

SCI 是根据文献的引用和被引用关系编制成检索系统。它包括四个相关的部分:《来源索引》(Source Index)、《机构索引》(Corporate Index)、《轮排主题索引》(Permuterm(r) Subject Index)和《引文索引》(Citation Index)。其中《引文索引》是主体，《来源索引》是关键。

ISI 通过它严格的选刊标准和评估程序挑选刊源，而且每年略有增减，从而做到其收录的文献能全面覆盖全世界最重要的、最有影响力的研究成果。所谓最有影响力的研究成果，是指报道这些研究成果的文献大量地被其他文献引用。即通过先期文献被当期文献的引用，来说明文献之间的相关性及先期文献对当期文献的影响力。这使得SCI不仅作为一部文献检索工具在使用，而且成为对科研进行评价的一种依据。科研机构被SCI收录的论文总量，反映出整个学术团体的研究水平，尤其是基础研究的水平；个人的论文被SCI收录的数量及被引用次数，反映出个人的研究能力和学术水平。

其编制原理和方法对中国科学和社会科学引文索引的编制影响极大。目前SCI已有光盘版和网络版。

3.《科技会议录索引》(ISTP)

《科技会议录索引》(Index to Scientific Technical Proceeding，简称ISTP)，由美国科学信息研究所(Institute for Science Information，简称ISI)编辑出版。1978年创刊，月刊。ISTP是提供世界上各国召开的自然科学各学科会议录的书目信息，检索近期学术会议和以前学术会议情况的重要工具。会议录目次是主要部分，其款目按会议录号码顺序编排，附有分类、轮排主题、作者/编者、会议地点和团体5个索引。

4.《科学评论索引》(ISR)

《科学评论索引》(Index to Scientific Reviews，简称ISR)，由美国ISI编制，1974年创刊，半年刊。收录世界各国2 700多种科技期刊及300余种专著丛刊中有价值的评述论文，涉及自然科学、医学、工程技术、农业和行为科学等100多个学科。高质量的评述文章能够提供本学科或某个领域的研究发展概况、研究热点、主攻方向等重要信息，是极为珍贵的参考资料。

除了以上四大检索工具，国外著名的检索刊物还有美国的《社会科学引文索引》(Social Sciences Citation Index，简称SSCI)、《人文与艺术学科引文索引》(Art and Humanity Citation Index，简称AHCI)、《读者期刊文摘指南》(Reader's Guide to Periodical Literature)、《化学文摘》(Chemical Abstracts，简称CA)、《医学索引》、英国的《科学文摘》(Science Abstracts，简称SA)《医学索引》等。

思考与训练

1. 罗得岛在哪里，以及它的历史、地理等综合概况中英文表述。

2. 2004年我国对日本进出口商品中金额最大的是哪类产品，进出口额各是多少？

3. 你在国际贸易业务中经常要处理进出境快件(寄出或接收)，想了解现在我国海关对进出境快件的监管办法，在哪里可以找到权威的《中华人民共和国海关对进出境快件监管办法》?

4. 美国热门的经济学研究生院都有哪些,请列举出 3 个?

5. 请利用地名录检索你的家乡(所在的镇或区)的地名演变情况。

6. “犀角片”是我国中药的一种,如今要作为一种商品出口到欧美,准确的英文是如何表述这种中药的?

7. 公元 1662—1722 年属于哪个朝代? 年号是什么?

第4章 网络信息资源检索工具

互联网是一个巨大的信息资源库，其内容包罗万象，覆盖了不同学科、不同领域、不同地域、不同语言的信息资源；在这个信息海洋中，我们如何准确、迅速地找到并获得自己所需的信息呢？"工欲善其事，必先利其器。"这就需要我们掌握有关的检索工具以及使用的方法和技巧。

本章将简明地介绍网络信息资源的有关特点以及检索工具的基本结构。在此基础上，详细介绍了Yahoo!，Google，百度，Dogpile，Vivisimo搜索引擎常用的检索工具的使用方法和技巧。通过本章的学习，能够在短时间内掌握查找自己所需要信息的方法。

4.1 网络信息资源

4.1.1 互联网与网络信息资源

互联网给全世界带来了非同寻常的机遇。人类经历了农业社会、工业社会，当前正在迈进信息社会。信息作为继材料、能源之后的又一重要战略资源，它的有效开发和充分利用，已经成为社会和经济发展的重要推动力和取得经济发展的重要生产要素，它正在改变着人们的生产方式、工作方式、生活方式和学习方式。CNNIC两次调研数据显示，短短3年间我国的信息获得方式正发生着重要变化。

现在，Web应用的迅速发展和它的指数增长已广为人知，仅可利用的文本数据的总量就有千兆字节。另外，其他的一些媒体，如图像、音频和视频也大量存在。因为Web可以看成是一个非常大的、非结构化且无处不在的数据库。这就需要有效的工具来管理、检索和从数据库中筛选信息。

网络信息资源，即指以数字化形式记录的、以多种媒体形式表达的、分布式存储在互联网上不同主机的，并通过计算机网络通信方式进行传递的信息资源的集合，是计算机技术、通信技术、多媒体技术互相融合而形成的在互联网上可查找、利用的信息资源。

网络是当今获取信息的最主要途径，它已经成为全球范围内传播科研、教育、商业和社会信息的最主要的渠道。从时间和空间上来说，网络对用户没有任何限制，覆盖全球，24 小时从不间断；就信息符号而言，网络采用宽频传输文字、图像、影视、音频等多种媒体；就服务而言，网络提供的信息服务包括数据库、文本、电子邮件、文本传输、电子公告、电子论坛、博客等；就检索技术而言，网络采用人工智能、专家系统、超文本、友好交互界面等让用户方便访问网上的各种信息资源。因此，无论在服务内容、方式、深度、广度、效果和效益方面，网络信息资源几乎都胜过了以往所有传统的信息资源，成为人们查找信息的首选目标。

4.1.2 网络信息资源的特点

网络信息资源在数量、结构、分布、传播范围、类型、载体形态、内涵、控制机制、传输手段等方面，都与传统的信息资源有着明显的差异，呈现出许多新的特点，这些特点包括下面几个方面。

(1) 数字化存储和传递。

网络信息资源以数字化形式存储在互联网不同网络主机上，并通过互联网广泛传播，其上传的数字化信息主要是跨国界的数据流动和传输。

(2) 数量巨大，增长迅速。

受网络用户驱动，网上信息资源的数量迅速增长。

(3) 内容丰富，形式多样。

互联网是一个巨大的信息资源库，其内容包罗万象，覆盖了不同学科、不同领域、不同地域、不同语言的信息资源；在形式上，包括了文字、图像、影视、音频、软件、数据库等，堪称多媒体、多语种、多类型的信息集合体。

(4) 信息新颖，不断更新。

大多数网站内容是定期更新，许多搜索引擎的更新时间很短，可以说，几乎每时每刻都在更新着最新的内容。这样，网络信息一经发布，可以迅速地传播到各处，人们可以方便、快捷、及时地从互联网获取所需要的新信息。

(5) 免费信息资源丰富。

网上免费资源丰富，用户可以使用免费的 E-mail，可免费下载软件和浏览网页新闻，几乎免费使用互联网上所有的信息资源。

(6) 信息稳定性差、变化频繁。

在互联网上，信息地址、信息链接、信息内容都处于经常性的变动中，信息资源的更迭、消亡难以预测。

(7) 信息资源结构复杂、分布广泛。

各网站虽然实现了本站点信息组织的局部有序性，但从整体上来看，互联网上的信息仍然处在无序的混乱状态。网络信息资源在组织和管理上尚无统一的标准和规范，网上信息呈全球化分布结构，分别存储在不同国家、不同地区、不同地点上的服务器中，而不同服务器之间缺乏统一的管理机制。

(8) 信息质量参差不齐，价值不一。

由于网络信息发布具有很大的自由度和随意性，缺乏必要的质量控制和管理机制。因此，网络信息资源鱼龙混杂，信息质量参差不齐。

4.2　网络检索工具

4.2.1　网络检索工具的发展

现代意义上的搜索引擎出现于 1994 年 7 月。当时 Michael Mauldin 将 John Leavitt 的蜘蛛程序接入到其索引程序中，创建了大家现在熟知的 Lycos。同年 4 月，斯坦福(Stanford)大学的两名博士生 David Filo 和美籍华人杨致远(Gerry Yang)，共同创办了超级目录索引 Yahoo，并成功地使搜索引擎的概念深入人心。从此搜索引擎进入了高速发展时期。以 Lycos 为代表的这一批搜索引擎技术被称为第一代搜索引擎。这类搜索引擎的索引量都超过 100 万个网页，极少重新搜索网页并刷新索引；此外，其检索速度比较慢，往往要等待 10 秒或更长的时间。

自 1998 年到现在，随着网上信息的迅速膨胀，第二代搜索引擎在搜索速度、针对多种语言信息的扩展、以自然语言为查询语言等方面均有所改进，如 Google、百度。Google 在 Pagerank 、动态摘要、网页快照、DailyRefresh、多文档格式支持、地图、股票、词典、寻人等集成搜索、多语言支持、用户界面等功能上的革新，再一次改变了搜索引擎的定义。这一阶段的发展为搜索引擎拓展了生存的空间，同时极大提高了搜索引擎的质量和效率。

在搜索引擎的发展过程中，随着搜索引擎数量的增加，1995 年，一种新的搜索引擎形式——元搜索引擎出现了。由于各种搜索引擎所采用的检索机制、算法与适用范围等的不同，导致同一个检索请求在不同搜索引擎中的查询结果的重复率偏低。因此，面对某些检索请求，尤其是范围比较狭窄、内容比较生僻的检索请求，要想获得一个比较全面、准确的检索结果，就需要反复使用多个搜索引擎。元搜索引擎的出现，在一定程度上解决了这些问题。用户只需要提交一次检索请求，由元搜索引擎将搜索转换处理后，提交多个预先设定的独立搜索引擎查询，并将其返回的所有查询结果集中起来,处理后再返回用户。

然而,随着 Internet 的强势发展,网上庞大的数字化信息和人们获取所需信息能力之间的矛盾日益突出。如何解决这些难题已成为第三代搜索引擎探索的方向。

4.2.2 网络检索工具的结构

网络信息检索一般要通过信息的收集、整理、分类以及索引,从而产生数据库以供检索。检索的基本原理就是通过将网络用户的信息需求与网络信息资源匹配,从而找出用户所需要的信息。其基本结构如图 4-1 所示,包括了数据采集、数据分析、数据组织、数据检索和信息挖掘五个功能模块。

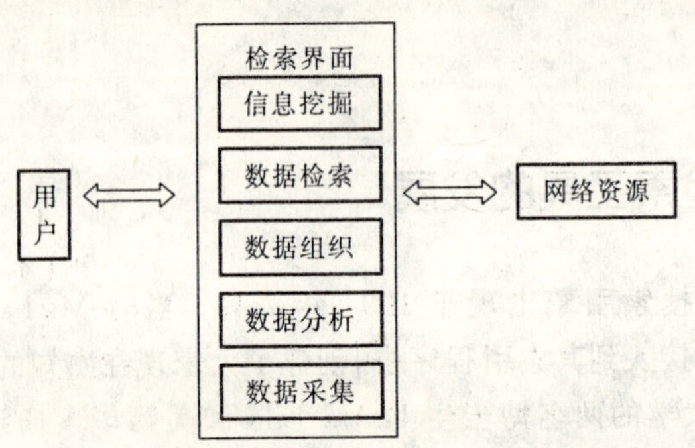

图 4-1　网络检索工具的基本结构

1. 数据采集、分析模块

搜索、采集和标引网页,分人工采集和自动采集两种方式。人工采集由专门信息人员跟踪和选择有用的网页,并按规范方式进行分类标引;自动采集则是通过软件代理,它遍历网络,自动采集数据。

2. 数据组织模块

通过数据库管理系统来组织所采集的网页信息,建立相应的索引数据库。索引数据库中的一条记录对应于一个网页,记录的内容包括网页标题、关键词、网页摘要及 URL 等信息。

3. 数据检索模块

根据用户检索要求,从索引数据库中检索出符合用户需要的网页。

4. 信息挖掘模块

负责提取用户有关信息,以利用这些信息来提高检索服务的质量。例如,根据用户以前的检索行为的学习统计及其登记的信息,实现个性化检索。

4.2.3　网络检索工具的性能指标

我们可以将网络信息的搜索看做一个信息检索问题，即在由网络信息资源组成的资料库中检索出与用户查询相关的文档。所以我们可以用衡量传统信息检索系统的性能参数——召回率(Recall)和精度(Precision)衡量一个网络检索引擎的性能。

召回率是检索出的相关文档数与文档库中所有的相关文档数的比率，衡量的是检索工具的查全率；精度是检索出的相关文档数与检索出的文档总数的比率，衡量的是检索工具的查准率。对于一个网络检索工具来讲，召回率和精度不可能两全其美：召回率高时，精度低；精度高时，召回率低。对于网络检索系统而言，因为没有一个搜索引擎系统能够搜集到所有的 Web 网页，所以召回率很难计算。目前的网络检索系统都非常关心精度。

影响一个网络检索工具的性能有很多因素，最主要的是信息检索模型，包括文档和查询的表示方法、评价文档和用户查询相关性的匹配策略、查询结果的排序方法和用户进行相关度反馈的机制。

4.3　目录型检索工具

4.3.1　目录型检索工具

目录型检索工具，是用户通过浏览层次型的目录来寻找相关的信息资源。它借鉴了传统的文献分类法，并根据网络信息资源的特点，形成网络资源的主题分类体系。一般按一定的主题分类体系组织，并辅之年代、地区等分类。用户完全可以不用进行关键词(Keywords)查询，仅靠分类目录，采取逐层浏览目录、逐步细化来寻找合适的类别，直至具体资源。

目录型检索工具的目录索引完全依赖手工操作。用户提交网站后，目录编辑人员会亲自浏览你的网站，然后根据一套自定的评判标准甚至编辑人员的主观印象，决定是否接纳你的网站。鉴于各种目录型检索工具都不大愿意公开它们对主题目录的选择标准，用户只有在不断的使用中增加对不同目录型检索工具选择标准的了解，并在此基础上选择使用能够确实满足自己真正需求的检索工具。

4.3.2 常用的目录型检索工具

1. Yahoo!(http://www.Yahoo.com)

Yahoo!是历史最悠久、网上最受欢迎的目录式搜索引擎之一，也是访问频率很高的一个门户网站。Yahoo!的魅力，就在于它的可浏览式等级主题索引。按照主题建立分类索引，提供全面的分类体系结构，并结合高质量的检索软件，Yahoo!成功地建立起了一套独特的信息管理和组织机制，使得对网络信息的全面检索变成现实。

主页的左上方是 Yahoo!(见图 4-2)分类目录，它按内容分为 19 个大类：Answers、Autos、Finance、Games、Groups、HotJobs、Maps、Mobile Web、Movies、Music、Personals、Real Estate、Shopping、Sports、Tech、Travel、TV、Yellow Pages、Y!International。根据其拥有的信息或网站的多寡及知识组织的需要程度，每一个基本类目下细分不同层次的次类目或子类目，愈往下的子类目中的网站其主题愈特定。它建立了一个由类目、子类目等构成的可供浏览的相当详尽的目录等级结构。其类目设计合理，结构完整、全面，类目等级层次鲜明，各级详略、宽泛程度不一，从而为网上丰富的信息资源的归类，尤其是确切归类提供了基础。

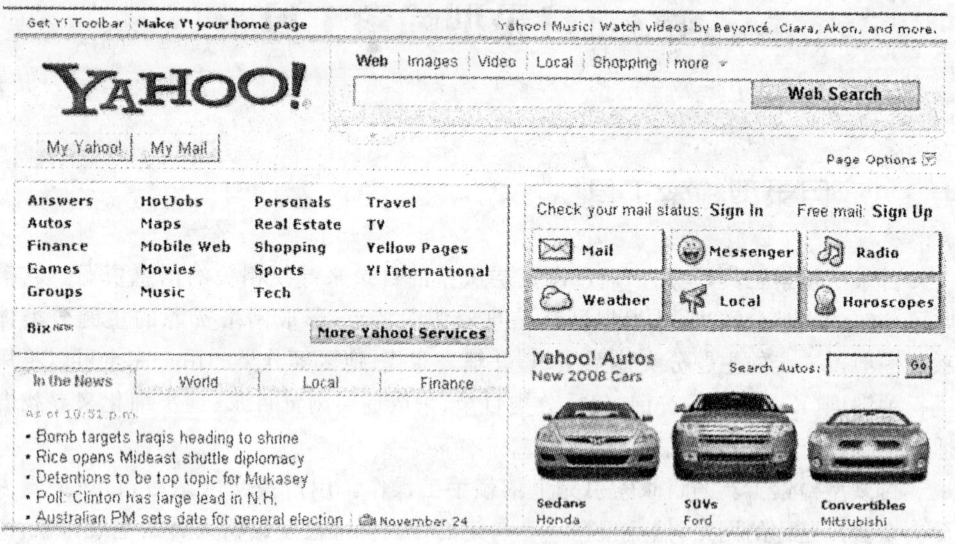

图 4-2 Yahoo!主页

2. LookSmart(http://search.looksmart.com)

LookSmart 也是主要的目录索引之一，向包括 AltaVista、Excite(已被 InfoSpace 收购)等在内的其他搜索引擎提供目录搜索。其注册网站在合作伙伴搜索结果中排位往往也靠前。LookSmart 在网站结构和内容上与其他目录索引大同小异,其目录中的网站排列也是根据字母顺序。它使用 Inktomi 的数据库提供二级网页搜索。

3. 新浪(www. sina. com. cn)

新浪是全球范围内最大的华语门户网站之一。根据北京赛迪网信息技术有限公司和盖洛普咨询有限公司联合发布的中国互联网用户行为和态度研究(CIUA 2000)报告,新浪是国内网民最常访问的网站。

新浪自建独立的目录索引,共设 15 大类目录,10 000 多个子目,收录网站达 20 余万,是规模最大的中文搜索引擎。新浪提供网站、中文网页、英文网页、新闻、图片、MP3、旅游等查询项目,支持中文域名。

4. 搜狐(http://www. sohu. com)

搜狐是国内最著名的门户网站之一,也是国内最早提供搜索服务的站点之一。互联网概念在国内的普及,搜狐功不可没。在 2001 年初由 CNAZ(中文网站评估认证网)举办的搜索引擎网络专项功能排名调查中,搜狐名列第一。

搜狐设有独立的目录索引,并采用百度搜索引擎技术,提供网站、网页、类目、新闻、黄页、中文网址、软件等多项搜索选择。搜狐搜索范围以中文网站为主,支持中文域名。

5. 网易(http://www. 163. com)

网易与搜狐、新浪并称中国三大门户网站,拥有国内最大的网上社区,曾是最著名的免费主页空间提供商之一。其目录维护工作由志愿管理员负责,类似国外的 Dmoz. com/ODP,在免费登陆时期,网易义务管理员人数曾经达上万人。目前除一些公益性行业目录仍实行志愿管理员制度外,其他收费登录目录已废除了志愿管理员制。

6. 网址之家(http://www. hao123. com)

网址之家,是专门针对网上网站分类这一主题的目录型检索工具,通过对众多网站进行类型分类,方便人们更有效地查找到需要的主题网站。

4.4 搜索引擎

4.4.1 搜索引擎

搜索引擎的英文是"Search Engine",本身就蕴含着导航的意思。这里关于搜索引擎概念的阐述,是指狭义方面,即利用网络自动搜索软件,或人工方式对万维网信息资源进行采集、分析和标引，并将标引信息组织成数据库，以网站形式为网络用户提供检索服务的一类信息服务系统。

搜索引擎的搜索程序(crawlers、spiders)，俗称网络蜘蛛，通过其网络自动搜索程序，通过启发式学习采取最有效的搜索策略，选择最佳时机获取从 Internet 上自动收集、分析、标引与整理的信息，并将索引信息组织成数据库。网络蜘蛛能在网络的任何地方工作，能尽可能地挖掘和获得信息。网络蜘蛛还有网页跟踪监测功能，如果网页出现更新、删除等情况，则须及时在数据库中更新。网络蜘蛛具有跨平台工作和处理多种混合文档结构的能力。

为什么有些搜索引擎能查到某些网页，而有些却查不到这些网页，即便该网页就在第二个搜索引擎的数据库中？许多搜索引擎在搜索网站时，总是更为全面、经常地搜索常用的网站(如用户经常点击和带有许多链接的网站)，对不常用的网站则不屑一顾。搜索程序对搜索的深度、广度或者二者均作了限定。在搜索深度上，不仅搜索主页，而且还搜索那些网页的附属网页。在搜索广度上，只是搜索更多的网页，而不去搜索网站的附属网页。随着搜索引擎的日益成熟和竞争的加剧，搜索程序明显趋向于将搜索深度和广度紧密地结合在一起。

过去一般网络检索工具提供商只依靠自己建立的数据库来提供检索服务，检索范围有限，而现在某些著名的搜索引擎已经购买其他公司的数据库或者技术内核，有的与其他搜索引擎建立伙伴关系，以便用户使用。比如著名的雅虎现在采用的是 Google 的搜索内核，网易也曾经使用 Google 的搜索内核技术来丰富自己的搜索引擎数据库，硅谷动力、广州视窗、新浪、搜狐、Chinaren、21cn、263、Tom 等搜索引擎也都使用和融合了主流搜索引擎厂商的内核技术。

4.4.2 搜索引擎检索方法和功能

1. 搜索引擎的检索方法

1) 加权检索

加权检索，即在检索时，给某个检索词一定的权值，以表示其重要程度。在现有的网络信息检索工具中，多采用加、减号来表现检索词在检索提问中的分量，用加号表示某检索词一定要包含在检索结果中，如检索式“＋亚洲＋金融风暴”的含义是：找出关于在亚洲发生的金融风暴的信息，即检索结果中必须同时含有“亚洲”和“金融风暴”这两个词；用减号表示某检索词一定不能包含在检索结果中，如检索式“＋亚洲＋金融风暴—南美洲”的检索结果，除一定包含“亚洲”和“金融风暴”这两个词之外，还要排除关于南美洲的信息，即检索结果中一定不能有“南美洲”这个词。

2) 自然语言检索

自然语言检索，是指用户在检索时可输入自然语言表达的检索要求，例如，在检索"please find for me some thing about automobile sale in New York state"时，检索工具会按照提问，检索出关于在纽约州(New York state)汽车销售(automobile sale)的信息。这种检索的基本处理过程是：检索工具在收到用户提问后，首先利用一个禁用词表从提问中剔除那些没有实质主题意义的词汇，如各种副词、介词、代词、常用请求词(please、help、would、may 等)、检索提问词(find、search、locate、check、information、materials 等)，然后将余下的词汇纽约州(New York state)、汽车销售(automobile sale)作为关键词进行检索。

3) 相关信息反馈检索

在检索过程中，人们会发现某个结果非常符合自己的需要，因此希望能进一步检索到与该结果类似的结果，这称为相关信息反馈检索。在网络环境中，相关信息反馈检索可由检索工具自动进行，例如，Excite 的"Search for more documents like this one"检索，以及 Lycos 的"More Like This"检索。

相关信息反馈检索的基本原理是：检索工具将用户所选定的结果网页中包含的关键词找出，通过它们在这个网页中出现的频率和位置等来计算各自的相关度，然后选出相关度较高的词汇作为下一步检索的检索词。但由于词汇选择只考虑了词汇出现的频率和位置，而没有考虑用户对各个词汇重要性的主观判断，所以其结果并不一定非常合适。

4) 模糊检索

简单地说，模糊检索就是允许检索单元和检索提问之间存在一定的差异，这种差异即"模糊"在检索中的含义。模糊检索中所指的差异往往来自于用户在输入检索提问时的输入错误，如少键入一个字，打错一个字母等。另一类差异来自某些词汇不同的拼写形式，例如，单复数，"catalog"和"catalogue"。这时检索工具应该能够检索到用正确词汇或其他变形形式标引的结果，而不是简单地告诉"输入错误"或"没有结果"。

5) 概念检索

所谓概念检索，是指当用户输入一个检索词后，检索工具不仅能检索出包含这个具体词汇的结果，还能检索出包含那些与该词汇同属一类概念的词汇的结果。例如，检索"automobile"时能找出包含"automobile"、"car"、"truck"、"van"、"bus"等任一词汇的结果。又如，在查找"公共交通"这一概念时，有关"公共汽车"或"地铁"的信息也能随之检得。在此意义上，概念检索实现了受控检索语言的一部分功用，即考虑到了同义词、广义词和狭义词的使用。至今为止，Excite 在概念检索方面取得了比较明显的成就。

2. 搜索引擎的检索功能

1) 检索提问的修改和限制

用户在得到检索结果之后，可选择把新一轮的检索范围限制在已获得的检索结果之内，以提高检索效率。此外，用户可以在键入检索提问之前或获得检索结果之后，从语种（如英文或中文）、日期（如前一周或上个月）、地理范围（如中国或美国）、域名范围（如.edu或.com）、网络信息类型（如万维网或用户网）、信息媒介类型（如文本信息或图像信息）等方面进行限制，以检得更确切的信息。

然而，尽管网络信息检索工具已具备上述对检索提问进行修改和限制的功能，但它们还不能够支持类似于联机和光盘检索中的“集处理”（set manipulation）。在联机或光盘检索环境中，用户每输入一个检索提问，其检索结果就生成一个“结果集”。用户可通过逻辑运算符或其他检索方法对这些检索结果集再作进一步的修改和限制。遗憾的是，这种在联机或光盘检索中的“家常便饭”，至今对网络信息检索而言，仍是可望而不可即的。

2）按相关度排列结果

各种检索工具都在检索中计算检索结果的相关度，并按相关度顺序从高到低排列结果，许多还在每条结果旁给出相关度值。

大多数检索工具是通过计算检索词在每个结果中出现的次数和位置来计算相关度的，因此如果一个网页中包含的检索词越多、出现的位置越重要（如出现在网页标题中、网页元数据中或网页内容标题中），则这个网页的相关度就越高。有的检索工具还采用了其他辅助方式，例如，Google就考虑了网页被链接程度，如果有大量网页链接到某一网页或有一些非常重要的网页链接到该网页，则Google在计算网页相关度时，会增加该网页的重要性。

3）支持检索与浏览并行

允许用户在浏览过程中，随时在当前所处的类别中进行检索。

检索和浏览在信息查询过程中各有其功用。一般地说，检索便于有的放矢，直接获取检索结果；浏览利于边查边看，发现未曾预料的结果。

4）支持检索结果的翻译和多语种检索

AltaVista依靠其在自然语言分析和处理方面的优势，率先推出了翻译网络检索结果的做法。翻译的语种现只有西文，如英文、法文、德文、西班牙文等。英文和其他几种语言可以对译，如英文译法文，法文又译成英文。检索结果的翻译极大地方便了网络用户，但翻译质量的提高还有待于机器翻译研究的新成果。

Google则借助于机器翻译技术，将一种自然语言转变成另外一种自然语言，使用户能够使用母语搜索非母语的网页，并以母语浏览搜索结果。

4.4.3 搜索引擎的使用技巧

搜索引擎为用户查找信息提供了极大的方便，你只需输入几个关键词，任何想要的资料都会从世界各个角落汇集到你的电脑前。然而如果操作不当，搜索效率也是会大打折扣的。

每个搜索引擎都有自己的查询方法,用户只有熟练地掌握它,才能运用自如。不同的搜索引擎提供的查询方法不完全相同,但一些通用的使用技巧,各个搜索引擎基本上都适用,在此作简单介绍。

1. 搜索关键词提炼

众所周知,要在搜索引擎上搜索信息首先必须输入关键词,所以说关键词是一切事情的开始。大部分情况下找不到所需的信息是因为在关键词选择方向上发生了偏移,学会从复杂的搜索意图中提炼出最具代表性和指示性的关键词对提高搜索效率至关重要,这方面的技巧是所有搜索技巧之母。

选择搜索关键词的原则是,首先确定你所要达到的目标,在脑子里形成一个比较清晰概念,即我要找的到底是什么?是资料性的文档,还是某种产品或服务。然后再分析这些信息都有些什么共性,以及区别于其他同类信息的特性。最后从这些方向性的概念中提炼出此类信息最具代表性的关键词。如果这些做好了,往往就能迅速地定位你要找的东西,而且多数时候你根本不需要用到其他更复杂的搜索技巧。

关键词的选择有时还是需要动一番脑筋的,其难点在于如何找到某一类 Web 文档的关键特点。

2. 细化搜索条件

你给出的搜索条件越具体,搜索引擎返回的结果也会越精确。

比方说你想查找有关电脑冒险游戏方面的资料,输入“游戏”是无济于事的。“电脑游戏”范围就小一些,当然最好是输入“电脑冒险游戏”,返回的结果会精确得多。

由于中英文在词语排列上的差异(英文词与词之间有空格隔开,而中文则没有),使得中文切词成为搜索引擎的一大挑战。虽然目前支持中文搜索的引擎在切词方面已做得相当出色,但求其完美无缺也不太现实。因此在搜索关键词较多的情况下,建议主动将中文字词之间用空格隔开,以避免出现过多的无效搜索。

3. 用好搜索逻辑命令

搜索引擎基本上都支持附加逻辑命令查询,常用的是“+”号和“-”号,或与之相对应的布尔(Boolean)逻辑命令 AND、OR 和 NOT。用好这些命令符号可以大幅提高搜索精度。比较一下下面各搜索条件的含义。

1) 电脑冒险游戏

这是最基本的搜索方式。查找与该关键词有关的记录,在过去通常情况下相当于布尔逻辑命令中“OR”的关系,翻译过来就是:电脑(OR)冒险(OR)游戏。

因此搜索结果中不仅有同时包含三个关键字的记录,也有仅含部分关键字串(如电脑游戏)和个别关键字(如冒险)的记录。目前搜索引擎的趋势是默认匹配全部关键词搜索,即仅返回包含所有关键词的记录,相当于下面将介绍的“+”号和“AND”的关系,当然有时也有例外。

2）＋电脑 ＋ 冒险 ＋ 游戏

这相当于布尔逻辑命令中的“AND”关系，翻译过来就是：电脑（AND）冒险（AND）游戏。

因此搜索结果中只列出同时包含三个关键字的记录。在搜索条件中使用“＋”号还可强制搜索引擎将一些停用词当做关键词进行搜索。比如搜索“who am I”时，其中“who”和“I”是停用词，可以在两个单词前加上“＋”号强制对其进行搜索，此时的搜索条件即可为：＋who ＋am ＋I。

3）＋电脑 ＋ 游戏 － 冒险

翻译过来就是：电脑（AND）游戏（NOT）冒险。

搜索结果列出所有包含电脑游戏的记录，但在其中排除有关冒险的记录。

4. 精确匹配搜索

除利用前面提到的逻辑命令来缩小查询范围外，还可使用“”（引号，为英文字符。虽然现在一些搜索引擎已支持中文标点符号，但顾及到其他引擎，最好养成使用英文字符的习惯）来进行精确匹配查询（也称短语搜索）。例如，“电脑冒险游戏”，它与“＋电脑 ＋ 冒险 ＋ 游戏”的区别是：虽然后者限定网页中要同时包含三个关键字，但其顺序和相邻位置允许是任意的；而前者不仅要求网页中必须同时包含三个关键字，关键字的顺序也要求完全相同，并且它们还必须挨在一起，所以带“ ”号的查询范围更小。

5. 特殊搜索命令

对普通用户而言，熟练掌握前面介绍的几种搜索技巧就已经足够了。但有时我们难免会有一些特殊的需求，而搜索引擎也支持一些特殊的搜索命令，以方便我们精确定位所需信息。

1）标题搜索

多数搜索引擎都支持针对网页标题的搜索，在Google中命令是“title:”，在Yahoo中是“t:”，在百度中是“intitle:”。在进行标题搜索时，前面提到的逻辑符号和精确匹配原则同样适用。

2）网站搜索

我们还可以针对网站进行搜索，命令是“site:”（Google、百度）、“host:”（AltaVista）、“url:”（Infoseek）或“domain:”（HotBot）。如想查找AAA游戏制作公司网站的所有网页，可以输入：site（或host/url/domain）：www. AAA. com。还可以在其中加入其他命令组成复杂的搜索条件，如：site：www. AAA. com ＋ title：“电脑游戏”。意思是查找AAA公司网站中所有标题里含有电脑游戏的网页。

大家可能已经意识到，运用此命令我们可以达到一个极其重要的目的，就是检查我们的网站被索引的网页有多少。因此建议大家牢记这个命令。另外运用“site/host/url/domain”等搜索命令还可实现某一网站的站内搜索。例如，Google引擎由于技术的先进性，通过其“site:”命令实现的网站内部搜索甚至比专门的站内搜索程序还要好。

3）链接搜索

在 Google 和 AltaVista 中，用户均可通过“link:”命令来查找某网站的外部导入链接(inbound links)，如 link:www. AAA. com。

其他一些引擎也有同样的功能，只不过命令格式稍有区别。你可以用这个命令来查看是谁以及有多少网站与你作了链接。

6. 附加搜索功能

为方便查询信息，搜索引擎提供的是一些方便用户搜索的定制功能。常见的有相关关键词搜索、限制地区搜索等。

此外，现在搜索引擎都纷纷开始提供分类搜索，如新闻搜索、图像搜索、新闻组搜索、Flash 搜索等。搜索引擎的初衷是好的，都是为了方便用户，至于哪些有用哪些没用则完全看个人喜好。以我们的观点，搜索引擎毕竟只是我们信息查询的一种工具，除非你想成为信息搜索专家，否则掌握基本的搜索技能并将之巧加运用就足以应付我们日常的需要了。

4.4.4 常用的搜索引擎工具

1. Google(www. Google. com)

Google 是由英文单词“googol”变化而来的。“googol”是美国学者 Milton Sirotta 创造的一个词，表示“1”后面带有 100 个零的数字。Google 使用这个词代表了该公司想征服网上无穷无尽资料的雄心。

Google，由两个斯坦福大学博士生 Larry Page 和 Sergey Brin 于 1998 年 9 月发明，Google 于 1999 年创立。2000 年 7 月份，Google 成为 Yahoo 公司使用的搜索引擎。1998 年至今，Google 已经获得 30 多项业界大奖。现在，作为当今 Internet 上最佳的搜索引擎之一，以及第二代搜索引擎的代表，Google 运用其开发的高效率算法确实做到了为广大用户提供满意和有效的检索服务。其技术优势在于掌握的信息量，以及检索模型和检索速度，特点是界面简洁、检索精确度高、质量高。

首次进入 Google 网站首页(www. Google. com)，它会根据你的操作系统，确定语言界面。需要提醒的是，Google 是通过 cookie 来存储页面设定的，所以，如果你的系统禁用 cookie，就无法对 Google 界面进行个人设定了。

Google 的首页很简洁，LOGO 下面排列了四大功能模块：网页、图像、资讯和地图服务。默认是网页搜索。现在进行第一次搜索实践，假定你是个搜索新手，想要了解一下搜索引擎的来龙去脉和搜索技巧，这时你可以这样操作：

在搜索框内输入一个关键字“搜索引擎”→选中“简体中文网页”选项→点击旁边的“Google 搜索”按钮(或者直接按回车键)

结果如图 4-3 所示。在结果页面中,“类似网页”的功能是帮助用户查看和制定搜索结果处于同一级别的网页,为用户对某一领域的理解提供了很大的方便。

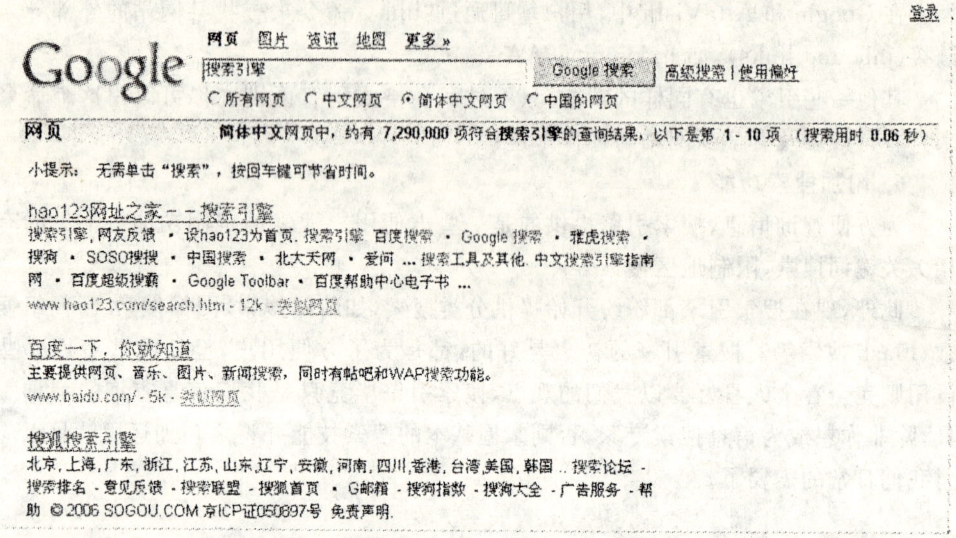

图 4-3 Google 搜索引擎

上例是最基本的搜索,即查询包含单个关键字的信息。Google 搜索结果的实现方式比较特殊,分为两种:一般检索结果和赞助者的检索结果。其中,一般检索结果主要是依据 PageRank 技术分析所得的相关性排列,而赞助者的检索结果则依据自信心定律(排名竞价)进行排序。

当需要使用多个关键字时,只要用空格隔开,Google 就会在关键词之间加上“AND”,执行逻辑“与”操作。除此之外,Google 会用减号“－”表示逻辑“非”操作,用大写的“OR”表示逻辑“或”操作。

Google 在检索时不区分英文字符的大小写,所有字符均当做小写字母来处理。例如,搜索“Google”、“google”或“GOOGLE”,其搜索的结果是一样的。

很多搜索引擎支持通配符号,如“*”代表一连串字符,“?”代表单个字符等。Google 为了提供更准确的搜索结果,对通配符支持有限。它目前只可以用“*”来替代单个字符,而且包含“*”必须用“”引起来。比如,“以*治国”,表示搜索第一个为“以”,末两个为“治国”的四字短语,中间的“*”可以为任何字符。

Google 的关键字可以是单词(中间没有空格),也可以是短语(中间有空格)。但是,用短语做关键字,必须加英文引号,否则空格会被当做“与”操作符。

Google 对一些网络上出现频率极高的英文单词,如“I”、“com”、“www”等,以及一些符号如“*”、“.”等,作忽略处理。如果要对忽略的关键字进行强制搜索,则需要在该关键字前加上明文的“＋”号。另一个强制搜索的方法是把上述的关键字用英文双引号引起来。在“Who am I”中，“I”其实也是忽略词，但因为被英文双引号引起来，搜索引擎就强制搜索这一特定短语。

除了基本检索之外，还有高级检索功能以及“使用偏好”功能。Google 的高级检索功能允许用户设定多个条件来对检索进行限制，如图 4-4 所示。

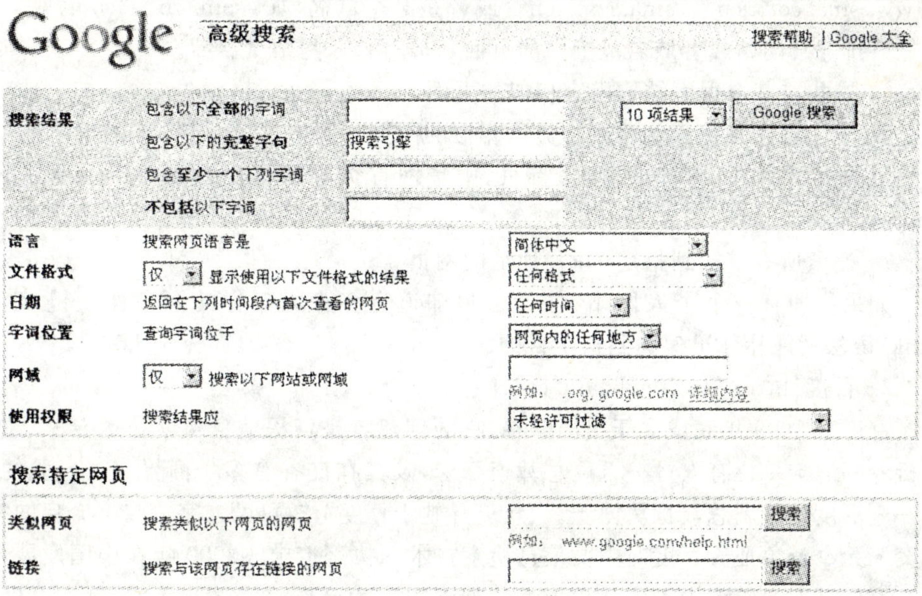

图 4-4　Google 的高级检索

1）搜索特定语言的网页

共有丹麦文、英文、法文及简体、繁体中文等 35 种语言可供选择，默认条件为“任何语言”。

2）搜索特定类型的文件

Google 不仅能搜索一般的文字页面，还能对某些二进制文档进行检索。目前，Google 已经能检索微软的 Office 文档，如.xls、.ppt、.doc、.rtf、WordPerfect 文档、Lotusl-2-3 文档、Adobe 的.pdf 文档、ShockWave 的.swf 文档（Flash 动画）等。其中最实用的文档搜索是 PDF 搜索。PDF 是 ADOBE 公司开发的电子文档格式，现在已经成为互联网的电子化出版标准。目前 Google 检索的 PDF 文档有 2 500 万左右，大约占所有索引的二进制文档数量的 80%。PDF 文档通常是一些图文并茂的综合性文档，提供的信息一般比较集中全面。

3）限定要显示的网页更新日期

Google 还可以把搜索范围限制在一定日期以内，使用户可以直接搜索过去 3 个月、6 个月或 1 年内更新的网页。

4）搜索的关键词限定在网页中的位置

包括网页标题、内文、网址和链接四个选择。

5）搜索特定的网站或域名

"site:＋网站/域名"表示搜索结果局限于某个具体网站或者网站频道，如"www.sina.com.cn"、"sina.com.cn"，或者是某个域名，如"com.cn"、"com"等。如果是要排除某网站或者域名范围内的页面，只需用"—网站/域名"。

6）查找与某个页面结构内容相似的页面

"related:"用来搜索结构内容方面相似的网页。例如，搜索所有与中文新浪网主页相似的页面（如网易首页、搜狐首页、中华网首页等），可用"related:www.sina.com.cn/index.shtml"。

7）搜索所有链接到指定 URL 地址的网页

如果你拥有一个个人网站，估计很想知道有多少人对你的网站作了链接，而"link"语法就能让你迅速达到这个目的。

2. 百度(http://www.baidu.com)

百度于 1999 年底成立于美国硅谷，它的创建者是资深信息检索技术专家、超链分析专利的唯一持有人——百度总裁李彦宏，及其在硅谷有多年商界成功经验的好友——百度执行副总裁徐勇博士。"众里寻她千百度"，"百度"二字源自辛弃疾的《青玉案·元夕》，象征着百度对中文信息检索技术的执著追求。2000 年在中国发展，百度一直以开发最符合中国人使用习惯的搜索引擎为己任。经过几年的努力，百度搜索引擎已成为世界上最强大的中文搜索引擎，以及目前全球最优秀的中文信息检索和传递技术供应商。

现在，百度支持搜索 10 亿个中文网页，并对重要中文网页实现每天更新，用户通过百度搜索引擎可以搜到世界上最新最全的中文信息。

登陆百度首页(http://www.baidu.com)，可以看到网站提供了新闻、网页、贴吧、知道、MP3、图片等六项搜索主体，默认的是网页搜索。在搜索框内输入一个关键字"中文搜索"，点击右边的"百度一下"按钮(或者直接回车)，结果就出来了，如图4-5所示。

百度搜索主要根据超链分析和竞价排名来对搜索结果进行排序。参与排名的网站排在最前面，后面的搜索结果则依据超链分析的技术排序。

在使用布尔逻辑表达式进行检索时，百度使用的逻辑符号与 Google 的基本相同，只是用符号"|"来表示逻辑"或"。

百度提供关键词自动提示功能。当用户输入拼音检索的时候，百度就能把最符合要求的对应汉字提示出来，并显示在搜索结果上方。它事实上是一个无比强大的拼音输入法。例如，输入"yinqing"，提示如下"你要找的是不是:引擎"。同时，它还具有中文搜索自动纠错功能。由于汉字输入法的局限性，我们在搜索时经常会输入一些错别字，导致搜索结果不佳。百度会给出错别字纠正提示，并显示在搜索结果上方。

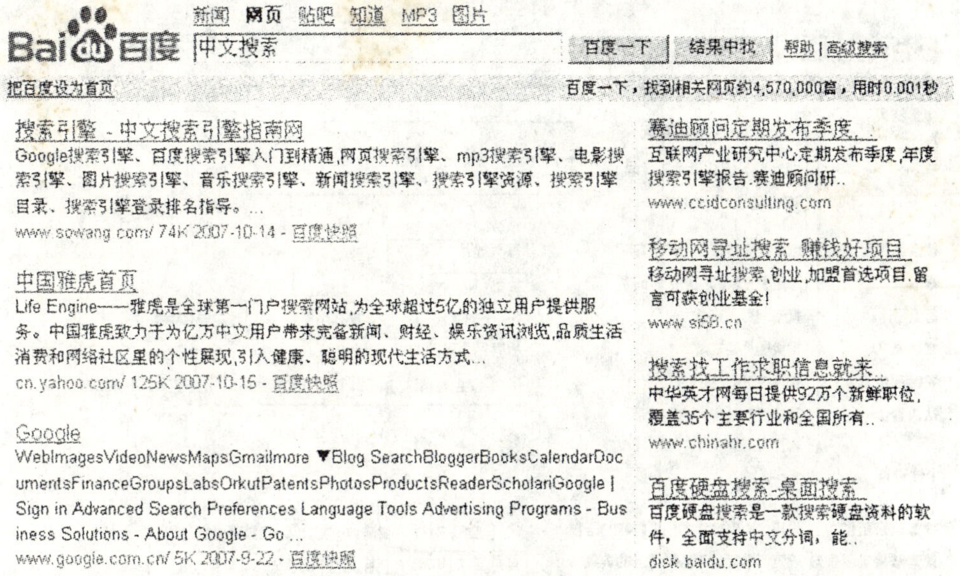

新闻 网页 贴吧 知道 MP3 图片

Baidu百度 中文搜索　百度一下　结果中找　帮助 | 高级搜索

把百度设为首页　　百度一下，找到相关网页约4,570,000篇，用时0.001秒

搜索引擎 - 中文搜索引擎指南网
Google搜索引擎、百度搜索引擎入门到精通,网页搜索引擎、mp3搜索引擎、电影搜索引擎、图片搜索引擎、音乐搜索引擎、新闻搜索引擎、搜索引擎资源、搜索引擎目录、搜索引擎登录排名指导。...
www.sowang.com/ 74K 2007-10-14 - 百度快照

中国雅虎首页
Life Engine——雅虎是全球第一门户搜索网站,为全球超过5亿的独立用户提供服务。中国雅虎致力于为亿万中文用户带来完备新闻、财经、娱乐资讯浏览,品质生活消费和网络社区里的个性展现,引入健康、聪明的现代生活方式...
cn.yahoo.com/ 125K 2007-10-15 - 百度快照

Google
WebImagesVideoNewsMapsGmailmore ▼Blog SearchBloggerBooksCalendarDocumentsFinanceGroupsLabsOrkutPatentsPhotosProductsReaderScholariGoogle | Sign in Advanced Search Preferences Language Tools Advertising Programs - Business Solutions - About Google - Go ...
www.google.com.cn/ 5K 2007-9-22 - 百度快照

赛迪顾问定期发布季度...
互联网产业研究中心定期发布季度,年度搜索引擎报告.赛迪顾问研..
www.ccidconsulting.com

移动网寻址搜索 赚钱好项目
移动网寻址搜索,创业,加盟首选项目.留言可获创业基金!
www.si58.cn

搜索找工作求职信息就来..
中华英才网每日提供92万个新鲜职位,覆盖35个主要行业和全国所有..
www.chinahr.com

百度硬盘搜索-桌面搜索
百度硬盘搜索是一款搜索硬盘资料的软件，全面支持中文分词，能..
disk.baidu.com

图 4-5　百度搜索引擎

百度同样提供高级搜索功能,如图 4-6 所示。其功能与 Google 相似,设置更加考虑中国人的使用习惯。

1）把搜索范围限定在网页标题中

网页标题通常是对网页内容提纲挈领式的归纳。把查询内容范围限定在网页标题中,有时能获得良好的效果。使用的方式,是把查询内容中特别关键的部分用“intitle:”领起来。

2）搜索范围限定在特定站点中

有时候,你如果知道某个站点中有自己需要找的东西,就可以把搜索范围限定在这个站点中,提高查询效率。使用的方式,是在查询内容的后面,加上“site:站点域名”。例如,天空网下载软件不错,就可以这样查询:“msn site:skycn.com”。注意,“site:”后面跟的站点域名,不要带“http://”;另外,“site:”和站点名之间,不要带空格。

3）搜索范围限定在 URL 链接中

网页 URL 中的某些信息,常常具有某种有价值的含义。于是,你如果对搜索结果的 URL 做某种限定,就可以获得良好的效果。实现的方式,是用“inurl:”后跟需要在 URL 中出现的关键词。例如,找关于 photoshop 的使用技巧,可以这样查询:“photoshop inurl:jiqiao”。上面这个查询串中的“photoshop”,是可以出现在网页的任何位置,而“jiqiao”则必须出现在网页 URL 中。

4）搜索结果中不含特定查询词

如果你发现搜索结果中,有某一类网页是你不希望看见的,而且这些网页都包含

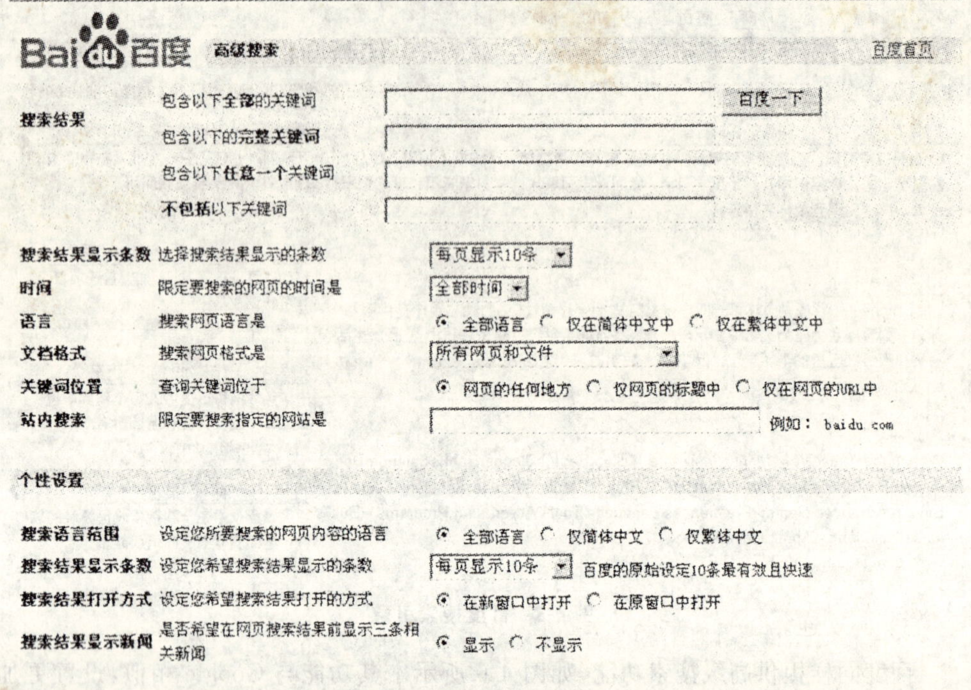

图 4-6　百度的高级搜索

特定的关键词，那么用减号语法，就可以去除所有这些含有特定关键词的网页。注意，前一个关键词和减号之间必须有空格，否则，减号会被当成连字符处理，而失去减号语法功能。减号和后一个关键词之间，有无空格均可。

4.5　多元搜索引擎

4.5.1　多元搜索引擎介绍

搜索引擎是开启网络知识殿堂的钥匙，获取知识信息的工具。随着网络技术的飞速发展，搜索技术的日臻完善，中外搜索引擎已广为人们熟知和使用。任何搜索引擎的设计，均有其特定的数据库索引范围、独特的功能和使用方法以及预期的用户群指向。一种搜索引擎不可能满足所有人或一个人所有的检索需求。在某些情况下，如文献普查、专题查询、新闻调查与溯源、软件及 MP3 下载地址搜索等，人们往往需要使用多种搜索引擎，对搜索结果进行比较、筛选和相互印证。为解决逐一登陆各搜索引擎,并在各搜索引擎中分别多次输入同一检索请求(检索字串)等烦琐操作,多元搜索引擎应运而生。

多元搜索引擎是通过一个统一的用户界面接受用户查询请求,并把给定的查询同时发送到其他多个搜索引擎、Web 目录以及其他数据库上进行搜索,并将搜集的统一结果返回给用户,实现了"一次检索输入,多引擎同时搜索"。

根据检索机制的不同,可将多元搜索引擎划分为集成搜索引擎和元搜索引擎。

1. 集成搜索引擎

集成搜索引擎(All-in-One Search Page),亦称为"多引擎同步检索系统 "(如 http://www. bioon. com/multisearch. htm) ,是在一个 WWW 页面上链接若干种独立的搜索引擎,检索时需点选或指定搜索引擎,"一次检索输入,多引擎同时搜索",搜索结果由各搜索引擎分别以不同页面提交,其实质是利用网站链接技术形成的搜索引擎集合,而并非真正意义上的搜索引擎,因此将其称为"搜索引擎列表"更恰当。

集成搜索引擎无需自建数据库,不需研发支持技术,当然也不能控制和优化检索结果。但集成搜索引擎制作与维护技术简单,可随时对所链接的搜索引擎进行增删调整和及时更新,尤其大规模专业(如 FLASH、MP3 等)搜索引擎集成链接,深受特定用户群欢迎。在搜索引擎发展进程中,集成搜索引擎只是元搜索引擎的初级形态,以其方便、实用在网络搜索工具家族中占据一席之地。典型的集成搜索引擎有"搜索之家"(http://www. so. web165. com/)、"网际瑞士军刀"(http://www. free. okey. net/~free/search1. htm)等。

2. 元搜索引擎

元搜索引擎(Meta search Engine),是一种调用其他独立搜索引擎的引擎,亦称"搜索引擎之母(The mother of search engines)"。在这里,"元"(Meta)为"总的"、"超越"之意,元搜索引擎就是对多个独立搜索引擎的整合、调用、控制和优化利用。相对元搜索引擎,可被利用的独立搜索引擎称为"源搜索引擎(source search engine)"或"搜索资源(searching resources)",整合、调用、控制和优化利用源搜索引擎的技术,称为"元搜索技术(Meta-searching technique)",元搜索技术是元搜索引擎的核心。

元搜索引擎是用户同时利用多引擎进行网络搜索的中介。检索时,元搜索引擎根据用户提交的检索请求,调用源搜索引擎进行搜索,对搜索结果进行汇集、筛选、删并等优化处理后,以统一的格式在同一界面集中显示。元搜索引擎虽没有网页搜寻机制,亦无独立的索引数据库,但在检索请求提交、检索接口代理和检索结果显示等方面,均有自己研发的特色元搜索技术支持。如提交检索请求时,根据元搜索引擎的特点和技术参数,指定优先顺序,并对检索时间、检索结果数量进行控制;作为若干元搜索引擎的检索接口代理,元搜索引擎必须具有较强的字符和语法转换功能,使用户的检索请求为各具语法特点的不同的元搜索引擎所知和接受;而对检索结果的显示,不同的元搜索引擎有不同的处理技术。由于元搜索引擎设定的检索结果排序依据、最大返回结果数量、相关度参数及优化机制等不同,调用相同的元搜索引擎的不同,元搜索引擎显示检索结果的数量多少、排序先后、结果信息描述选择亦有较大差异。

元搜索引擎应该具备以下特点和功能：第一，涵盖较多的搜索资源，可随意选择和调用源搜索引擎；第二，具备尽可能多的可选择功能，如资源类型（网站、网页、新闻、软件、FTP、MP3、图像等）选择、返回结果数量控制、结果时段选择、过滤功能选择等；第三，强大的检索请求处理功能（如支持逻辑匹配检索、短语检索、自然语言检索等）和不同搜索引擎间检索语法规则、字符的转换功能（如对不支持"NEAR"算符的搜索引擎，可自动实现由"NEAR"向"AND"算符的转换等）；第四，详尽全面的检索结果信息描述（如网页名称、URL、文摘、源搜索引擎、结果与用户检索需求的相关度等）；第五，支持多种语言检索。

元搜索引擎的功能受着元搜索引擎和元搜索技术的双重制约：一方面，元搜索引擎的各具特色的强大功能在元搜索引擎中受到限制而不能充分体现；另一方面，任何一种元搜索技术都不能发掘和利用源搜索引擎的全部功能。

4.5.2 常用多元搜索引擎工具

著名的元搜索引擎有 InfoSpace、Dogpile、Vivisimo 等，中文元搜索引擎中具代表性的有搜星搜索引擎。在搜索结果排列方面，有的直接按来源引擎排列搜索结果，如 Dogpile（见图 4-7）；有的则按自定的规则将结果重新排列组合，如 Vivisimo。

图 4-7 Dogpile 搜索界面

1. Dogpile(www. dogpile. com)

Dogpile 是目前性能较好的并行式元搜索引擎之一。它的每一条搜索结果都综合多个搜索引擎,包括 Google、Yahoo!、Ask Jeeves 和 About. com 等多个独立搜索引擎。由于整合了各类搜索引擎的功能,Dogpile 提供了齐全的检索功能,主要包括网页(web)检索、图像检索(images)、音频检索(audio)、视频检索(video)、新闻检索(news)、黄页检索(yellow pages)、白页检索(white pages)、地图检索(maps)以及天气检索(weather)等。

Dogpile 的主要优点在于它能够利用该引擎猜测出来的、附加的搜索条件来智能优化用户的搜索结果。查询的质量良好,搜索类型全面,这使 Dogpile 成为较著名的元搜索网点。

Dogpile 采用独特的并行和串行相结合的查询方式,先并行地调用 3 个搜索引擎;如果没有得到 10 个以上的结果,则并行地调用另外 3 个搜索引擎,如此重复直到获得至少 10 条结果为止。Dogpile 的搜索结果返回较快,而且对一般搜索而言通常是较准确的。其检索结果的输出形式是一种按相关性输出的方法,具体做法是将成员搜索引擎中的赞助和非赞助商网站进行混合排列,完全按照网站在前一天被用户检索出来的检索结果以及被单机浏览的次数来排列结果,充分体现出检索用户对网站的点击、浏览和认可程度。

Dogpile 主要提供关键词检索功能,其关键词检索又可分为基本检索和高级检索。在这两种的检索方法中,用户可选择搜索的信息资源类型包括网页、图像、音频、视频、新闻、黄页、白页共七个选项。

如果需要更加准确的检索,可以进入高级检索界面,如图 4-8 所示。可通过限定

Web Images Audio Video News Yellow Pages White Pages
dogpile
Go Fetch! Advanced Search [Edit]
Preferences
Now Searching: Google YAHOO! SEARCH Live Search Ask Learn More
All of these words
The exact phrase
Any of these words
None of these words
Language English
Include Domain Exclude Domain
Go Fetch!

图 4-8　Dogpile **高级检索界面**

检索,即通过"All of these words"、"The exact phrase"、"Any of these words"、"None of these words"来进行限定设置。

2. Vivisimo(http://vivisimo. com)

Vivisimo 是一个基于文献自动聚类以进行显示的元搜索引擎,由卡内基梅隆大学计算机系于 2000 年研制而成。这种技术对于引导用户进一步进行结果搜索定位有非常显著的效果,如图 4-9 所示。

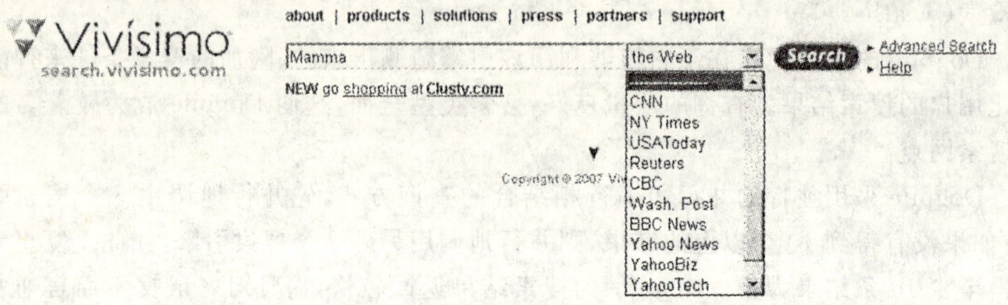

图 4-9 Vivisimo 元搜索引擎

作为元搜索引擎,Vivisimo 的搜索来源有很多,例如,可以选择新闻站点(如 CNN、NY Times、USAToday、CBC 等),也可以选择专门搜索引擎。它将专业的和通用的搜索引擎进行整合,使得它的服务适合于各种类型的用户。

Vivisimo 认为单纯以 PageRank 或类似方式对结果进行组织,其缺陷就是没有对检索结果进行分类和按人们查询习惯来进行组织。因为所有这些结果都是有内部联系的,打乱这种联系是不科学的。同时,对于那些 Rank 值比较低但是相关性比较高的网页而言,用聚类的方式不会使用户忽略掉一些重要的信息。根据此情况,Vivisimo 对返回给用户的检索结果进行普通的排序外,还根据这些检索结果的 URL、标题和简短描述按概念相关进行自动聚类,并以此作为结果显示出来,如图 4-10所示。

3. Mamma (http://www. mamma. com)

Mamma 拥有智能化的搜索方案,提供诸如搜索引擎选择、检索类型、结果显示、摘要选项、链接检查等较多的检索选项,支持个性化设置,可以选择三个最好的搜索引擎、三个最快的搜索引擎、全部搜索引擎或手工选择任意几个搜索引擎来进行搜索。自动实现符合特殊检索语法要求的转换,如在调用 Excite、InfoSeek、WebCrawler 时将"NEAR"转换成"AND",在调用 GoTo、Yahoo 时将"NOT"删除等。

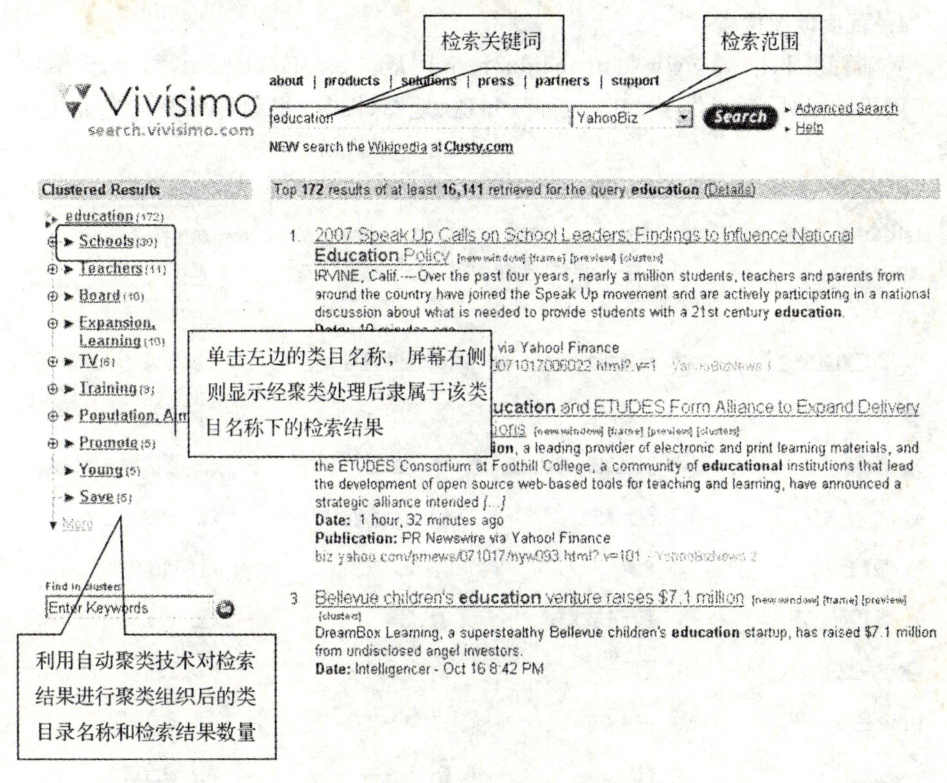

图 4-10　Vivisimo 搜索结果

4.6　专门网络信息检索工具

网上的信息浩如烟海，网络资源极速膨胀，一个搜索引擎很难搜集全所有主题的网络信息，即使信息主题搜集得比较全面，由于主题范围太宽，很难将各主题都做得精确又专业，使得检索结果中出现太多无用的信息。

在信息检索工具趋向于专业化、服务内容趋向于深化的情况下，一些检索工具已经不再盲目追求加大收录和标引量，而是更加注重突出其专业特色。因此，垂直主题的搜索引擎以其高度的目标化和专业化在各类搜索引擎中占据了一席之地，比如像股票、天气、新闻、MP3 及地图等类的搜索引擎，具有很高的针对性，用户对查询结果的满意度较高。

下面，介绍一些常用的专门网络检索工具。

1. 百度地图搜索

登陆百度 http://www.chinabaidu.com 网址。如图 4-11 所示，百度产品线中，除了网页搜索外，还提供了 MP3、新闻、知道、地图、图片、视频等细分的专业主题搜索。

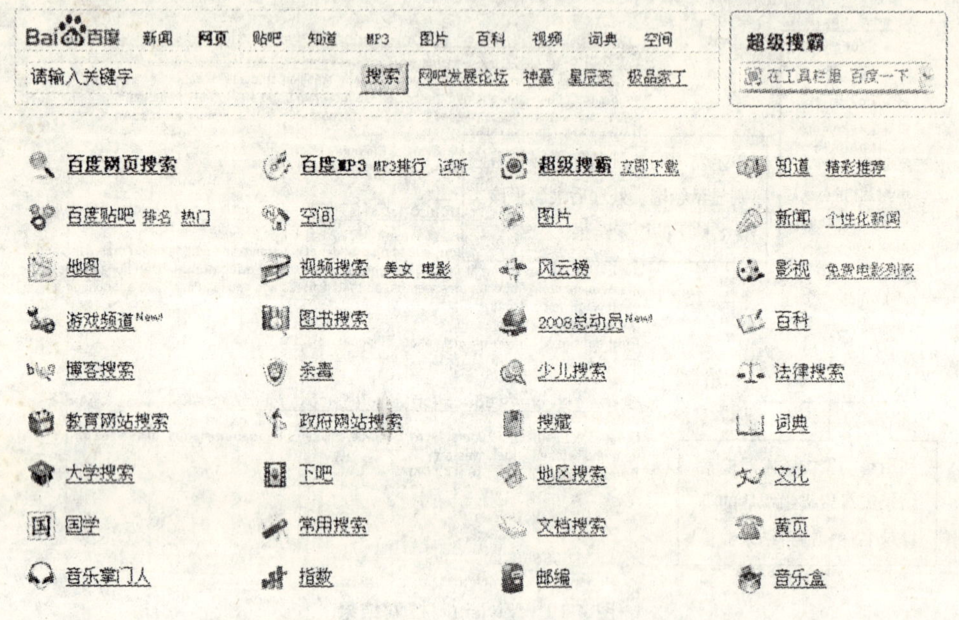

图 4-11　百度产品线

下面以百度地图为例作简要介绍。百度地图搜索是知名的电子地图服务提供商 MAPBAR.COM 推出的本地化地图搜索服务。通过百度地图搜索，你可以找到指定的城市、城区、街道、建筑物等所在的地理位置，也可以找到离你最近的所有餐馆、学校、银行、公园等。百度地图搜索还为你提供了路线查询功能，如果你要去某个地点，百度地图搜索会提示你如何换乘公交车，如果你想自己驾车去，百度地图搜索同样会为你推荐最佳路线。

百度地图搜索的使用很简单，无论你是要找地点(如王府井餐厅)还是乘车路线(如从银科大厦到月坛公园)，均只需在一个搜索框内直接输入，按回车键或者点击"百度搜索"按钮，即可得到最符合你要求的内容。例如，搜索"王府井餐厅"，在图 4-12中输入"王府井餐厅"点击"百度搜索"按钮可得如图 4-13 所示的结果页面。页面左半部分为地图，显示出搜索结果所在的地理位置；右半部分为文字信息，列出了搜索到的地点名称及地址，每页最多显示十个，点击将显示当前的详细信息。当前页中的所有地点，都会用红色小图标在地图上标记出来。点击小图标，将在地图中显示此地点的简单信息。你还可以在地图上进行移动、放大、缩小及测距等操作。

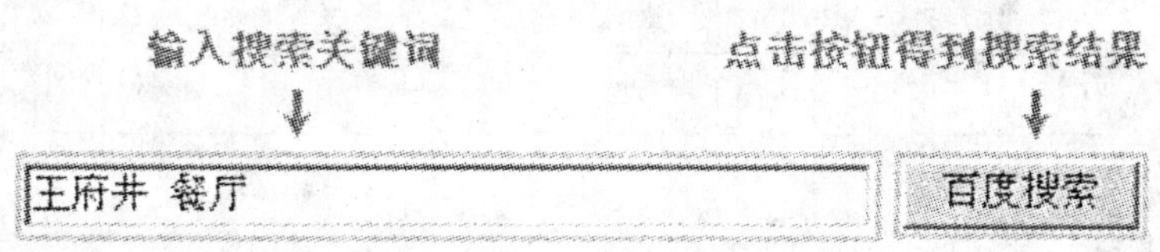

图 4-12　百度地图搜索

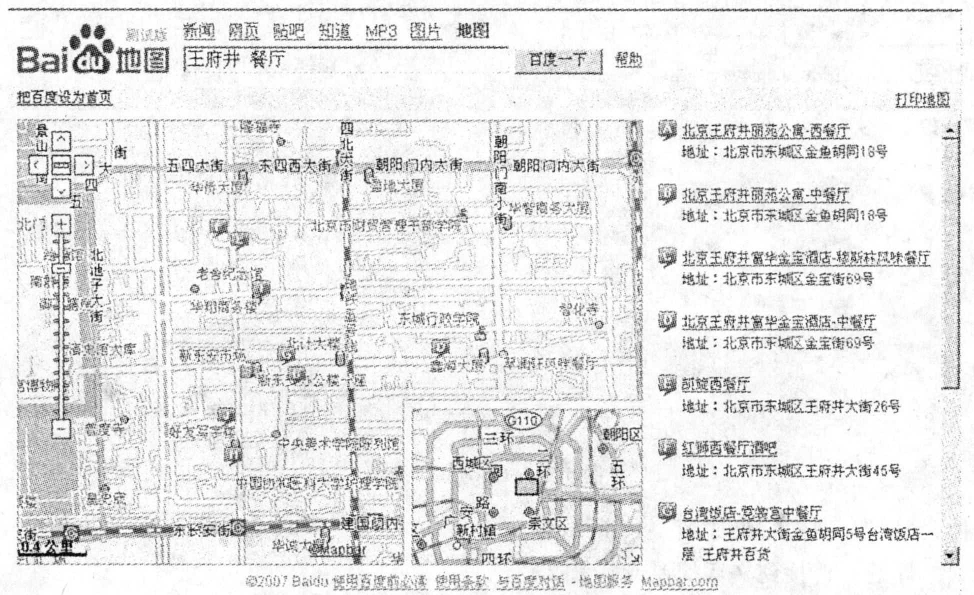

图 4-13　百度地图搜索结果

2. Google 学术搜索

登陆 Google 首页(http://www. google. com)，在其 LOGO 下面，排列了四大功能模块:网页、图片、资讯和地图。选择“更多”，如图 4-14 所示。Google 提供了博客、地图、新闻快讯、视频、图片、图书、学术等细分的专业主题搜索。

下面以 Google 学术搜索为例介绍如下。Google 学术搜索提供了广泛搜索学术文献的简便方法。你可以从一个位置搜索众多学科和资料来源，如来自学术著作出版商、专业性社团、预印本、各大学及其他学术组织的经同行评论的文章、论文、图书、摘要和文章。Google 学术搜索可帮助你在整个学术领域中确定相关性最强的研究。

Google 学术搜索的每一搜索结果都提供了文章标题、作者以及出版信息等编目信息。一组编目数据，都与整组文章相关联。这些编目数据来自于该组文章中的信息以及其他学术著作对这些文章的引用情况。例如，登陆 Google 学术搜索页面(http://scholar. google. com)，在搜索框内输入一个关键字“社会软件”，点击“Google

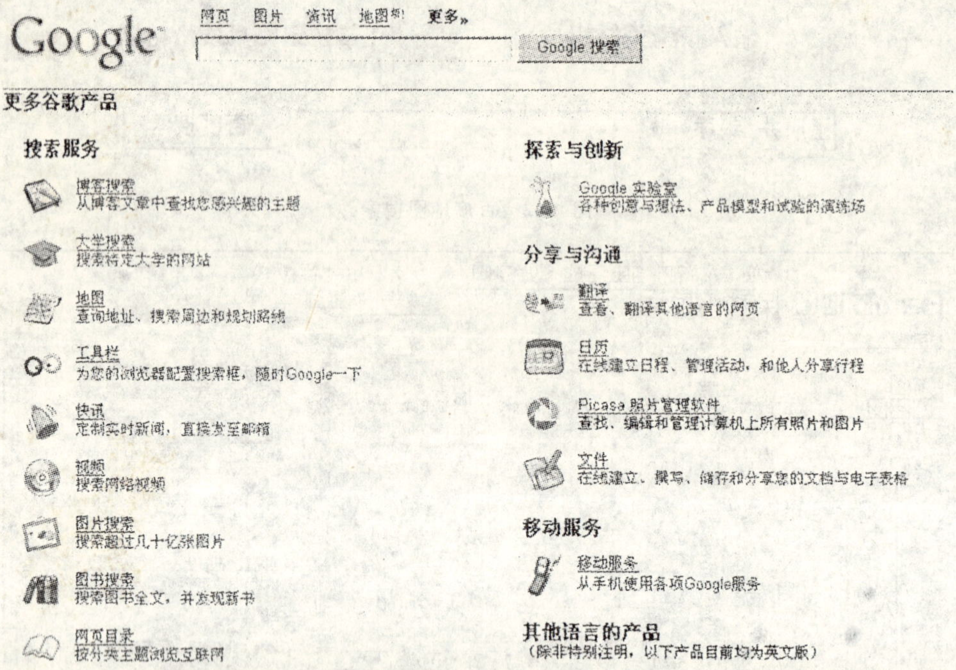

Google 网页 图片 资讯 地图 更多»

Google 搜索

更多谷歌产品

搜索服务

博客搜索
从博客文章中查找您感兴趣的主题

大学搜索
搜索特定大学的网站

地图
查询地址、搜索周边和规划路线

工具栏
为您的浏览器配置搜索框，随时Google一下

快讯
定制实时新闻，直接发至邮箱

视频
搜索网络视频

图片搜索
搜索超过几十亿张图片

图书搜索
搜索图书全文，并发现新书

网页目录
按分类主题浏览互联网

探索与创新

Google 实验室
各种创意与想法、产品模型和试验的演练场

分享与沟通

翻译
查看、翻译其他语言的网页

日历
在线建立日程、管理活动，和他人分享行程

Picasa 照片管理软件
查找、编辑和管理计算机上所有照片和图片

文件
在线建立、撰写、储存和分享您的文档与电子表格

移动服务

移动服务
从手机使用各项Google服务

其他语言的产品
(除非特别注明，以下产品目前均为英文版)

图 4-14 Google **产品线**

搜索”按钮，搜索结果如图 4-15 所示。

标题　链接到文章摘要或整篇文章。

引用者　提供引用该组文章的其他论文。

相关文章　查找与本组文章类似的其他论文。

图书馆搜索　通过已建立联属关系的图书馆资源找到该项成果的电子版本或藏有这项学术成果的图书馆。

同组文章　查找你可能看到的同属这组学术研究成果的其他文章，可能是初始版本，其中有预印本、摘要、会议论文或其他改写本。

网络搜索　Google 搜索中关于该研究成果的信息。

3. 天网搜索

天网搜索(http://www.tianwang.com)的前身是北大天网(http://e.pku.edu.cn)。北大天网由北京大学网络实验室研究开发，是国家重点科技攻关项目“中文编码和分布式中英文信息发现”的研究成果。北大天网于 1997 年 10 月 29 日正式在 CERNET 上向广大互联网用户提供 Web 信息搜索及导航服务，是国内第一个基于网页索引搜索的搜索引擎。天网搜索致力于探索和研究中英文搜索引擎系统的核心技术，并不断推出更新的搜索产品。目前天网搜索引擎维护的文档数量达到 6 亿之多，并正在以平均每月一千万页文档的数量扩大着规模。天网搜索的中文文档数量

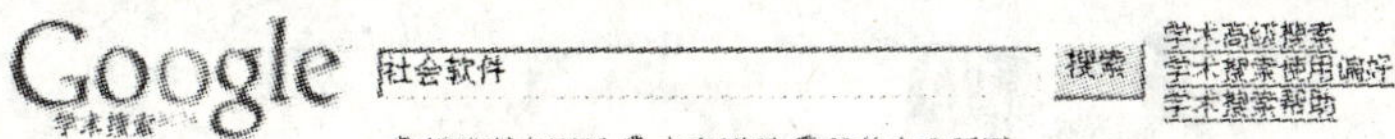

学术搜索 所有文章 - 最新文章 约有655,000项符合社会软件的查询结果，以下是第1-10项 （搜索用时 0.19 秒）

所有结果
吴秋峰
郭志刚
胡毅钢
庄秀丽
肖希明

小提示： Try using pinyin for automatic Chinese keyword conversion. [Learn more about pinyin search]

WIKI呼唤网络时代的共创分享
庄秀丽 - 中国研究生, 2004 - 维普资讯
... 当知识进行分享互换时，是分享双方知识的叠加、递增关系，甚至是集思广益碰撞产生火花的突破、创新关系。互联网络的发展，不仅为知识的互换分享提供了跨越时空的得天独厚的场所，而且近来社会软件的发展 ...
被引用次数：6 - 相关文章 - 网页搜索 - 图书馆搜索

利用“社会软件”建立图书馆的个人知识交流平台 - 所有 3 个版本
马国栋， 卢志国 - 图书馆学研究, 2006 - 维普资讯
利用“社会RESEARCHES IN LIBRARY SCIENCE 33 软件’’建立图书馆的个人知识交流平台马国栋卢志国【摘要】本文介绍了社会软件的概念，并以我馆基于AroundMe系统的实际应用为例介绍了利用社会软件建立图书馆的个人知识交流平台的 ...
相关文章 - 网页搜索 - 图书馆搜索

首页>>教科文艺>>教育>>中等职业教育>>2007年08期>>社会软件及在职校计算机教学中的应用
黄承红 - 中等职业教育, 2007 - scholar.ilib.cn
... 检索帮助 | 新手上路. 首页 >> 教科文艺 >> 教育 >> 中等职业教育 >> 2007年08期 >> 社会软件及在职校计算机教学中的应用 社会软件及在职校计算机教学中的应用. ... 与<<社会软件及在职校计算机教学中的应用>>相似的文献。 ...
网页搜索

图 4-15 Google 学术搜索

超过 4 亿，其中包括 html、txt、pdf、doc、ps、ppt 等多种类型的文档和资源，如图 4-16 所示。

目前天网搜索主要提供三种搜索服务：网页搜索、资源搜索和商机搜索。

1）网页搜索

天网网页搜索是基于页面文字内容的搜索，主要是 http 文件搜索。通过关键词检索，用户可以单击浏览关键词所在的原始网页和网页快照。

2）资源搜索

天网资源搜索是为高级用户查找特定文件，尤其是 FTP 文件提供的方便、快捷的检索服务。它提供关键词检索和资源分类浏览检索两种检索功能。用户只需要在检索框输入检索词，即可进行检索。同时，关键词检索还提供文件类别限定功能。检索的结果包括文件全名、创建日期、文件大小、网页快照、原始地址等信息。

3）商机搜索

天网商机搜索是面向中国企业的搜索服务，目前包括全部网站、职位信息、供求商机、黄页、所有网页等类型的搜索。

图 4-16 天网资源搜索界面

思考与训练

1. 网络检索工具包括哪些功能结构?

2. 网络检索工具分类有哪些?根据网络信息资源的特点,这些检索工具有什么优点?

3. 你常用的检索工具有哪些?通常在什么情况下会使用它们?

4. 如何使用好搜索引擎进行网络信息检索?

5. 学完本章后,当你进行毕业论文设计时,你将打算如何获取网上有关信息资源?

第5章　常用中文数据库及其检索

图书馆电子数据库资源以其内容丰富、使用方便等优点，近年来已成为各级图书馆信息资源建设的重点，它也是广大读者查找和利用文献信息的主要阵地。各个图书馆在数据库信息资源的发布方式上可能有所区别，如有的是通过购买安装各种数据库数据，有的是通过制作镜像站点的形式。不管是何种形式，其对资源的使用方式基本还是一样的。本章将重点介绍几种常用的中文电子期刊、数据库及电子图书的使用方法。

5.1　CNKI数据库

5.1.1　CNKI简介

CNKI工程即中国知识基础设施工程(China National Knowledge Infrastructure)的简称，是以实现全社会知识信息资源共享为目标的国家信息化重点工程，于1995年正式立项。CNKI被科技部等五部委确定为“国家级重点新产品重中之重”项目。CNKI工程集团采用自己开发并具有国际领先水平的数字图书馆技术，建立了世界上中文全文信息量规模最大的“CNKI数字图书馆”，涵盖了我国自然科学、工程技术、人文与社会科学期刊、博(硕)士论文、报纸、图书、会议论文等公共知识信息资源。用户遍及全国各地，实现了我国知识信息资源在互联网条件下的共享与传播，使我国各级各类教育、科研、政府、企业、医院等各行各业获取与交流知识信息的能力达到了国际先进水平。

5.1.2　CNKI数据库

1. 中国期刊全文数据库(CJFD)

该库是目前世界上最大的连续动态更新的中国期刊全文数据库。1994年至今

(部分刊物回溯至创刊),收录国内 8 200 多种重要期刊,以学术、技术、政策指导、高等科普及教育类为主,同时收录部分基础教育、大众科普、大众文化和文艺作品类刊物,内容覆盖自然科学、工程技术、农业、哲学、医学、人文社会科学等各个领域,产品分为十大专辑:理工 A、理工 B、理工 C、农业、医药卫生、文史哲、政治军事与法律、教育与社会科学综合、电子技术与信息科学、经济与管理。十大专辑下又分为 168 个专题和近 3 600 个子栏目。CNKI 中心网站及数据库交换服务中心每日更新 5 000～7 000篇,各镜像站点通过互联网或卫星传送数据可实现每日更新,专辑光盘每月更新,专题光盘年度更新。

2. 中国优秀博(硕)士论文全文数据库(CDMD)

该库是目前国内相关资源最完备、高质量、连续动态更新的中国博(硕)士学位论文全文数据库,产品分为十大专辑:理工 A、理工 B、理工 C、农业、医药卫生、文史哲、政治军事与法律、教育与社会科学综合、电子技术与信息科学、经济与管理。十大专辑下又分为 168 个专题和近 3 600 个子栏目。CNKI 中心网站及数据库交换服务中心每日更新,各镜像站点通过互联网或卫星传送数据,可实现每日更新,专辑光盘每月更新。

3. 中国重要报纸全文数据库(CCND)

该库是收录 2000 年以来中国国内重要报纸刊载的学术性、资料性文献的连续动态更新的数据库,产品分为十大专辑:理工 A、理工 B、理工 C、农业、医药卫生、文史哲、政治军事与法律、教育与社会科学综合、电子技术与信息科学、经济与管理。十大专辑下又分为 168 个专题文献数据库。CNKI 中心网站及数据库交换服务中心每日更新,各镜像站点通过互联网或卫星传送数据可实现每日更新,专辑光盘每月更新。

4. 中国重要会议论文全文数据库(CPCD)

该库收录我国 2000 年(部分社科类会议论文回溯至 2000 年前)以来国家二级以上学会、协会、高等院校、科研院所、学术机构等单位的会议论文集,年更新约 10 万篇论文,产品分为十大专辑:理工 A、理工 B、理工 C、农业、医药卫生、文史哲、政治军事与法律、教育与社会科学综合、电子技术与信息科学、经济与管理。十大专辑下又分为 168 个专题和近3 600个子栏目。CNKI 中心网站及数据库交换服务中心每日更新,各镜像站点通过互联网或卫星传送数据可实现每日更新,专辑光盘每月更新。

5. 中国图书全文数据库(CBFD)

该库主要遴选国内外部分经典专著,以对科学技术和社会文化进步有重要贡献的原著、经典专著、名家撰写的教材为核心,包括工具书、教科书、理论技术专著、科普作品、古籍善本、经典文学艺术作品、译著、青少年读物等。图书全文数据库按内容分成 19 个专辑,126 个专题;高等教育类图书按 12 大专业,88 个学科进行分类;丛书类图书按 11 个专辑归类汇集。图书目录浏览细分到章节,可以按整书、按章节进行检索、定位、显示,可以按本或章节下载。

5.1.3　CNKI 数据库检索方式

对于 CNKI 数据库有三种检索方式，它们分别是：初级检索、高级检索和专业检索，为了进一步增加检索的查准率，CNKI 在这三种检索结果的基础上提供了二次检索。

1. 初级检索

首先，登陆到 CNKI 的首页，如图 5-1 所示。首页左上角为用户登陆区，右边为数据列表区。选择好数据库后，输入用户名和密码，点击"登陆"按钮后便可以进入数据库检索系统（不输入用户名和密码仍可进行数据检索，但对检索的结果只能查看关键词、摘要等信息，而不能进行全文下载）。在进入检索系统后，您可以在页面的左上方选择"初级检索"。

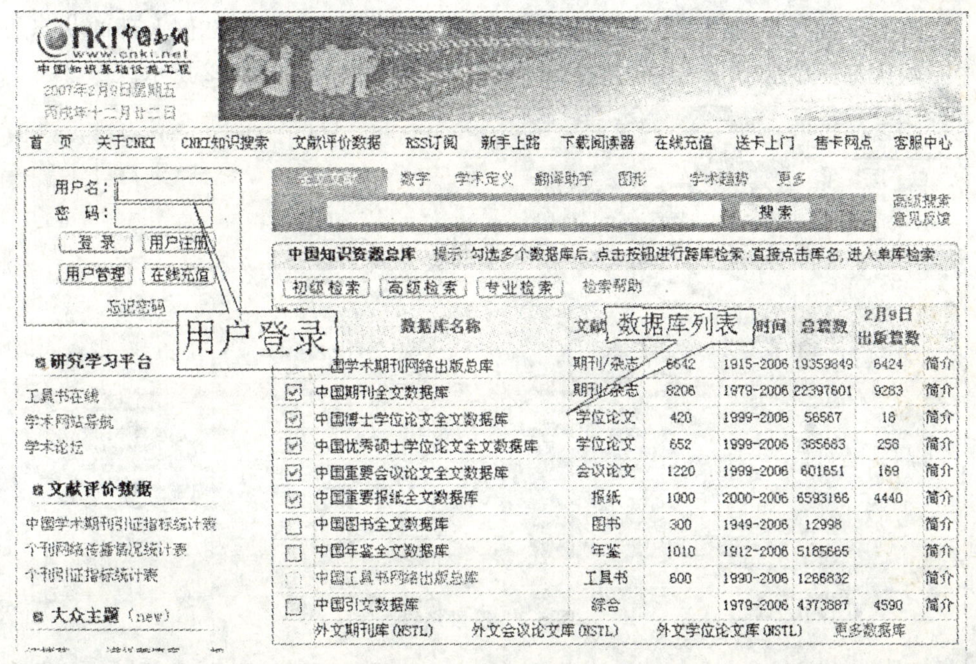

图 5-1　CNKI 首页

进入"初级检索"页面后，便可开始检索，步骤大致如下。

第一步：选择查询范围。在自己需要选择的类目范围前打"√"。如要具体到所选类目的下一级子类目则可以用鼠标左键单击所选的类目，系统会自动跳到该类目的子类目界面。点击"全选"按钮，则每个类目都被选中。点击"清除"铵钮，则清空所选的专题类目。

第二步:选择检索项。可以通过“检索项”右边的下拉菜单选择要检索的项目名。

第三步:输入检索词。可以根据所检索的内容确定检索词,填写在检索词空格栏中。如需要在一个检索项中同时输入两个或者两个以上的检索词时,可在检索词之间用“+”或“*”来进行连接。

第四步:选择时间范围。可以根据需要在时间范围的下拉菜单中选择好所需要检索刊物的时间范围。

第五步:选择排序方式。此项为对检索结果的排序,有无序和相关度两个选项,其中无序为检索结果按无序排列;相关度为检索词在检索字段内容里出现的命中次数排序,出现检索词次数越多的文献排列越靠前。

第六步:匹配选择。选项分为“模糊匹配”和“精确匹配”两种。其中模糊匹配为检索结果包含检索词或检索词中的词素,而精确匹配为检索结果中包含与检索词完全相同的词语。

第七步:检索。点击“检索”按钮,服务器会返回结果至页面右侧上部的状态栏中。默认每页显示 10 条记录,超过 10 条的可以翻页查看,如图 5-2 所示。

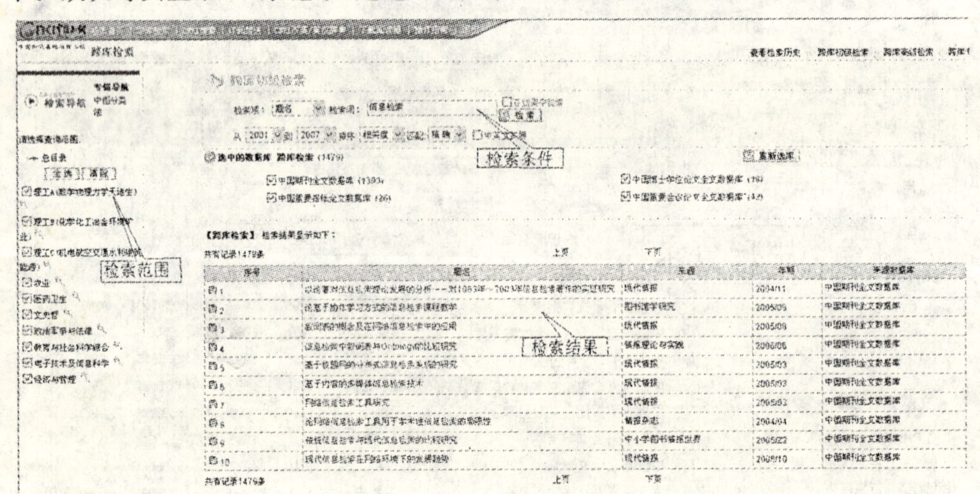

图 5-2　检索结果

第八步:二次检索。在初级检索后可能有很多文献是不需要的,为了减少这些不需要的文献,大家可以对已经检索过的文献进行二次检索。二次检索输入框设在页面右侧前一次检索结果显示的上方,在“在结果中检索”前打“√”就变成了二次检索。在二次检索中,检索项与检索词的输入方法与初级检索一样,并且二次检索可以多次进行,直到同学们认为检索结果满意为止。

2. 高级检索

在登陆全文检索系统后,您可以在主页左上方选择“高级检索”,进入到高级检索的检索界面，如图 5-3 所示。

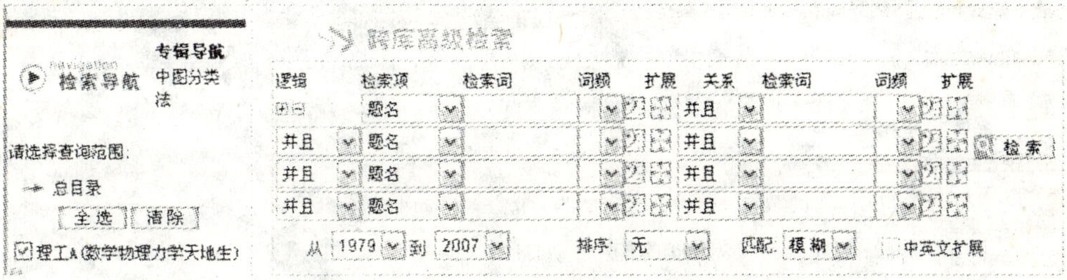

图 5-3　高级检索界面

高级检索能快速、有效地组合查询，减少查询冗余，提高命中率。因此，对于命中率要求较高的查询，建议使用高级检索。高级检索的具体步骤如下。

第一步：选取检索范围。在检索范围中，大家可以选择自己需要的检索类目，并在相应检索类目前面打“√”。在高级检索范围中同样也有“全选”和“清除”两个选项。点击“全选”按钮，则每个类目都被选中。点击“清除”按钮，则清空所选的专题类目。

第二步：选择检索项和输入检索词。高级检索中有与初级检索同样的检索项和检索词的输入方法，这里不再重复。而高级检索与初级检索不同之处就在于高级检索有四个检索项，并且这四个检索项之间以“并且”、“或者”、“不包含”三种逻辑关系连接，“并且”、“或者”、“不包含”的优先级相同，即按先后顺序进行组合。

第三步：选择时间范围、排序方式和匹配方式。在这三项的选择方法上，高级检索与初级检索相似，这里也不加赘述。

第四步：检索。点击“检索”按钮，服务器会返回结果至页面右侧上部的状态栏中。默认每页显示 10 条记录，超过 10 条可以翻页查看。

3. 专业检索

专业检索可以提供一个按照用户实际需要组合逻辑表达式的检索方式，这种方式可以提高检索的查准率。具体检索步骤如下。

第一步：通过点击页面上的“专业检索”状态栏，进入专业检索界面，如图 5-4 所示。

第二步：选择检索范围。在页面左侧的检索导航栏目中指定检索范围，这里分类列出了 10 个总目录，在每个总目录的下面又分别设有详细的子目录可供用户进一步缩小选择范围。

第三步：填写检索条件。在专业检索中给出了一个检索规则说明表，见表 5-1（检索词一般加上半角双引号）。您可以依此规则填写检索条件。

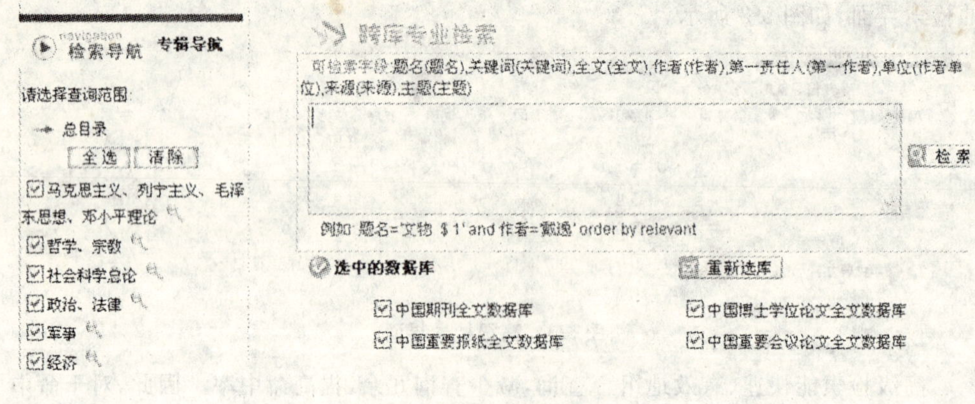

图 5-4　专业检索界面

表 5-1　专业检索规则说明表

代　码	字　段	代　码	字　段	代　码	字　段
TI	篇名	AU	作者	KY	关键词
AF	机构	AB	中文摘要	RF	引文
FU	基金	FT	全文	JN	中文刊名
SN	ISSN	TO	主题词	TS	篇名/关键词/摘要

5.2　维普数据库

5.2.1　维普简介

维普数据库是由重庆维普资讯有限公司开发研制的,《中文科技期刊数据库》即源于重庆维普资讯有限公司 1989 年创建的《中文科技期刊篇名数据库》。维普数据库包含了科技期刊、报纸、中文期刊、外文期刊、专业的行业信息资源等。覆盖范围:涵盖自然科学、工程技术、农业、医药卫生、经济、教育和图书情报等学科的 8 000 余种中文期刊数据资源;按照《中国图书馆分类法》进行分类,所有文献被分为 8 个专辑:社会科学、自然科学、工程技术、农业科学、医药卫生、经济管理、教育科学和图书情报。

维普数据库由专业质检人员对题录文摘数据进行质检,确保原始文本数据的质量,数据完整率达到99%以上。其具有检索入口多、辅助手段丰富、查全查准率高和人工标引准确的传统优点;系统内核采用国内最先进的全文检索技术,配备了功能强大的全文浏览器;内嵌北京汉王 OCR 识别技术,能直接把图像文件转换成文本格式进行编辑。

5.2.2　维普数据库的检索方法

维普数据库提供四种检索方式:快速检索、高级检索、分类检索和期刊导航。

进入维普数据库检索界面后,在页面的正上方是登录区,输入正确的账号和密码后便可以成功登陆维普数据库。没有账号的用户可以用 guest 账户进行登录(此账号只能进行文献检索,不能对检索出的文献进行下载和全文浏览)。在登陆成功后,数据库默认为是快速检索。用户可以在检索项里面下拉列表中选择一个自己将要检索的项目名,然后在检索项后面的空格里输入检索词,点击"检索"按钮后就可以检索到您所要查找的相关文献了。这种快速检索非常简单,但查准率不够。下面介绍几种主要的检索方法。

1. 高级检索

在成功登陆维普《中文科技期刊数据库》的主页后,选择高级检索。高级检索中又分为向导式检索和直接输入检索式检索,分别如图 5-5 和图 5-6 所示。

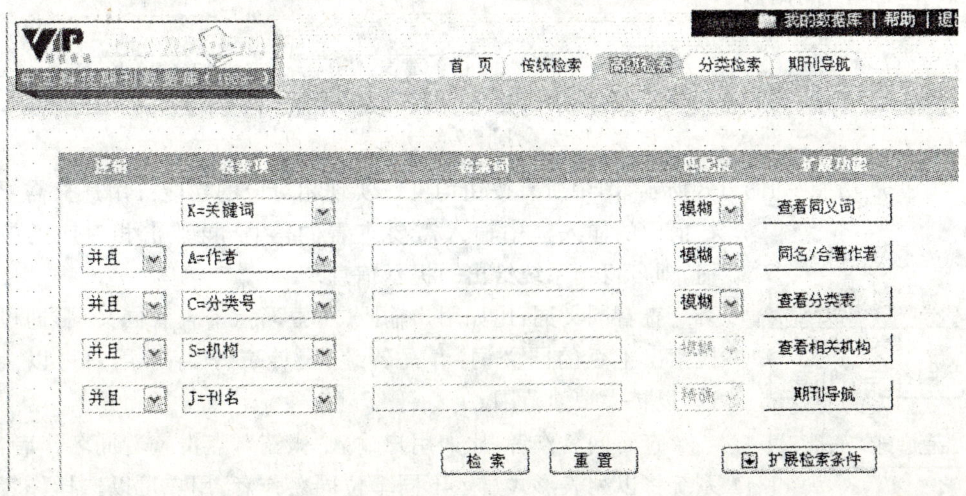

图 5-5　向导式检索

1）向导式检索

向导式检索为读者提供分栏式检索词输入方法。除可选择逻辑运算、检索项、匹配度外,还可以进行相应字段扩展信息的限定,最大限度地提高了"检准率"。

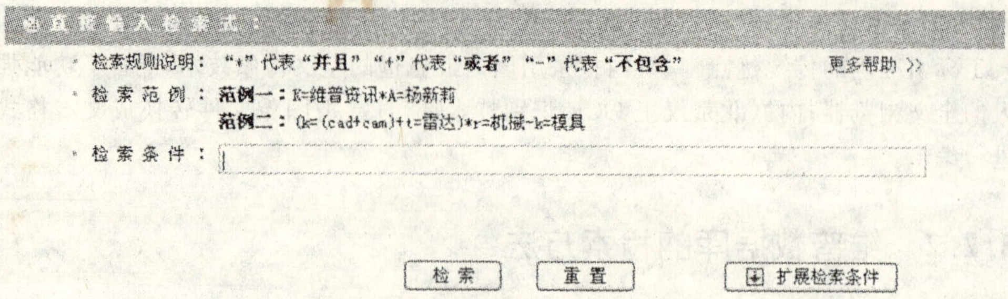

直接输入检索式：

检索规则说明："*"代表"并且" "+"代表"或者" "-"代表"不包含"　　更多帮助 >>

检 索 范 例：范例一：K=维普资讯*A=杨新莉

范例二：(k=(cad+cam)+t=雷达)*r=机械-k=模具

检 索 条 件：

检索　重置　扩展检索条件

图 5-6　直接输入检索式检索

向导式检索的检索操作严格按照图 5-5 所示的由上至下顺序进行，用户在检索时可根据检索需求进行检索字段的选择。如图 5-7 所示，则表示：((K＝计算机 * A＝张志民)＋ U＝高等教育)－K＝练习。

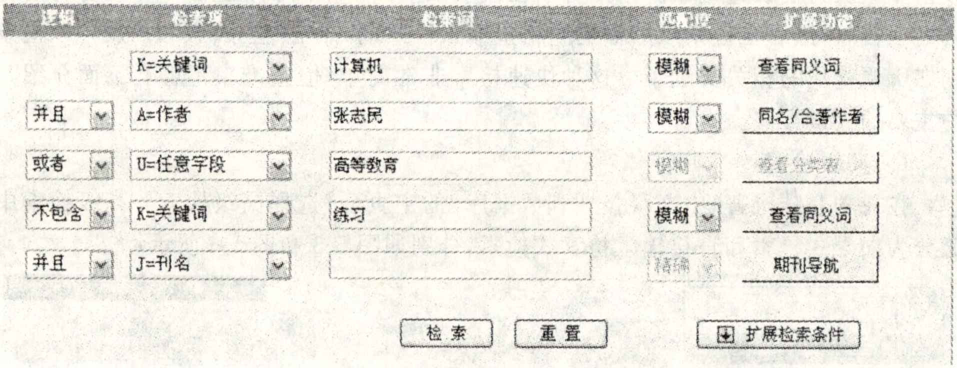

逻辑	检索项	检索词	匹配度	扩展功能
	K=关键词	计算机	模糊	查看同义词
并且	A=作者	张志民	模糊	同名/合著作者
或者	U=任意字段	高等教育	模糊	查看分类表
不包含	K=关键词	练习	模糊	查看同义词
并且	J=刊名		精确	期刊导航

检索　重置　扩展检索条件

图 5-7

扩展功能：如图 5-8 所示，图中所有按钮均可以实现相对应的功能。用户只需要在前面的输入框中输入需要查看的信息，再点击相对应的按钮，即可得到系统给出的提示信息。

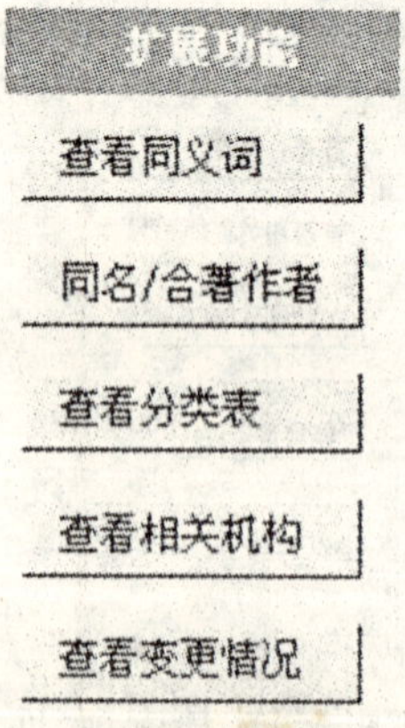

扩展功能

查看同义词

同名/合著作者

查看分类表

查看相关机构

查看变更情况

图 5-8　扩展功能

查看同义词：比如用户输入"土豆"，点击查看同义词，即可检索出土豆的同义词：春马铃薯、马铃薯、洋芋。用户可以全选，以扩大搜索范围。

查看同名作者：比如用户输入"张三"，点击查看同名作者，系统将以列表形式显示不同单位同名作者，用户可以选择作者单位来限制同名作者范围。为了保证检索操作的正常进行，系统对该项进行了一定的限制：最多勾选数据不超过 5 个。

查看分类表：读者可以直接点击按钮，会弹出分类表页，操作方法同分类检索。

查看相关机构：比如用户输入中华医学会，点击查看相关机构，系统将显示以中华医学会为主办(管)机构的所属期刊社列表。为了保证检索操作的正常进行，系统对该项进行了一定的限制：最多勾选数据不超过 5 个。

查看变更情况：比如读者可以输入刊名“移动信息”，点击查看变更情况，系统会显示出该期刊的创刊名“新能源”和曾用刊名“移动信息·新网络”，使用户可以获得更多的信息。注意：此处需要输入准确的刊名才能进行查看期刊的变更情况。

2) 直接输入检索式检索

读者可在检索框中直接输入逻辑运算符、字段标识等，点击“扩展检索条件”并对相关检索条件进行限制后点“检索”按钮即可。如图 5-9 和图 5-10 所示，分别为检索条件和检索结果。

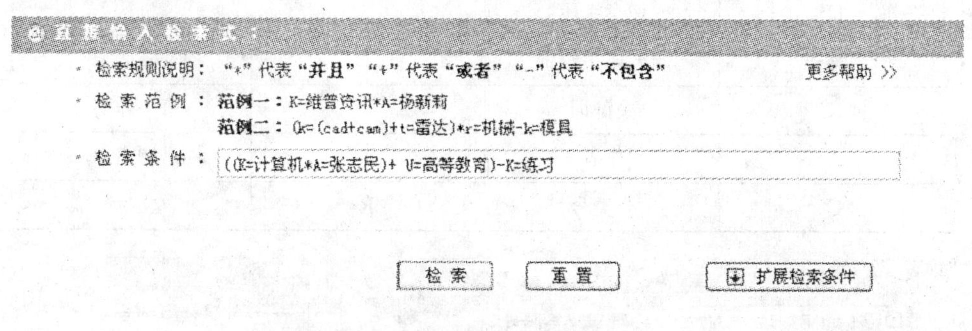

图 5-9　直接输入检索式检索

检索条件：((关键词=计算机*作者=张志民)+ 任意字段=高等教育)-关键词=练习*全部期刊*年=2001-2007　保存检索式

下载　打印　加入电子书架　查询结果：共找到 64134条，当前页1/3207标记数0条

全选	全文下载	标题	作者	出处
1		在成人高等教育平面构成课程的教学探索　全文快照	刘虹	中国教育导刊-2007年18期
2		计算机网络课程教学改革的研究与实践　全文快照	黄英君 吕蔚	中国教育导刊-2007年18期
3		台湾中药高等教育现况　全文快照	苏晓宇	中国中医药信息杂志-2007年9期
4		认真实施质量工程 努力提高教学质量　全文快照	章跃	淮阴工学院学报-2007年4期
5		浅议高校人力资源管理中的柔性化管理　全文快照	邹红 贺晓立	淮阴工学院学报-2007年4期
6		机械类工业设计人才培养模式研究　全文快照	朱志伟 程宪春...	长春大学学报-2007年08期
7		国家级规划教材《中医骨伤科学》的传承与发展　全文快照	王和鸣	中国中医骨伤科杂志-2007年9期

图 5-10　检索结果

检索式输入如果有错，检索后会返回“查询表达式语法错误”的提示，看见此提示后使用浏览器的“后退”按钮返回检索界面，重新输入正确的检索表达式。检索表达式中包括逻辑运算符和字段代码。具体见表 5-2 和表 5-3。

2. 分类检索

登录维普资讯网首页，在数据库检索区，通过点击“分类检索”，即可进入分类检索页面，如图 5-11 所示。

分类检索页面相当于提前对搜索结果做了限制，用户在搜索前可以对文章所属

表 5-2 逻辑运算符

逻辑运算符	含义
*	并且、与、and
+	或者、or
-	不包含、非、not

表 5-3 字段代码说明表

代码	字段	代码	字段
U	任意字段	S	机构
M	题名或关键词	J	刊名
K	关键词	F	第一作者
A	作者	T	题名
C	分类号	R	文摘

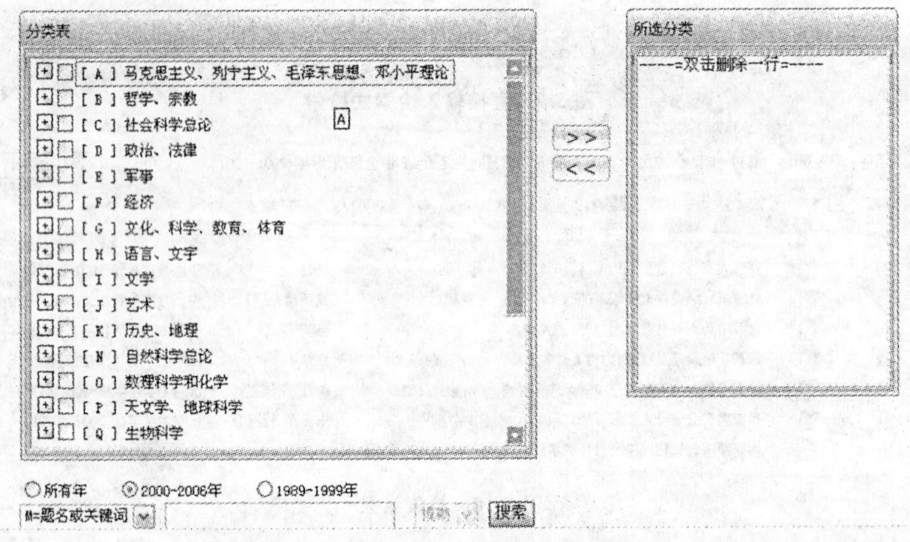

图 5-11 分类检索界面

性质做限制，比如用户选择经济分类，则搜索栏中的文章都是以经济类为基础的文章。

分类大项前的加号可以点击扩展，用户可以根据检索需要，勾取所需要的分类，点击添加删除按钮中的 >> ，即可将限制分类选取在搜索页中的“所选分类”之中，如图 5-12 所示。用户还可以通过双击所选分类或点击 << 来删除不需要的分类限制。在选定限制分类，并输入关键词检索后，页面自动跳转到搜索结果页，后

所选分类
-----=双击删除一行=-----
经济学
经济计划与管理
工业经济
>>
<<

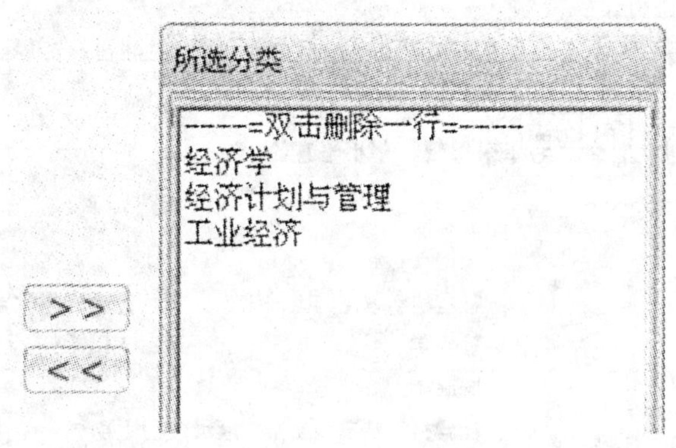

图 5-12　所选分类页面

面的检索操作同简单搜索页，用户可以点击查看。注意，如果用户不勾选任何分类，则不能进行检索。

3. 期刊导航

1）期刊查找

用户可以在维普中文全文数据库的首页点击“期刊导航”按键，直接进入期刊导航检索界面。维普中文全文数据库为用户提供了三种期刊的检索方式：按期刊名的第一个字的首字母字顺查找、按学科分类进行查找、按刊名进行搜索查找。

（1）按期刊名的第一个字的首字母字顺查找，如要找刊名为《北京林业学院学报》的期刊，这个期刊刊名的第一个字的首字母是 B，所以就可以在字顺查找中点击 B 进行查找，如图 5-13 所示。

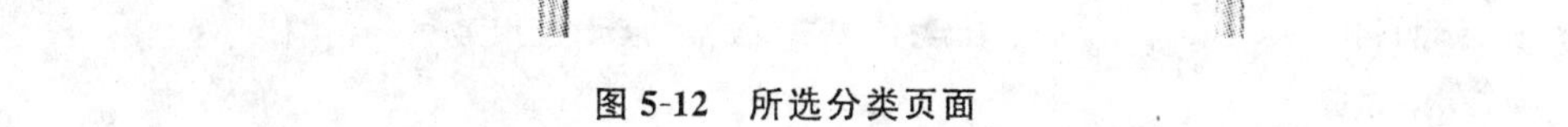

按字顺查：A B C D E F G H I J K L M N O P Q R S T U V W X Y Z

图 5-13　按字顺查找

（2）按学科分类进行查找，点学科分类名称即可查看到该学科涵盖的所有期刊。按学科分类还可限制“核心期刊”、“核心期刊和相关期刊”，选择“核心期刊”则只能查看到所选学科类别下涵盖的核心期刊，如图 5-14 所示。

（3）按刊名进行搜索查找，期刊搜索提供刊名和 ISSN 号的检索入口，如图 5-15。ISSN 号检索必须是精确检索，刊名字段的检索可以是模糊检索。期刊搜索还提供二次检索功能。

2）期刊列表

期刊列表页面上提供的期刊信息有：刊名、ISSN 号、CN 号、核心期刊标记（有★标记的为核心期刊）。在期刊列表中如果包含有核心期刊和相关期刊，点击 ★ 核心期刊 即可将列表中的核心期刊全部筛选出来，此时 ★ 核心期刊 变成黄色，如图 5-16 所示。

期刊学科分类导航　◉核心期刊　◎核心期刊和相关期刊

学科分类

- 马克思主义、列宁主义、毛泽东思想、邓小平理论
- 哲学、宗教
- 社会科学总论

学报及综合类　社会科学理论与方法论　社会科学教育与普及
统计学　社会学　人口学
管理学　民族学　人才学
劳动科学　社会科学丛书、文集、连续性出版物

- 政治、法律

学报及综合类　政治理论　中国共产党
世界政治　中国政治　各国政治
外交、国际关系　法律
工人、农民、青年、妇女运动与组织

- 军事
- 经济

学报及综合类　经济学　经济计划与管理

图 5-14　按分类检索

图 5-15　按刊名检索

★ 核心期刊

序号	刊名	ISSN	CN	核心期刊
1	马克思主义与现实	1004-5961	11-3040/A	★
2	毛泽东邓小平理论研究	1005-8273	31-1672/A	★
3	毛泽东思想研究	1001-8999	51-1033/A	★
4	马克思主义研究	1006-5199	11-3591/A	★
5	邓小平理论学习与研究	1672-1772	11-4714/D	
6	邓小平理论研究			
7	马克思主义列宁主义研究	1001-2699	11-4236/A	
8	马克思恩格斯列宁斯大林研究			

共8种　共1页　首页 上页 下页 末页　跳到 [ ] 页 GO

图 5-16　期刊列表

3）本刊检索

点击期刊列表页面上的期刊名称，进入单个期刊的整刊浏览页面。整刊检索提供精确查找、跨年检索和某年内按期浏览三种方式，如图 5-17 所示。

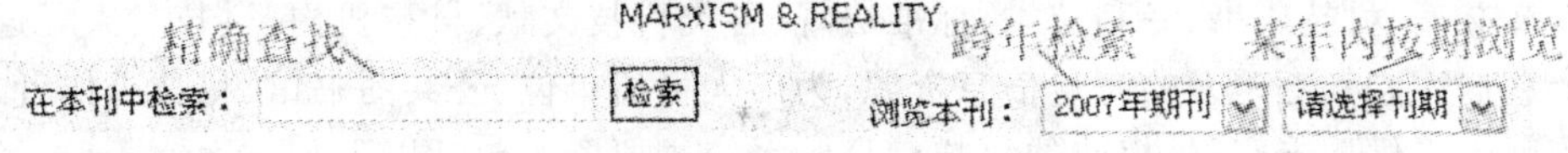

图 5-17　本刊检索方法

如用户要检索刊名为《马克思主义与现实》2007 年 02 期，就可以在浏览本刊中选择 2007 年 02 期，系统会自动返回检索结果，如图 5-18 所示。

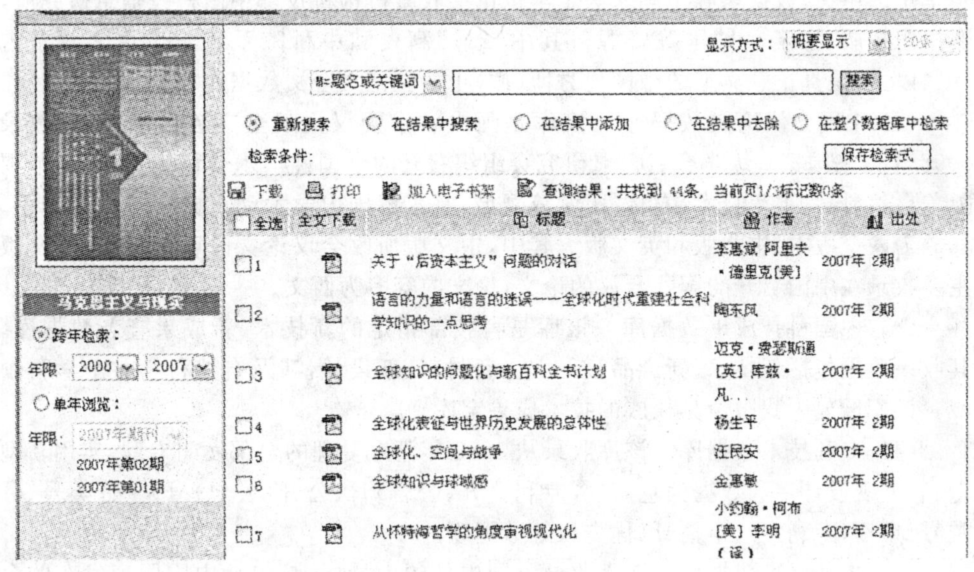

图 5-18　本刊检索结果

5.3　万方数据库

5.3.1　万方简介

万方数据库资源系统（ChinaInfo）是北京万方数据股份有限公司在中国科技信息研究所数十年积累的全部信息服务资源的基础上建立起来的，是一个以科技信息为主，集经济、金融、社会、人文信息为一体的网络化信息服务系统。万方数据资源系统由科技信息系统、数字化期刊系统和企业服务系统三部分组成。

1. 科技信息系统

万方科技信息系统是中国唯一完整的科技信息群，汇集中国学位论文文摘、会议论文文摘、科技成果、专利技术、标准法规、各类科技文献、科技机构、科技名人等近百个数据库。其上千万的海量信息资源，为广大科研单位、公共图书馆、科技工作者、高校师生提供最丰富、最权威的科技信息。系统主要资源包括以下几方面。

(1) 中国学位论文数据库　该库资源由国家法定学位论文收藏机构中国科技信息研究所提供，并委托万方数据加工建库。收录了全国"211"重点高校、中科院系统、工程院、农科院、医科院、社科院等重点精选博(硕)士论文，收藏我国近800家学位授予单位的论文；数据来源于国家法定学位论文收藏机构科技部中国科技信息研究所，数据源权威、稳定，属"国藏资源"；其中"211"高校和中科院系统学位论文收录占95%以上，是真正意义上的中国优秀博(硕)士学位论文全文数据库。

(2) 中国会议论文数据库　该库是国内学术会议文献全文数据库，主要收录1998年以来国家一级学会、协会、研究会组织召开的全国性学术会议论文，数据范围覆盖自然科学、工程技术、农林、医学等领域，是了解国内学术动态必不可少的帮手。其分为两个版本：中文版和英文版。其中，中文版所收会议论文内容是中文；英文版主要收录在中国召开的国际会议的论文，论文内容多为西文。

(3) 中国科技成果数据库　该库是科技部指定的新技术、新成果查新数据库。其收录范围包括新技术、新产品、新工艺、新材料、新设计，涉及自然科学各个学科领域。该库已成为我国最具权威的技术成果宝库。

(4) 专利技术数据库　该库收录从1985年至今受理的全部发明专利、实用新型专利、外观设计专利数据信息，包含专利公开(公告)日、公开(公告)号、主分类号、分类号、申请(专利)号、申请日、优先权等数据项。

(5) 中外标准数据库　该库收录了国内外的大量标准，包括中国国家发布的全部标准、某些行业的行业标准以及电气和电子工程师技术标准；收录了国际标准数据库、美英德等国的国家标准，以及国际电工标准；还收录了某些国家的行业标准，如美国保险商实验所数据库、美国专业协会标准数据库、美国材料实验协会数据库、日本工业标准数据库等。

(6) 科技文献数据库　该库是万方数据资源系统的重要组成部分，汇集了全国各主要信息机构提供的科技文献信息，所包含的信息量大、种类繁多、时间跨度长、专业覆盖面广，具有一定的权威性。收录文献中共有专业文献、会议论文、学位论文、英文文献等47个数据库，超过960万条记录。

2. 数字化期刊系统

《数字化期刊全文数据库》以中国数字化期刊群为基础，整合了中国科技论文与引文数据库及其他相关数据库中的期刊条目部分内容，基本包括了我国文献计量单位中自然科学类统计源刊和社会科学类核心源期刊，并且所有期刊按哲学政法、社会科学、经济财政、教科文艺、基础科学、医药卫生、农业科学、工业技术等八大类进行划分。该库不仅是我国首家网上期刊的出版联盟，而且是核心期刊测评和论文统计分析的数据源基础。该库收录有多达 2 833 万条的海量数据库资源；先进、高效的检索引擎为人们的工作和学习带来极大的方便。数字化期刊系统设置了三种分类浏览方式：按学科、按地区、按首字母。用户可以通过以上三种浏览方式更方便地查阅、浏览自己想要查找的文献。

3. 企业服务系统

《中国企业、公司及产品数据库》始建于 1988 年，由万方数据联合国内近百家信息机构共同开发。十几年来，该库历经不断的更新和扩充，现已收录 96 个行业的近 20 万家企业详尽信息，是国内外工商界了解中国市场的一条捷径。目前，该库的用户已经遍及北美、西欧、东南亚等 50 多个国家和地区，主要客户类型包括公司企业、信息机构、驻华商社、大学图书馆等。国际著名的美国 DIALOG 联机系统更将该库定为中国首选的经济信息数据库，并将其收进系统向全球数百万用户提供联机检索服务。《中国企业、公司及产品数据库》的信息全年 100%更新，提供多种形式的载体和版本。全记录包含 30 多个字段，对企业进行了全方位的立体描述。

5.3.2　万方数据库检索方式

输入 http://www.wanfangdata.com.cn 进入万方数据资源服务系统后，用户可以通过点击科技信息系统进入科技信息系统主页，如图 5-19 所示。万方数据库系统为了给用户提供准确、全面、翔实、快捷的检索服务，而提供了一般检索和专业检索

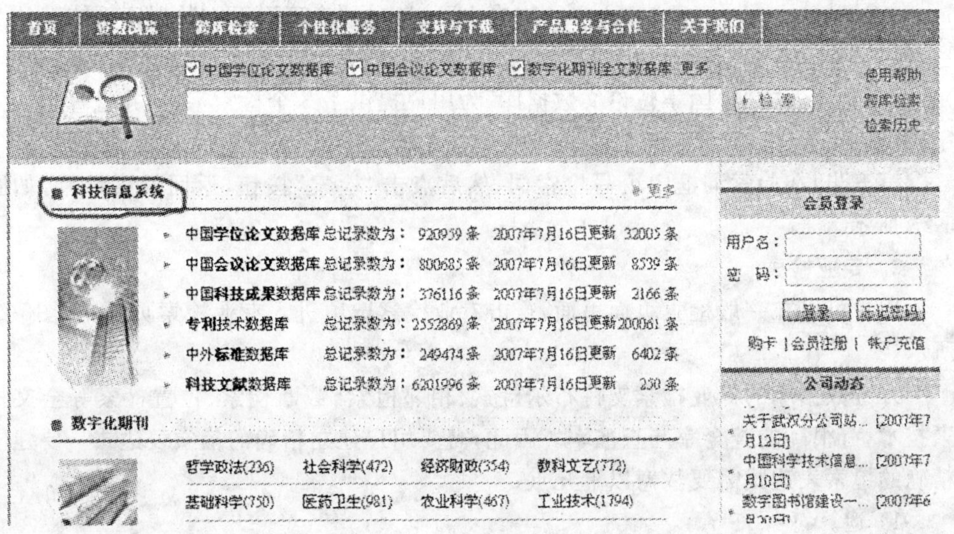

图 5-19　科技信息系统主页

两种检索方式。一般检索可以采用字段级检索、全文检索和高级检索；专业检索支持布尔检索、相邻检索、截断检索、同字段检索、同句检索和位置检索等全文检索方式，具有较高的查全率和查准率。

1. 一般检索

进入科技信息系统后，在页面的最左边是资源浏览区，用户可以根据需要选择检索范围，如图 5-20 所示。一般检索页面内容还包括数据库的简要介绍、增减检索条件框、字段选择列表、逻辑运算选择框、关键词输入框等，如图 5-21 所示。

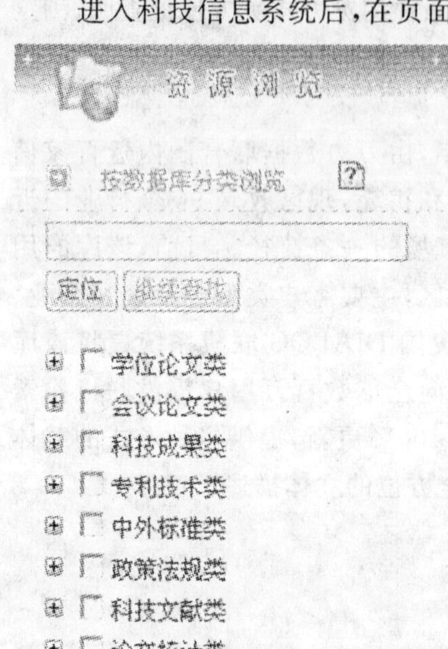

图 5-20 检索范围

下面以检索“学位论文类”数据库为例，对一般检索进行简单的说明。

第一步：在资源浏览区选择“学位论文类”库，然后点击“学位论文类”子类的“中国学位论文数据库”进入检索界面，如图 5-22 所示。

第二步：用户如需重新限定论文年度，可以在“限定论文年度”前面的方框里打“√”，然后在后面的下拉框中对论文年度重新限定，系统默认年度为 2007—2007。

第三步：用户可以根据自己的需要选择论文分类，万方数据库将论文细分为 58 个小类，这样可以提高检索的查准率，但如果用户想扩大检索结果也可以选择“全部”，万方数据库系统默认为“全部”。

第四步：万方“中国学位论文数据库”为用户提供了 3 个检索字段，并且每个检索字段可以用“与”、“或”、“非”三个逻辑关键词相连接。

第五步：在检索词框中填写检索词，然后点击“检索”按钮，返回检索结果，如图 5-23 所示。

2. 专业检索

用户可以在一般检索页面里面，点击专业检索选项进入专业检索页面，如图5-24 所示。

万方数据库的专业检索支持布尔检索、相邻检索、截断检索、位置检索等全文检索技术，有很高的查全率与查准率。因此，需要用户建立精确的检索表达式。要建立精确的检索表达式需要注意以下几点。

1) 运算符

逻辑组配符：“＊”(与)、“＋”(或)、“^”(非)。其中，两个检索词逻辑“与”的结果

▶ 首页 >> 资源浏览 >> 按数据库浏览

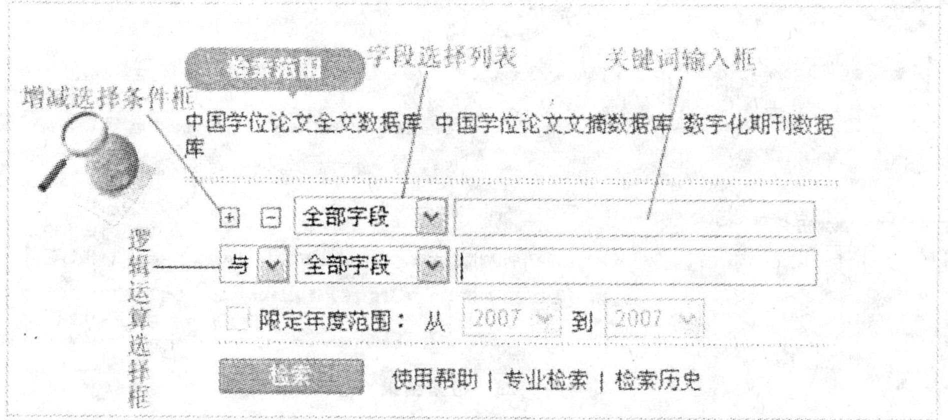

资源简介

中国唯一完整的科技信息群。他汇集中国学位论文文摘、会议论文文摘、科技成果、专利技术、标准法规、各类科技文献、科技机构、科技名人等近百个数据库，其上千万的海量信息资源，为广大科研单位、公共图书馆、科技工作者、高校师生提供最丰富、最权威的科技信息。

图 5-21　一般检索页面

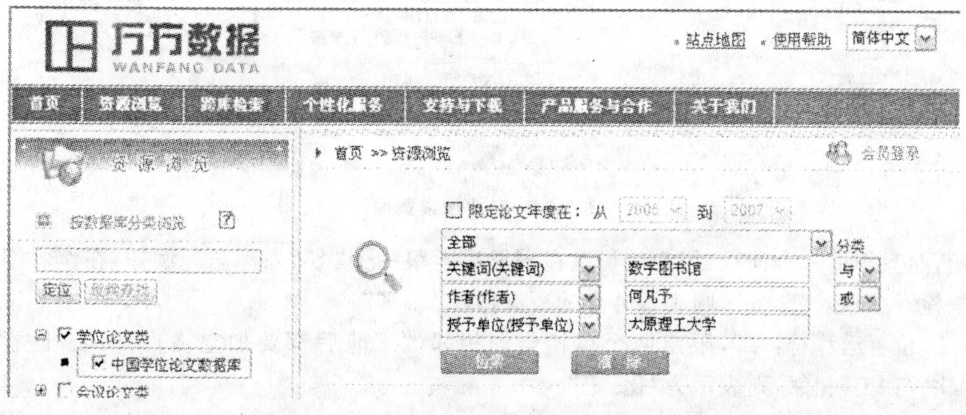

图 5-22　学位论文检索

是同时含有两个检索词的集合；两个检索词逻辑“或”的结果是出现两个检索词中的任何一个的集合；两个检索词逻辑“非”的结果是获得不属于第二个文献集合但属于第一个文献集合的成员的集合。

截断符：“$”，表示截断右边的检索词。如用户对某一检索词的精确拼写不清

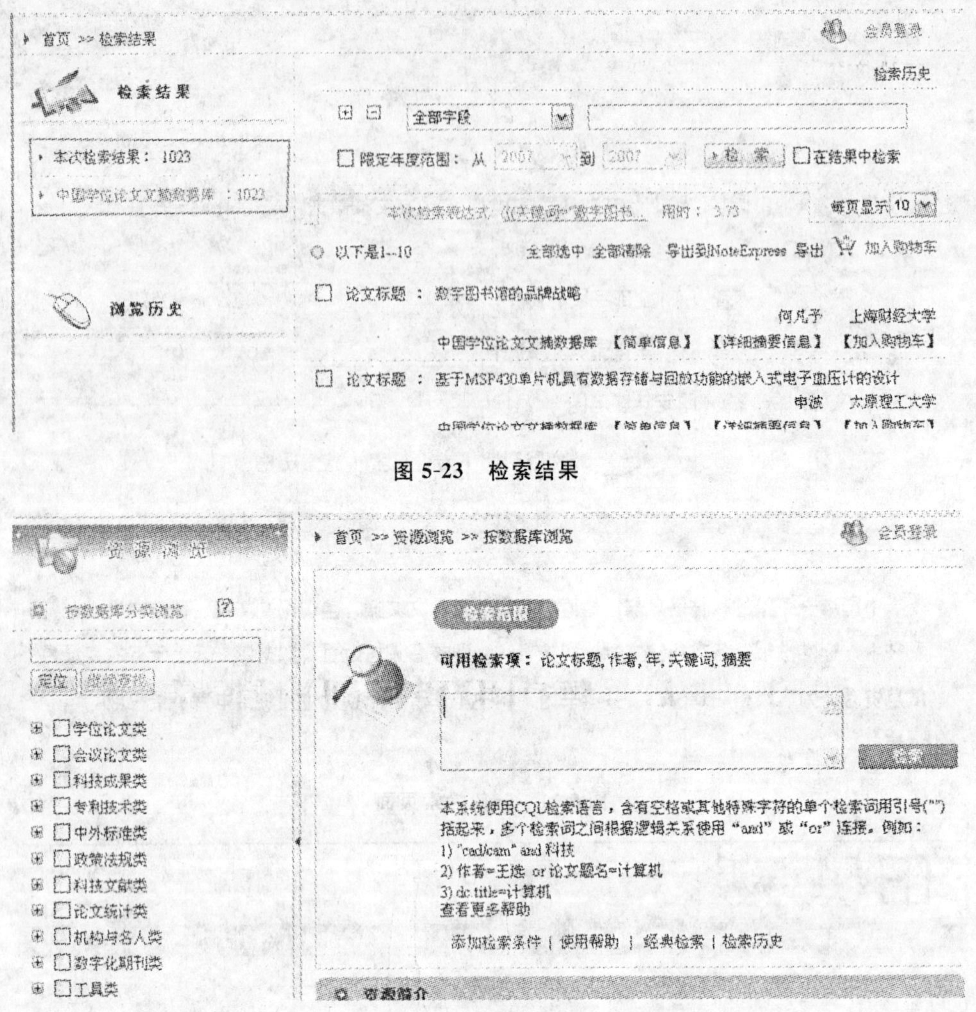

图 5-23 检索结果

图 5-24 专业检索页面

楚，而只知道一个词根，用户就可以在词根后紧跟一个"＄"来标志。例如，在作者字段检索中输入"李＄"，则表示姓李的所有作者。

位置运算符："."，限定两个单检索词相邻（"."前后都要加空格）。例如，检索"化"与"工"相邻，则表示为"化.工"。

字段相邻运算符：(G)，限定两个检索词在同一字段内（即使是可重复字段页当做一个字段来处理）。例如，制碱(G)理论，则表示要求命中集合中记录的某一字段中既含有检索词"制碱"，又含有检索词"理论"。(F)，限定两个检索词在同一个字段内的同一重复内出现，比(G)有更加严格的限定，一般使用(G)即可。

2）布尔表达式

使用上面所介绍的运算符，将两个或两个以上检索词组合在一起，可以组成复杂

的布尔表达式。与一般的代数一样,可以用括号来改变运算的顺序。上面所介绍的运算符优先级由高到低如下所示:

高　＄和.
|　(F)
|　(G)
|　＊和^
低　+

如果在同一表达式的同一级括号中,有两个或两个以上优先级相同的运算符出现,则按从左到右的顺序运算。

在组合检索式时,应遵守如下规则。

(1) 除了相邻运算符"＄"和"."能重复出现外(这两个运算符不能混合出现),两个逻辑运算符不能彼此相邻。

(2) 括号必须成对出现。即开括号的数目必须等于闭括号的数目,且每个开括号都有相匹配的闭括号。

5.4 《人大复印报刊资料》数据库

5.4.1 《人大复印报刊资料》数据库简介

《人大复印报刊资料》系列光盘数据库,是由中国人民大学书报资料中心和北成集团联合研制开发,以《人大复印报刊资料》系列期刊为蓝本,汇集其全文、目录信息,分为现期对应的全文数据库、回溯全文数据库、索引数据库等几大系列,收录我国出版的 3 030 余种社科报纸、期刊登载的学术论文,集数十年我国社科研究成果之大成。其主要数据库有以下几方面。

1.《人大复印报刊资料》全文数据库

与 1995 年后的印刷版《人大复印报刊资料》系列刊对应,收录其全部内容,涵盖国内公开出版的社科领域核心期刊、报纸 3 030 多种。将系列刊分成以下四大类。

(1) 马列、哲学、政治、法律、社科总论类(A1—D7);

(2) 经济类(F10—F9);

(3) 文化、教育、体育类(G0—L1);

(4) 语言文字、文学、艺术、历史、地理及其他类(Hl—Z1)。

各类内容以 1 张光盘形式提供,全年整套数据库共 4 张光盘。1997 年起,每季度 100 多个专题全文汇于 1 张光盘，1 年 4 张。

2.《人大复印报刊资料》专题目录索引数据库

汇集《人大复印报刊资料》系列刊 1978 年至今每年所刊文章的全部目录，累计数据 78 万多条。每条数据包含：专题代号、类目、篇名、著者、原载报刊名称及刊期，选印在《人大复印报刊资料》上的刊期和页次等。2 张光盘，每季度更新数据，是检索纸本《人大复印报刊资料》的便利工具。

3.《人大复印报刊资料》索引数据库

总汇《人大复印报刊资料》系列刊每年选登的目录和未选印的题录，1978 年至今的全部题录已达 350 多万条，比《人大复印报刊资料专题目录索引》数据库的数据量更加宏大、信息覆盖面更加广泛。每条数据包含：专题代号、类目、篇名、著者、原载报刊名称及刊期，复印专题名称及刊期等。

4. 回溯全文数据库

《人大复印报刊资料》的热门专题刊物已陆续推出回溯性专题数据库，数据从创刊年延续至今。

5.4.2 《人大复印报刊资料》全文数据库检索

进入《人大复印报刊资料》数据库的登录界面，在正确输入用户名和密码后进入，如图 5-25 所示。

1. 简单检索

《人大复印报刊资料》数据库为用户提供了任意词、标题、正文、作者、分类名、分

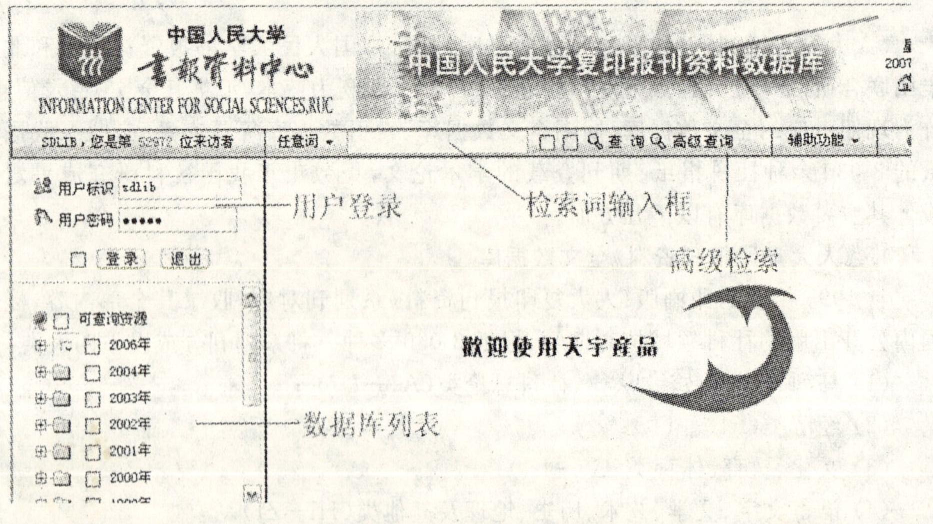

图 5-25 《人大复印报刊资料》检索界面

类号、关键词等检索项。用户可以根据检索的实际需要在检索项的下拉菜单中选择，然后在检索词输入框中输入检索词，也可以在检索页面左边的可查询资源里选择查询资源的范围，每一个可查资源类目里都有下一级子类目，用户可以根据需要选择合适的资源类目范围来精确检索结果。如检索项选择任意词，检索词为“信息管理”，可查询资源选择 2006 年，检索结果如图 5-26 所示。用户只需点击“查阅”按钮便可查看检索结果的详细内容。

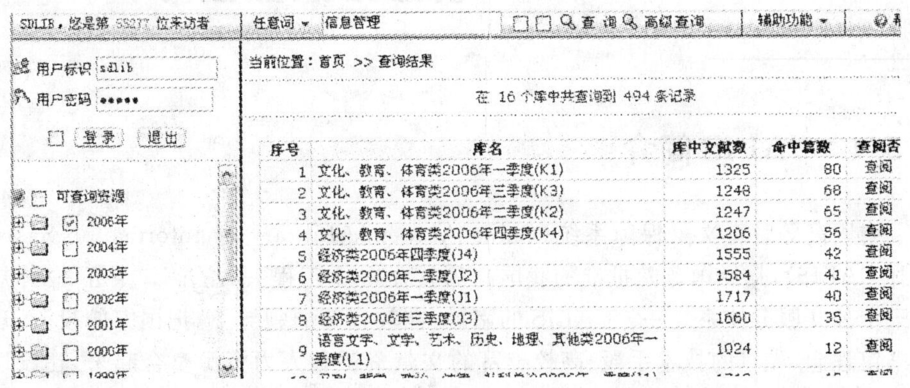

序号	库名	库中文献数	命中篇数	查阅否
1	文化、教育、体育类2006年一季度(K1)	1325	80	查阅
2	文化、教育、体育类2006年三季度(K3)	1248	68	查阅
3	文化、教育、体育类2006年二季度(K2)	1247	65	查阅
4	文化、教育、体育类2006年四季度(K4)	1206	56	查阅
5	经济类2006年四季度(J4)	1555	42	查阅
6	经济类2006年二季度(J2)	1584	41	查阅
7	经济类2006年一季度(J1)	1717	40	查阅
8	经济类2006年三季度(J3)	1660	35	查阅
9	语言文字、文学、艺术、历史、地理、其他类2006年一季度(L1)	1024	12	查阅

图 5-26　检索结果

2. 高级检索

在进入高级检索界面前，用户应该首先在可查询资源里选择检索年限，然后点击页面上方的高级查询进入高级检索界面，如图 5-27 所示。

《人大复印报刊资料》全文数据库的高级检索可以同时选择 5 个检索项，而且它们之间可以用“并且”、“或者”、“除了”三个逻辑关系进行连接，用户在确定好检索项

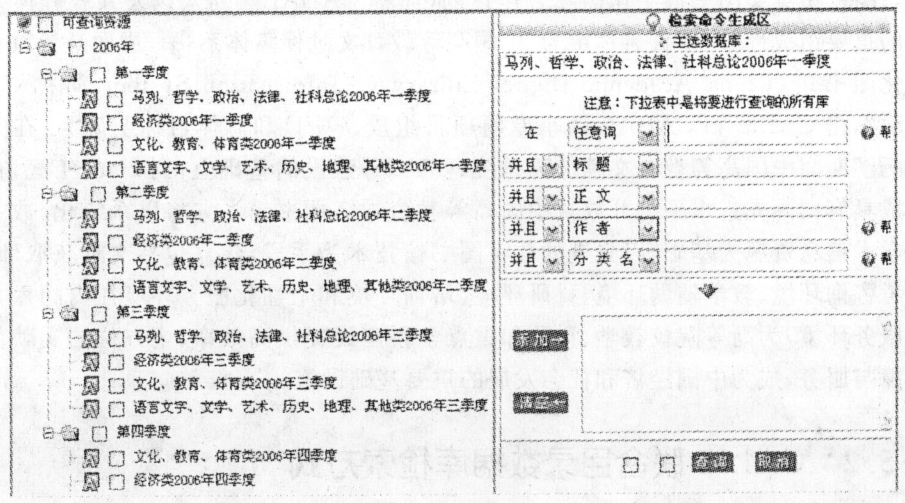

图 5-27　高级检索界面

后,在检索项后面的检索词输入框中输入合适的检索词后,点击“添加”按键便可以将检索项与检索词转换为检索表达式,用户如需要重新确定检索条件,可以点击“清空”按键,重新设计检索条件。

5.5 CALIS 联合目录数据库

5.5.1 CALIS 简介

中国高等教育文献保障系统(China Academic Library & Information System,简称 CALIS),是经国务院批准的我国高等教育“211 工程”、“九五”、“十五”总体规划中三个公共服务体系之一。CALIS 的宗旨:在教育部的领导下,把国家的投资、现代图书馆理念、先进的技术手段、高校丰富的文献资源和人力资源整合起来,建设以中国高等教育数字图书馆为核心的教育文献联合保障体系,实现信息资源共建、共知、共享,以发挥最大的社会效益和经济效益,为中国的高等教育服务。

CALIS 管理中心设在北京大学,下设了文理、工程、农学、医学四个全国文献信息服务中心,华东北、华东南、华中、华南、西北、西南、东北七个地区文献信息服务中心和一个东北地区国防文献信息服务中心。

“十五”期间,国家继续支持“中国高等教育文献保障系统”公共服务体系二期建设,并将“中英文图书数字化国际合作计划(简称 CADAL)”列入该公共服务体系建设的重要组成部分,项目名称定为“中国高等教育文献保障体系——中国高等教育数字化图书馆(China Academic Digital Library & Information System,简称 CADLIS)”,由 CALIS 和 CADAL 两个专题项目组成。项目和总体目标明确为:在完善“九五”期间中国高等教育文献保障系统(CALIS)建设的基础上,到 2005 年底,初步建成具有国际先进水平的开放式中国高等教育数字图书馆。它将以系统化、数字化的学术信息资源为基础,以先进的数字图书馆技术为手段,建立包括文献获取环境、参考咨询环境、教学辅助环境、科研环境、培训环境和个性化服务环境在内的六大数字服务环境,为高等院校教学、科研和重点学科建设提供高效率、全方位的文献信息保障与服务,成为中国经济和社会发展的重要基础设施。

5.5.2 CALIS 联合目录数据库检索方式

用户可以输入 http://opac.calis.edu.cn/simpleSearch.do 进入 CALIS 联合目

录数据库。CALIS 联合目录数据库为用户提供了两种便捷的检索方式：简单检索、高级检索，如图 5-28 所示。

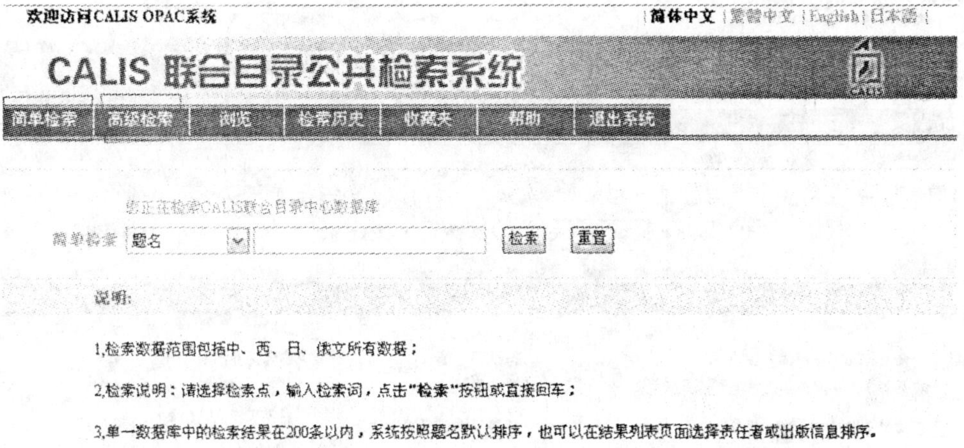

图 5-28　CALIS 检索界面

1. 简单检索

简单检索为用户提供了 9 个检索项，分别为：题名、责任者、主体、全面检索、分类号、所有标准号码、ISBN、ISSN、记录控制号。用户可以根据自己检索的实际情况选择需要的检索项，并在检索项后面的检索条件框中输入检索条件，然后单击后面的“检索”按钮，便可以看到检索结果，如图 5-29 所示。

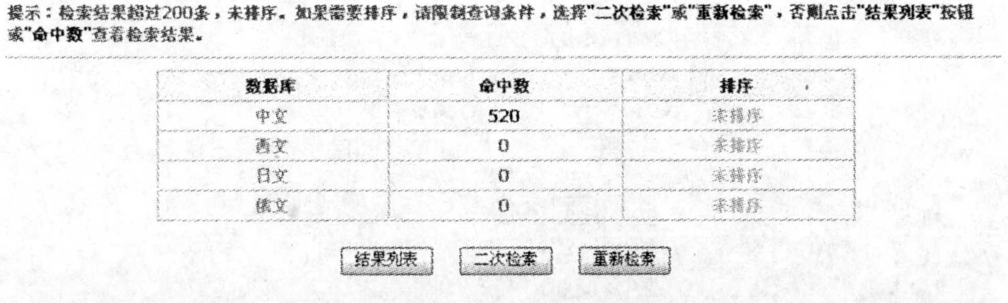

图 5-29　检索结果

与以往数据库不同的是，CALIS 联合目录数据库为用户提供了四种语言的数据库检索结果，包括：中文、西文、日文、俄文。使用者可以通过点击不同文种数据库后面的命中数字来查看不同文种数据库中的检索结果，如图 5-29 所示。也可以通过点击“结果列表”按钮来进行查看，结果如图 5-30 所示。

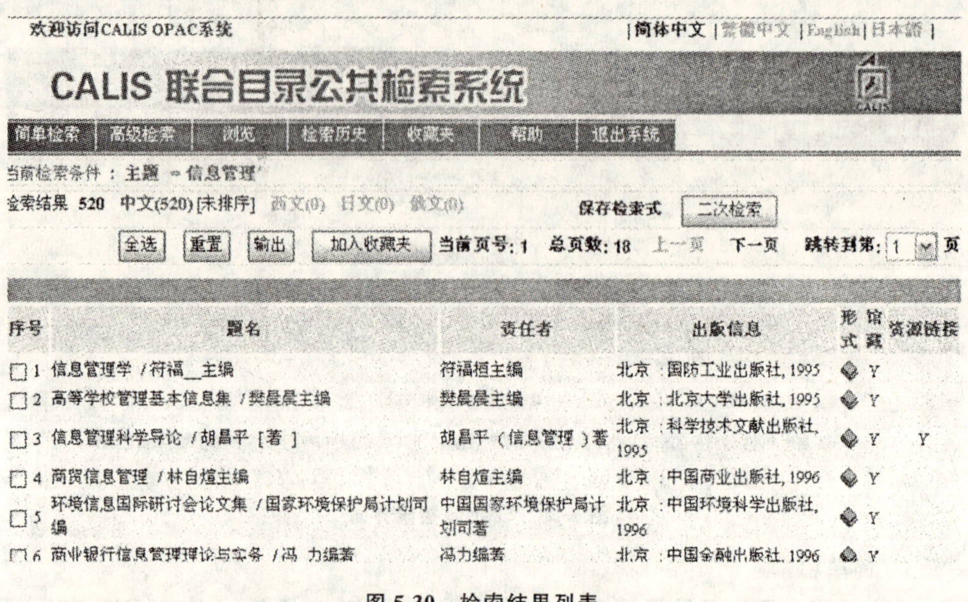

图 5-30 检索结果列表

2. 高级检索

高级检索中系统为用户提供了 16 个检索项，并且各个检索条件之间可用逻辑与、或、非等进行组配。另外系统还提供了内容特征、数据库、出版时间、形式的限定来精确检索结果，如图 5-31 所示。

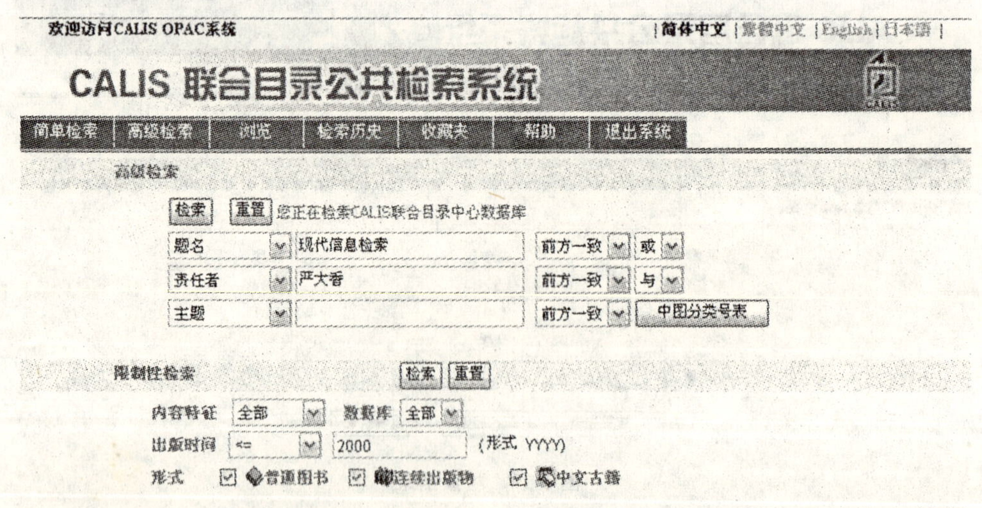

图 5-31 高级检索界面

用户在设定好检索条件后点击“检索”按钮，系统便会自动返回检索结果，如图 5-32 所示。图中有 6 个检索结果，其中 5 个在中文库，1 个在西文库。用户只需点击想要查阅的文献题名就可以查看该文献的详细信息。

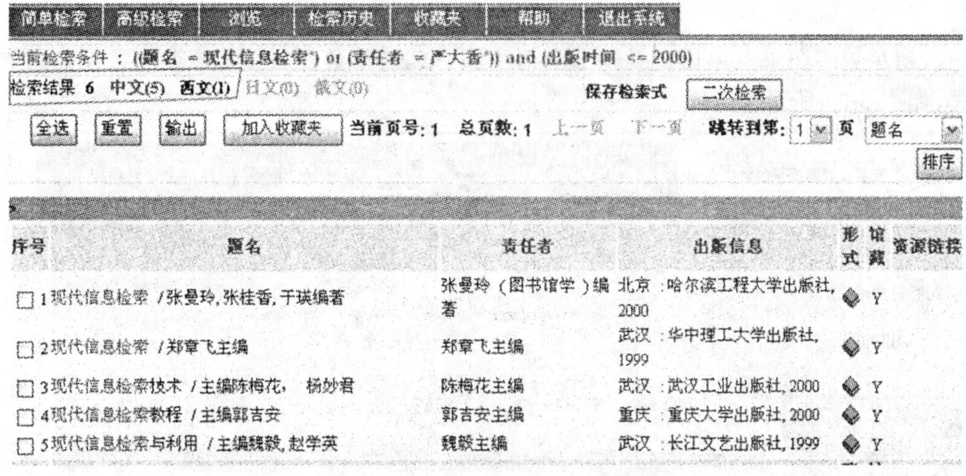

图 5-32 检索结果

5.6 超星数字图书馆

5.6.1 超星数字图书馆概述

超星数字图书馆是由北京世纪超星公司和广东省中山图书馆等合作建立和维护的，2000 年 6 月 8 日，超星数字图书馆入选国家 863 计划中国数字图书馆示范工程，参与了国家数字图书馆战略。

超星中文电子图书内容丰富，范围广泛。目前国家图书馆的超星在线图书馆共有 50 余个大类，分别是：哲学图书馆、民族学图书馆、政治图书馆、法律图书馆、军事图书馆、经济学图书馆、经济计划与管理图书馆、产业经济图书馆、财政金融图书馆、教育图书馆、体育图书馆、语言文字图书馆、文学图书馆、世界史图书馆、中国史图书馆、文史资料图书馆、传记图书馆、地理图书馆、数学图书馆、力学图书馆、物理图书馆、化学图书馆、天文学和地理科学图书馆、生物科学图书馆、医学图书馆、中医图书馆、农业科学图书馆、工业技术图书馆、计算机图书馆、建筑图书馆、交通运输图书馆、航空航天图书馆、环境保护图书馆、国家档案文献库、古代文献图书馆、辞典图书馆、年鉴图书馆、期刊图书馆。

5.6.2 超星电子图书的检索

超星数字图书馆为用户提供了全部字段、书名、作者、主题词、分类检索等检索方式，如图 5-33 所示。

图 5-33 超星数字图书馆检索界面

1. 书名、作者、主题词检索

用户可以通过页面正中间的全部字段、书名、作者、主题词等来确定检索条件，然后在图书检索后面空格栏中输入相应的检索条件，点击检索就可以检索到自己需要的电子图书。用户也可以在全部分类右边的下拉菜单中选择不同的图书分类来缩小检索范围。

2. 分类检索

用户可以通过依次点击图书馆分类下面的各个子目录来进行图书检索，每个目录下面包含很多下一级子目录，依次点击就可以检索到所需书目的列表。在分类目录下也可以在检索栏中输入所需的书名或书名中的主题词，凡是提名中含有这个词的图书都会显示出来，然后选择所需图书直接点击，即可以进行在线阅读。

5.6.3 超星电子图书的阅读

超星电子图书在阅读之前，必须下载超星阅读器才能进行在线阅读，用户可以点击网页正上方的“超星阅读器 SSreader”按钮，下载阅读器，然后按照系统提示进行安装即可对超星电子图书进行阅读，如图 5-34 所示。

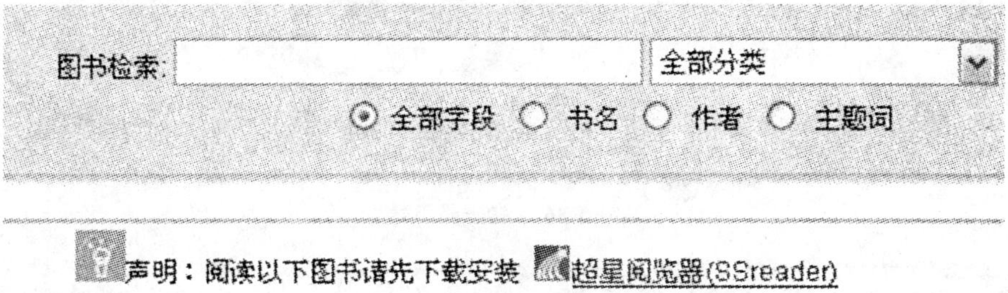

图 5-34　超星阅读器下载

对于校园网的用户，可以在线阅读，也可以将书下载到本地计算机上离线阅读。用【超星图书浏览器】浏览同一页的内容可以拉动右边的滚动条，也可以按住鼠标左键上下拉动，点击工具条中的左右箭头可以翻页，点击【手】符号可以回到目录页或指定页，也可以在右上角的一栏输入指定页码回车，即可转到指定页。

为了方便用户快速地将电子图书中的图像文字转变为纯文本文字，超星图书浏览器特设有文字识别功能，用户只要点击工具栏中 T 形状的按键并在电子图书中选择自己要识别的文字，系统会自动将图像文字转化为纯文本文字，如图 5-35 所示。对于其他一些相关的属性如缩放、页面旋转、图像剪贴等，点击工具栏上的“图书”按钮即可看到。

图 5-35　超星工具栏

5.6.4　超星电子图书的下载

在下载超星电子图书之前要先进行注册，点击首页右上角的“注册器下载”按钮，按照系统提示进行注册，如图 5-36 所示。然后点击超星阅读器工具栏上的“图书”按钮，即可看到“下载”项。在下载图书之前，先点击左边的“资源列表”按钮，打开“我的图书馆”按钮，选中“个人图书馆”后在下载选项右边点击新建子分类，如图 5-37 所示。当下载图书时，在下载选项里选择好分类和存放路径后，即可将书下载到本地，以后阅读该书时，只需双击任何一页即可重新进入阅读界面。注意，下载后的图书也只能在该部注册过的电脑上阅读，不能放到其他电脑进行阅读。

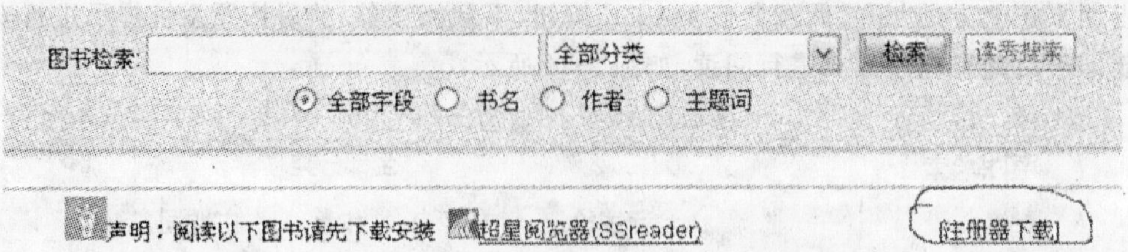

图书检索： 全部分类 检索 读秀搜索
全部字段 书名 作者 主题词
声明：阅读以下图书请先下载安装 超星阅览器(SSreader) 注册器下载

图 5-36 注册器下载

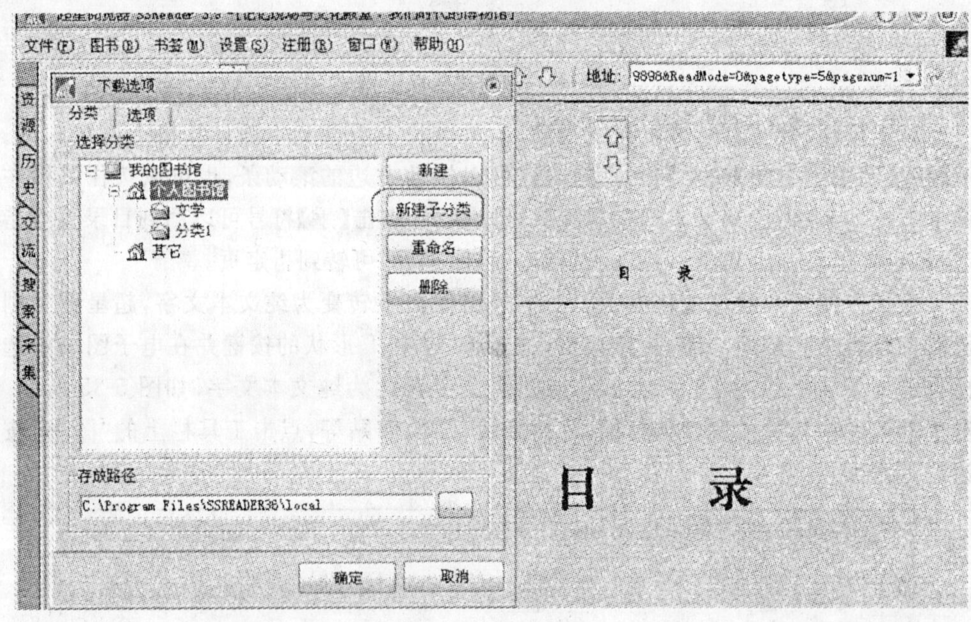

图 5-37 我的图书馆

5.7 书生之家电子图书

5.7.1 书生数字图书馆概述

书生之家数字图书馆是建立在中国信息资源平台基础之上的综合性数字图书馆，由北京书生数字技术有限公司开发制作推出的数字图书馆系统平台。其主要提供1999年以来中国内地出版的新书的全文电子版，“书生之家”所收图书涉及社会科学、人文科学、自然科学和工程技术等所有类别，如文学艺术、经济金融、语言文化、法律政治、哲学历史等；数学、物理、生物、化学等；农业、医学、交通、工程、建筑、电子电工等。

书生之家数字图书馆包括图书、期刊、报纸、论文、CD 等，囊括了印刷版、光盘版、网络版等各种载体的资源，下设中华图书网、中华期刊网、中华报纸网、中华资讯网和中华 CD 网等网站。书生之家是集数据库应用平台、信息资源电子商务平台与资源数字化加工服务平台三位一体的综合性数字图书馆。《电子图书》设有四级目录导航，“书生之家”每个子网都设有博览区、交易区、沙龙区三个主要板块，并提供强大全文检索功能。

5.7.2　书生之家数字图书馆主要特点

1. 资源质量高

收录的图书多为 2000 年以后出版的新书，以《中图法》为基础，分为 31 大类；学术性强，兼顾实用性；内容涵盖面广，适于高校教学、科研之用。

2. 检索功能强

支持书名、作者、出版社、ISBN、摘要、主题词、丛书名称、分类等单项检索；可进行二次检索；可实现高级组合多项检索；有强大的全文检索功能，可将检索词定位到页。

3. 阅读界面优

阅读器采用人性化设计，超清晰，高精度，阅读效果轻松愉悦，十分可人；独家设有书内四级目录导航，可任意浏览、切换章节；可根据需要，量身订制阅读书签、卡片集，非常方便。

5.7.3　书生之家电子图书的检索

书生电子图书的检索方式大体分为：分类检索、一般检索、组合检索和全文检索，如图 5-38 所示。

1. 分类检索

书生之家数字图书馆系统将全部电子图书按《中图法》分类，每一大类下又划分子类，子类下又有子类的子类，共 4 级类目，用户可逐级检索。

例如，查找文学欣赏方面的书籍，首先在“书生之家”首页（见图 5-38）左栏图书分类下面点击文学艺术 B，再点选子类文学理论，显示出来的就是属于文学理论的子类，依次逐级点开，直到最末一级文学欣赏，该类目所有图书题名就会显示出来，如图 5-39 所示，最后用户可以点击“题目”阅读文章或者点击“全文”阅读文章。

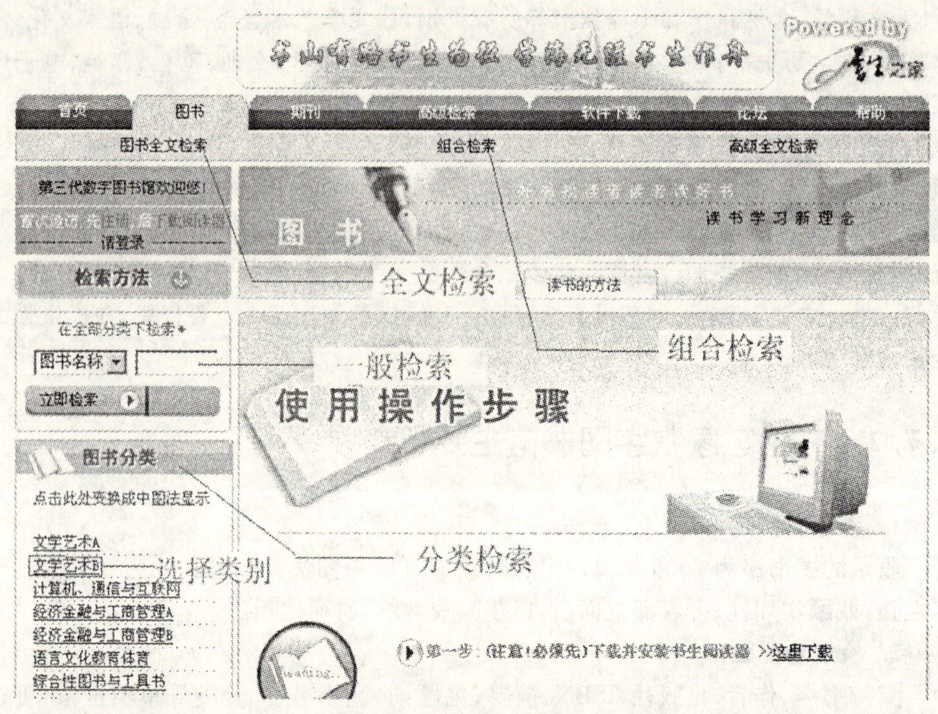

图 5-38　书生之家首页

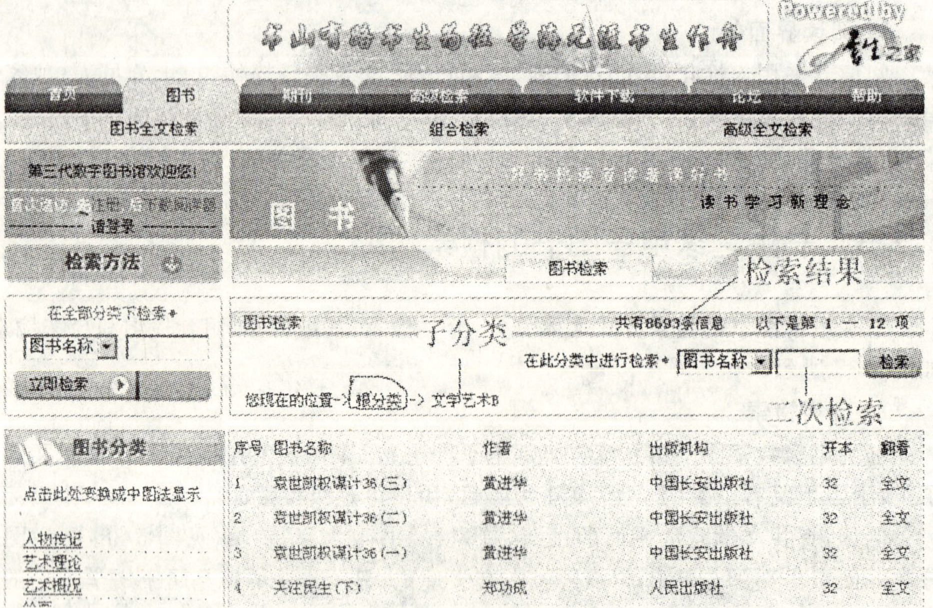

图 5-39　检索结果

2. 一般检索

书生电子图书系统为用户提供了7个检索字段，分别为图书名称、出版机构、作者、丛书名称、ISBN、主题、摘要。用户可以根据自己的需要在检索条的下拉框选择检索项，然后在后面的检索框中输入检索词，点击“立即检索”按钮进行检索，如图5-40所示。系统会显示检索结果，用户可以点击需要阅读的书名进行阅读。

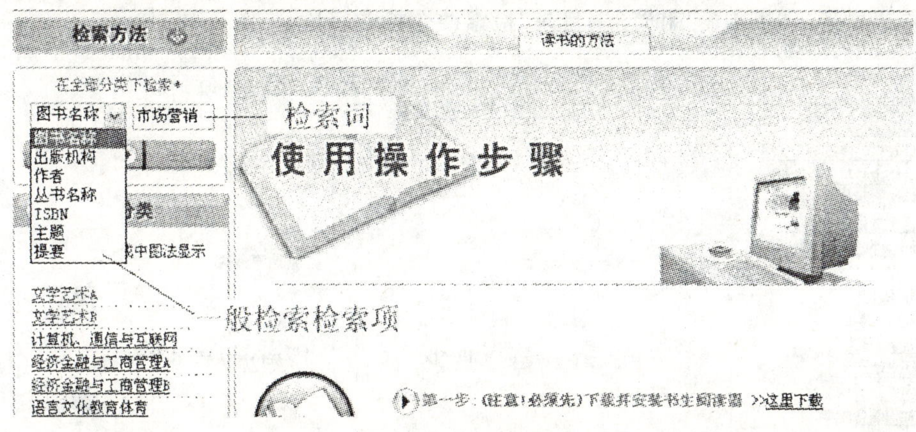

图5-40 一般检索

3. 组合检索

同时选择对多个检索项进行检索。通过选择“与/或”按钮，确定各检索项之间的关系，提高检索的精确性。

首先，点击组合检索，进入如图5-41所示页面。

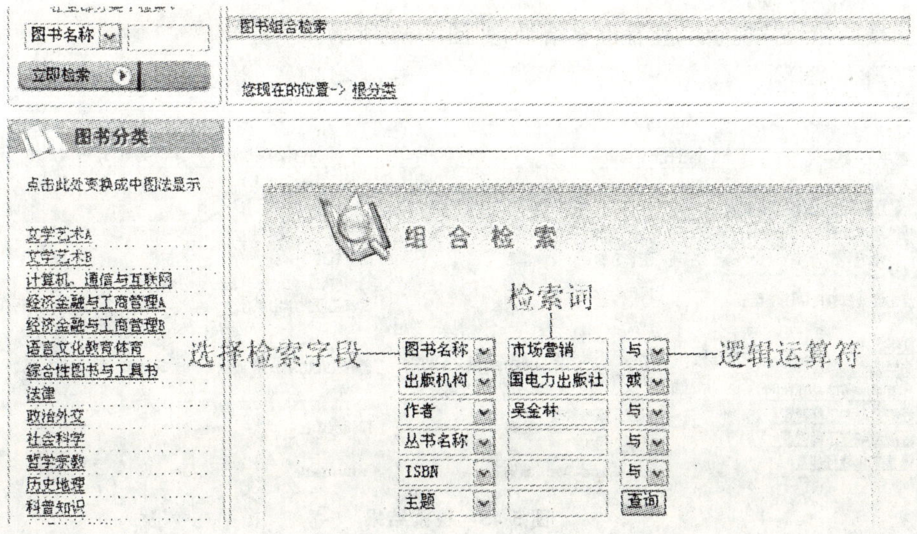

图5-41 组合检索界面

其次，根据检索要求填写检索词，在下拉列表中选择要检索的检索项，然后按“检索”按钮。

最后，点击“图书名称”按钮或“全文”按钮进行阅读。

4. 全文检索

在图书或者期刊中根据检索内容在全文范围内进行检索。书生电子图书系统为用户提供了“图书内容”和“图书目录”检索两个检索字段，如图 5-42 所示。

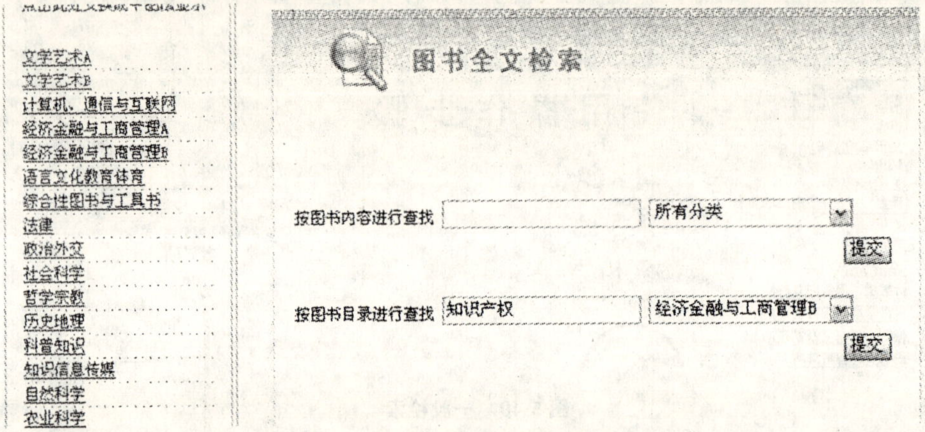

图 5-42　全文检索界面

首先，选择检索字段；

其次，在检索框中输入检索词；

再次，选择图书分类；

最后，点击“检索”，查看检索结果，如图 5-43 所示。

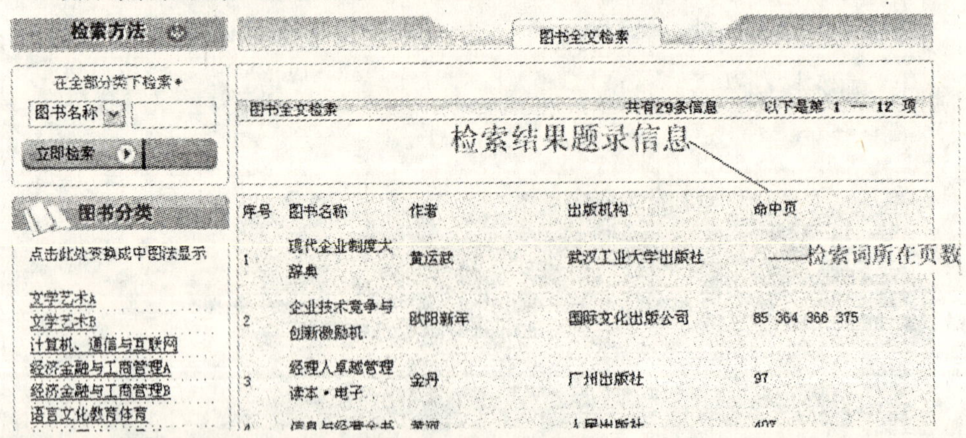

图 5-43　检索结果

5.7.4 书生阅读器下载

进入书生电子图书主页后，用户可以点击“软件下载”选项进入阅读器下载界面，没有安装过书生阅读器的用户需要下载“书生阅读器 7.0 Build 2294”版本，如果用户以前用的是“书生阅读器 7.0 Build 2293”版本的话，也要下载“书生阅读器 7.0 Build 2294 升级程序”来进行版本更新。

思考与训练

1. 了解不同中文数据库及数字图书馆检索方式的特点。

2. 利用维普数据库中的高级检索，检索关键词“模具制造”，不包含作者“张建华”或者“黎艳”，检索年限为 2003—2007 年的文献。

3. 利用超星数字图书馆中的书名检索，检索书名为“饮食观念误区”这本电子图书，并将其下载到个人 PC 机上。

4. 利用书生数字图书馆中的图书全文检索功能，检索图书内容为“艺术设计”的图书，并找到书名为“现代室内纺织品艺术设计”这本电子图书，查看其第六页的内容。

第6章 常用外文数据库及开放存取资源

深入研究某一学科,阅读外文资料是不可避免的。要获得这方面的资料,外文数据库和检索工具就是我们很好的帮手。开放存取作为一种新兴的学术出版及学术利用的方式,越来越得到学术界的重视和认可。而更为重要的是,它对资源利用者来说是完全免费的,且学术价值也比较高,可以作为我们学术研究的重要参考资料。

6.1 常用外文数据库简介

6.1.1 Dialog联机检索系统

Dialog是世界上历史最悠久且资讯最完整的在线检索系统。1972年Dialog开始建立第一个商用资料库,期间陆续与多个著名在线检索系统整合,使Dialog旗下扩充为七大系列,即《Profound》、《Tradstat》、《Dialog》、《NewsRoom》、《Intelligence》、《Intelliscope》、《DataStar》、《NewsEdge》,成为目前世界上最强大的国际联机检索系统。

七大系列中,Dialog联机检索系统收录7 000多份期刊的全文数据和近900个数据库的内容,其资讯服务范围涉及战略规划、市场研究、兼并收购、知识产权管理与研发工程技术。其拥有的资料量是目前Internet网上数据的50多倍,是Web搜索引擎数据的500倍,在全球103个国家拥有超过250万的最终用户。其内容涉及40多个语种和占世界发行总量的60%的6万多种期刊。Dialog学科覆盖面广,几乎涉及全部学科范围,包括综合性科学、自然科学、应用科学和工艺学、社会科学和人文科学、时事报道和商业经济等。Dialog数据库信息量大,检索方式灵活,适用于做比较全面的文献调研检索。如科研课题开题立项时进行文献回溯检索、课题中期跟踪检索和课题结题时的查新检索等。

Dialog的近900个数据库中有许多极具代表性的和常用的数据库,著名的数据库如INSPEC、MEDLINE、MATHSCI、BA、NTIS等都加入到Dialog系统中;还有著名的几大检索数据库，如SCI、EI、ISTP、SSCI、AHCI(艺术与人文科学引文索引)等也都可从Dialog系统中检索；还有世界著名的DERWENT专利数据库以及美国专利、欧洲专利、日本专利等数据库也都可在Dialog中查询。Dialog还有一些全文数据库，如IAC的计算机全文库、《纽约时报》和《华盛顿邮报》等全文库。

6.1.2 OCLC FirstSearch系统

OCLC全名为Online Computer Library Center(联机计算机图书馆中心)，是世界上最大的提供网络文献信息服务和研究的机构，它创建于1967年，总部在美国俄亥俄州都柏林。1967年，美国的一些校长们发起成立OCLC，旨在实现图书馆文献信息的共享，减少获取文献信息的费用。OCLC是一个面向图书馆、非盈利性质、成员关系的组织，以推动更多的人检索世界范围内的信息。

OCLC主要提供以计算机为基础的联合编目、参考咨询、资源共享和保存服务。1971年为图书馆开发推出的联机编目系统，如今已被世界各地的图书馆所使用。据最新统计，使用OCLC产品和服务的用户已达86个国家和地区的45 000个图书馆和教育科研机构。

OCLC于1992年推出OCLC FirstSearch，这是一个综合性的、完整的参考咨询和检索服务系统。FirstSearch服务是全世界所有联机系统中使用量最大的系统。1999年8月，OCLC完成了新版的FirstSearch。新版FirstSearch以Web为基础，向用户提供世界范围的参考资源。目前通过该系统可检索到80多个数据库，其中有30多个数据库提供全文。目前通过该系统可检索数据总计包括11 600多种期刊的联机全文和4 500多种期刊的联机电子映像，1 000多万篇全文文章。这些数据库涉及广泛的主题范畴，覆盖了多个领域和学科。

新版FirstSearch实现了与OCLC的联机电子出版物数据库ECO的完全整合，增强了联合编目数据库WorldCat的馆藏信息，实现了各库间的联机全文共享。

当前利用FirstSearch可以检索到80个数据库(按次检索50个左右)，这些数据库绝大多数由一些美国的国家机构、联合会、研究院、图书馆和大公司等单位提供。数据库的记录中有文献信息、馆藏信息、索引、名录、文摘和全文资料等内容。资料的类型包括书籍、连续出版物、报纸、杂志、胶片、计算机软件、音频资料、视频资料、乐谱等。这些数据库根据学科内容被分成15个主题范畴：

(1) 艺术和人文学科(Arts & Humanities)；

(2) 工商管理和经济(Business & Economics)；

(3) 会议和会议录(Conferences & Proceedings)；

(4) 消费者事物和人物(Consumer Affairs & People)；

(5) 教育(Education)；

(6) 工程和技术(Engineering & Technology);

(7) 综合类(General);

(8) 普通科学(General Science);

(9) 生命科学(Life Sciences);

(10) 医学和健康(消费者)(Medicine & Health,Consumer);

(11) 医学和健康(专业人员)(Medicine & Health,Professional);

(12) 新闻和时事(News & Current Events);

(13) 公共事务和法律(Public Affairs & Law);

(14) 快速参考(Quick Reference);

(15) 社会科学(Social Sciences)。

这些专题都包括若干数据库,有些数据库也会包含不同专题的内容。FirstSearch 基本组包括 10 多个数据库,其中大多是综合性的库,这些库的内容涉及工程和技术、工商管理、人文和社会科学、医学、教育、大众文化等领域。其中 WorldCat 是世界上最大的、由几千个成员馆参加联合编目的书目数据库。它包括 8 种记录格式,458 种语言的文献,覆盖了从公元前 1000 年到现在的资料,目前记录数已达 5 000多万条。从这个数据库可检索到世界范围内的图书馆所拥有的图书和其他资料。FirstSearch 提供的数据库具体内容如表 6-1 所示(其中带"+"的表示可以获取全文)。

表 6-1 FirstSearch 提供的数据库

数据库名称	说　明
+ArticleFirst	12 500 多种期刊的文章及目录索引
ECO	OCLC 联机电子学术期刊库
+ERIC	教育方面的期刊文章和报告
GPO	美国政府出版物
+MEDLINE	医学的所有领域,包括牙科和护理的文献
PapersFirst	国际会议论文索引
Proceedings	世界范围会议的会议录索引
UnionLists	OCLC 成员馆所收藏期刊的联合列表
+WilsonSelectPlus	科学、人文、教育和工商方面的全文文章
WorldAlmanac	世界年鉴——重要参考资源
WorldCat	世界范围的图书、web 资源和其他资料的 OCLC 编目库
(以上是 CALIS 订购的 11 个数据库)	

续表

数据库名称	说　明
＋AGRICOLA	有关农业、林业及动物学所有方面的资料
＋AHSearch	艺术和人文学科的引文索引
AltPressIndex	涵盖文化、经济、政治与社会变化的期刊索引
AltPressIndexArchive	1969—1990 年的期刊索引，收录着文化、经济、政治与社会的变化
AppSciTechInd	应用科学与技术索引
ArtIndex	艺术领域主要出版物索引
＋ASTA	应用科学和技术的文摘
BasicBIOSIS	有关生物和其他生命科学的基本信息
＋BioAgIndex	在农业、生物学、林业和生态学方面的主要出版物
BioDigest	以非技术方式写作的生命科学信息
＋BiographyInd	多种传记资料索引
＋BookReview	当前英文小说和非小说类书籍的评论
BooksInPrint	在版的、已售完的和要出版的图书，带可选评论
BusIndustry	商业和企业的现状、特点和主要活动
＋BusinessOrgs	服务于商业和企业的组织
＋BusManagement	商业管理的探讨和实用方面
CINAHL	护理和有关健康文献的索引
＋ConsumerIndx	为消费者提供信息的文章索引
＋CWI	当代妇女在健康和人权方面的问题
Disclosure	美国上市公司的名录信息
＋EconLit	经济方面的期刊、图书和雇佣证书
＋EducationIndex	教育领域的主要出版物的索引
EssayGenLit	人类科学和社会科学文集内容索引
FactSearch	当前所关注课题的现状和统计资料
＋GenSciAbs	来自美国和欧洲的普通科学文献
＋GEOBASE	世界范围内有关地理学、地质学和生态学的文献

续表

数据库名称	说明
+HumanitiesIndex	覆盖人文领域各主题范畴的文摘索引
InternetPCAbs	Internet& 个人计算机文摘
+LegalPeriodical	所有法学领域的国际法律信息
+LibraryLit	有关图书馆和图书馆管理的资料
MDXHealth	医疗和健康信息的文摘
MediaRevDigest	对教育媒体和娱乐资源的评论
PAIS*	记述全球公共政策和社会问题的数据库
+PsycFIRST	当前和最近3年的心理学和相关领域的文献
+ReadsGuideAbs	大众杂志的文章摘要
SIRSResearcher	世界范围的社会的、科学的、经济的和政治的问题
+SocialSciIndex	有关社会学方面文章索引
+WilsonBusiness	主要的英文商业期刊
Worldscope	世界范围内上市公司的基本财政信息

6.1.3 EBSCO数据库系统

EBSCO数据库是美国EBSCO公司出版发行的一系列大型数据库系统，该系统提供多个数据库资源的检索服务，索引、文摘覆盖欧美等国的3 700余家出版社。EBSCO公司从1986年开始出版电子出版物。EBSCO系列数据库包括ASP(Academic Search Premier，学术期刊数据库)、ASE(Academic Search Elite，学术期刊全文数据库)、BSP(Business Source Premier，商业资源数据库)、BSE(Business Source Elite，商业资源全文数据库)等多个数据库。EBSCO各数据库的资料来源以期刊为主，其中很多都是被SCI或SSCI收录的核心期刊。详细的数据库情况见表6-2。

表6-2　EBSCO数据库列表

数据库名称	类别	说明
Academic Search Elite	多学科学术期刊	全文
Academic Source Premier	多学科学术期刊	全文
Business Source Elite	商业、管理、财经	全文
Business Source Premier	商业、管理、财经	全文

续表

数据库名称	类　别	说　明
EconLit	经济学	文摘
Communication & Mass Media Complete (CMMC)	传播和大众传媒	全文
AGRICOLA	农业	文摘
EBSCO BioMedical Package	医学、生物医学	
MEDLINE	医学	文摘
Biomedical Reference Coll. :Comp. Ed.	生物医学	全文
Health Business Elite	医疗管理	全文
Psychology & Behavioral Sci. Coll. :Comp. Ed.	心理学和行为科学	全文
CINAHL	医学——护理学	文摘
Nursing & Allied Health Coll. :Comp. Ed.	医学——护理学	全文
Cochrane Collection	医学——护理学	全文
International Pharmaceutical Abstracts(IPA)	药学	文摘
SPORTDiscus	医学——运动医学	文摘
PsycINFO	心理学	文摘
ERIC	教育学	文摘
Professional Development Collection	教育学	全文
Canadian MAS FULLTEXT Elite	中、小学期刊读物	全文
Scientific American Archive Online	综合性科技期刊	全文
EBSCO Language & Literature Collection	语言文学数据库集锦	
American Humanities Index	人文科学	文摘
MLA International Bibliography	语言文学	文摘
Cloumbia Granger's Poetry Database	诗歌	全文
MagillOnLiterature Plus	文学	全文
Military Library FullTEXT	军事	全文
MasterFILE Premier	综合性期刊	全文
Newspaper Source	综合性报纸	全文
World Magazine Bank	综合性杂志	全文
History Reference Center	历史	全文
Vocational & Career Collection	职业技术	全文

1. ASP:学术研究数据库(Academic Search Premier)

ASP 是 ASE 的升级版,是一个多学科的学术期刊数据库。当今全世界最大的多学科学术期刊全文数据库,专为研究机构所设计,提供丰富的学术类全文期刊资源。这个数据库提供了 8 211 种期刊的文摘和索引,4 648 种学术期刊的全文,被 SCI & SSCI收录的核心期刊为 993 种(全文有 350 种)。这个数据库几乎覆盖了所有的学术研究领域,包括:社会科学、人文学科、教育、计算机科学、工程学、物理学、化学、语言学、艺术和文学、医学、种族研究等。ASP 收录的全文一般向前回溯 10 至 15 年,部分全文可回溯到 1975 年,其中 100 多种全文期刊可回溯到 1975 年或更早,1 000多种期刊提供了引文链接。

2. BSP:商业资源数据库(Business Source Premier)

BSP 数据库是为商学院和与商业有关的图书馆设计的,所收录的各类全文出版物达8 800多种,学科领域包括:管理、市场、经济、金融、商业、会计、国际贸易等。以所收录的期刊排名统计,BSP 数据库在各个学科领域中都优于其他同类型数据库。这个数据库还提供了许多非期刊全文文献,如市场研究报告、产业报告、国家报告、企业概况、SWOT 分析等。在所收录的全文期刊中除了包括有 Business Week、Forbes、Fortune、American Bank 等期刊外,还包括有数百种诸如 Harvard Business Review、Journal of Management、Academy of Management Review 等同行评审的著名期刊。本数据库同时提供数百种 EIU The Economist Intelligence Unit Country Report 及 WEFA-Wharton Econometric Forecasting Associates Country Monitor 的统计年鉴。该数据库从 1990 年开始提供全文,全文回溯至 1965 年或期刊创刊年,可检索的参考文献回溯至 1998 年,题录和文摘则可回溯检索到 1984 年,数据库每日更新。

Regional Business News 数据库是对 Business Source Premier 数据库的增补。这个每日更新的综合性数据库提供超过 50 种来自地区性商业类出版物的全文(如 Crain Communications)。

6.2 开放存取资源及其利用

6.2.1 开放存取的概念

开放存取(open access)是于 20 世纪 90 年代兴起的一种新型的学术出版和共享的方式。开放存取是国际学术界、出版界、图书馆界为打破商业出版者对科学研究信息的垄断及学术出版的高额费用而采取的推动学术科研成果通过 Internet 免费、自由地利用的运动。开放存取采取“发表付费、阅读免费”的出版模式，是当前全球学术出版界出现的一个热点，近年来蓬勃发展，被越来越多的出版业及图书业界人员所认同及推崇。

目前，为人们广泛认同及引用的“开放存取”概念源于《布达佩斯开放存取计划》(又称《布达佩斯宣言》)。《布达佩斯开放存取计划》(BOAI)给予开放存取的完整定义：“对某文献的‘开放存取’即意味着它在 Internet 公共领域里可以被免费获取，并允许任何用户阅读、下载、复制、传递、打印、搜索、超链接，也允许用户将其遍历并为之建立索引，用作软件的输入数据或其他任何合法用途。用户在使用该文献时不受财力、法律或技术的限制，而只需在获取时保持文献的完整性，对其复制和传递的唯一限制，或者说版权的唯一作用应是使作者有权控制其作品的完整性以及作品被正确接受和引用。”

6.2.2 开放存取资源的类型

学术界一般认为，开放存取资源主要包括以下三种类型。

(1) 机构资源库(institutional repositories)。由大学及大学图书馆、研究机构、政府部门等类型机构创建和维护。

(2) 学科资源库 (disciplinary repositories)。主要的是指预印本资源库，如著名的 ArXiv 电子预印本文档库，图书情报学领域的 E-LIS 等。

(3) 开放期刊(open access journals)。一般采取论文作者付费出版，读者免费获取的方式，对提供的论文实施类似传统期刊一样的严格的同行评审制度。

目前，随着信息传播渠道越来越多样化，特别是随着 Web2.0 技术的推广，有人认为应该把基于 Web2.0 的 blog 及 wiki 等纳入到开放存取的范畴。

6.2.3 常用外文开放存取期刊的检索

开放存取期刊现在在学术界越来越受到重视，下面就对几种常用且内容比较丰富的、开放存取的外文期刊的利用进行简单的介绍。

1. Open J-Gate 及其利用

1) Open J-Gate 简介

Open J-Gate 提供基于开放获取期刊的免费检索和全文链接。它由 Informatics (India) Ltd 公司于 2006 年创建并开始提供服务。其主要目的是保障读者能免费和不受限制地获取学术及研究领域的期刊和相关文献。

Open J-Gate 的主要特点有以下几点。

(1) 资源数量大。Open J-Gate 系统地收集了全球约 4 000 种期刊(目前已经达

4 131 种),包含学校、研究机构和行业期刊。其中超过 1 500 种学术期刊经过同行评议(Peer-Reviewed),是目前世界上最大的开放获取期刊门户。

(2) 更新及时。Open J-Gate 每日更新,每年有超过 30 万篇新发表的文章被收录,并提供全文检索。

(3) 检索功能强大,使用便捷。Open J-Gate 提供三种检索方式,分别是快速检索(quick search)、高级检索(advanced search) 和期刊浏览(browse by journals)。在不同的检索方式下,用户可通过刊名、作者、摘要、关键字、地址/机构等进行检索。检索结果按相关度排列。

(4) 提供期刊"目录"浏览。用户通过该浏览,可以了解相应期刊的内容信息。

(5) 提供用户意见反馈途径。用户可通过 Feedback,提出使用意见和建议。

2) Open J-Gate 检索

Open J-Gate 的网址是:http://www.openj-gate.com,在浏览器中输入上述地址,即可进入 Open J-Gate 的主界面,如图 6-1 所示。

(1) 快速检索。

Open J-Gate 提供了快速检索(quick search)、高级检索(advanced search) 和期

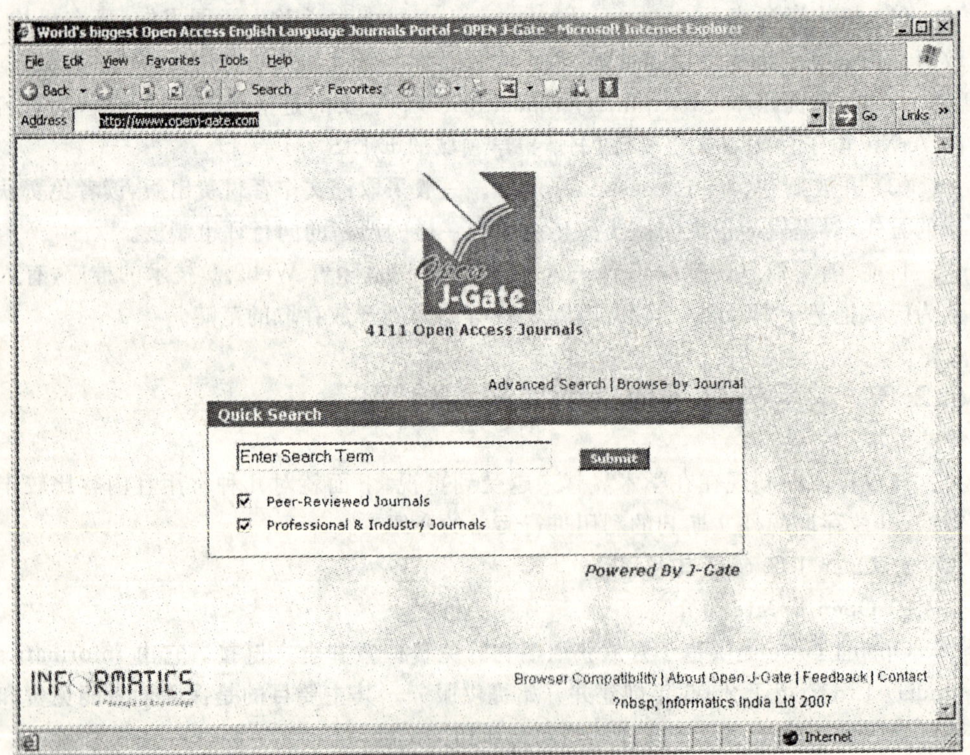

图 6-1 Open J-Gate 主界面

刊浏览(browse by journals)三种检索方式。Open J-Gate 默认的是快速检索。在输入框键入检索式,点击"submit"按钮,系统就会转入检索结果界面(quick search results)。快速检索默认是检索所有字段,包括全文。同时,Open J-Gate 可以提供对检索的期刊范围进行限定。在输入框下方,有两个复选项:"peer-Reviewed Journals"(同行评议期刊)、"Professional & Industry Journals"(专业及行业期刊),检索者可以根据实际需要进行勾选。与常用的搜索引擎相同,Open J-Gate 支持布尔逻辑和截词检索技术,但不支持位置检索技术。

布尔逻辑检索:Open J-Gate 可以应用布尔逻辑技术,运算符号有 AND、OR、NOT。例如,要检索中国关于教育方面的文献,可以输入:china and education。

截词检索:Open J-Gate 提供截词检索功能,运算符号使用 *,代表 n 个字符。Open J-Gate 的截词检索不分前截、中截和后截。例如,输入 Acces *、A * cess、A * ess、A * * ess 和 * ccess 均可检索出包含 Access 的记录,但命中记录数不一样。

(2) 高级检索。

Open J-Gate 高级检索提供更多检索选项的限定,主要分为上、下两部分,上部分为检索输入区域,下半部分为检索限制选项区,其检索界面如图 6-2 所示。

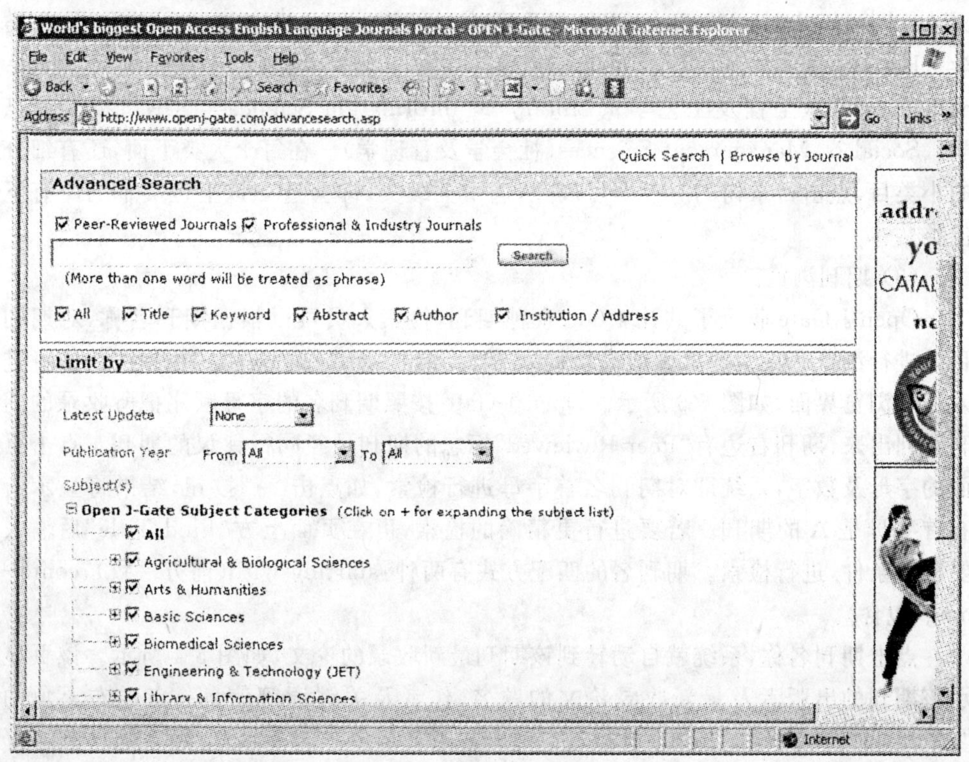

图 6-2　高级检索界面

高级检索提供检索的字段有：all(全部)、title(题名)、keyword(关键词)、abstract(文摘)、author(作者)、institution/address(单位或地址)。用户可以在这些字段选择其中一个或几个作为检索字段。高级检索同样可以对期刊类型进行限定，在输入框上方有两个复选项："Peer-Reviewed Journals"(同行评议期刊)、"Professional & Industry Journals"(专业及行业期刊)，检索者可以根据实际需要进行勾选。高级检索支持的检索技术与快速检索一样，支持布尔逻辑和截词检索技术。

Open J-Gate 高级检索为了提供更精确的检索，可以进行更多的限定。

① 更新日期(Latest Update)：这个限定主要用来限定检索在最近某一段时间内更新上传的文献，可以在下拉菜单中选择，具体的选项有：none(不限定)、last 1 week(最近一周)、last 1 month(最近一个月)，默认的选项是不限定。

② 出版年限(Publication Year)：在这里选择出版的起始年份，从下拉菜单中选择，范围从 2000 年起，默认检索所有的年份。

③ 选择分类(Subject(s))：为了使检索更准确，Open J-Gate 把所有的文献归类到七个大类下面。分类以目录树的形式罗列在高级检索里，可以选择一个或多个分类进行检索，在要选择的分类前面打勾，默认选择所有的分类。具体的分类有：Agricultural & Biological Sciences(农业及生物学)、Arts & Humanities(艺术及人类学)、Basic Sciences(基础科学)、Biomedical Sciences(医药学)、Engineering & Technology (JET)(工程及工艺学)、Library & Information Sciences(图书情报及信息学)、Social & Management Sciences(社会学及管理学)。在每个大类下面，还有细分的小类目，点击目录树的"＋"即可展开，选中上级类，即会选中该上位类下的所有下位类。

(3) 期刊浏览。

Open J-Gate 收录了共计 4 000 余种期刊，检索人员可以根据期刊名称，对期刊目录进行浏览。在快速检索或高级检索界面，点击"Browse By Journal"按钮即可进入期刊浏览界面，如图 6-3 所示。Open J-Gate 按照期刊名的字母顺序把所收录的期刊罗列出来，期刊右边有"Peer Reviewed"标志的期刊是经同行评议的期刊。点击页面的字母及数字，系统即对期刊名首字母进行检索，如点击"A"按钮，结果将显示所有首字母是 A 的期刊。若要进行更精确的检索，可在页面上方"Find Title"后输入要检索条件，进行检索。期刊名的匹配方式有两种：starting with(前方一致)、containing(包含)。

点击期刊名称，系统就自动转到该期刊最新收录的论文，如图 6-4 所示。该页显示该期刊的出版者及最新收录论文的题名、作者及关键词等信息。点击右上角的"Archives"链接，可查看该期刊以往的卷期。

(4) 原文获取。

在期刊名浏览结果界面(见图 6-4)或检索结果界面(见图 6-5)均可获取原文。

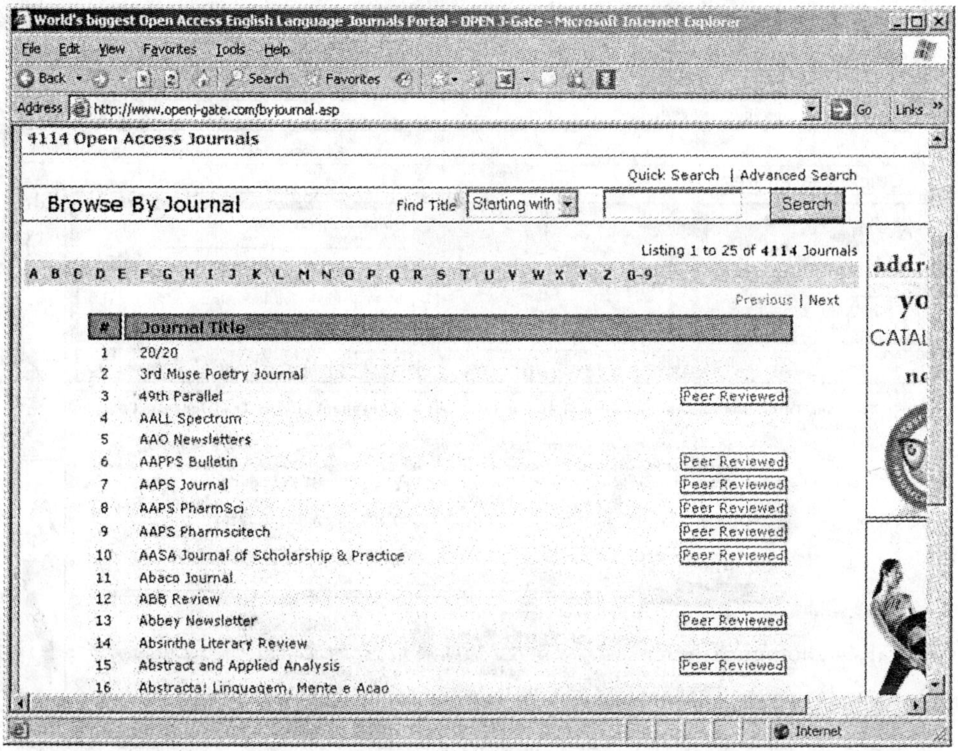

World's biggest Open Access English Language Journals Portal - OPEN J-Gate - Microsoft Internet Explorer

File Edit View Favorites Tools Help

Back Search Favorites

Address http://www.openj-gate.com/byjournal.asp Go Links

4114 Open Access Journals

Quick Search | Advanced Search

Browse By Journal　Find Title Starting with　Search

Listing 1 to 25 of 4114 Journals

A B C D E F G H I J K L M N O P Q R S T U V W X Y Z 0-9

Previous | Next

#	Journal Title	
1	20/20	
2	3rd Muse Poetry Journal	
3	49th Parallel	Peer Reviewed
4	AALL Spectrum	
5	AAO Newsletters	
6	AAPPS Bulletin	Peer Reviewed
7	AAPS Journal	Peer Reviewed
8	AAPS PharmSci	Peer Reviewed
9	AAPS Pharmscitech	Peer Reviewed
10	AASA Journal of Scholarship & Practice	Peer Reviewed
11	Abaco Journal	
12	ABB Review	
13	Abbey Newsletter	Peer Reviewed
14	Absinthe Literary Review	
15	Abstract and Applied Analysis	Peer Reviewed
16	Abstracta: Linguagem, Mente e Acao	

Internet

图 6-3　期刊检索界面

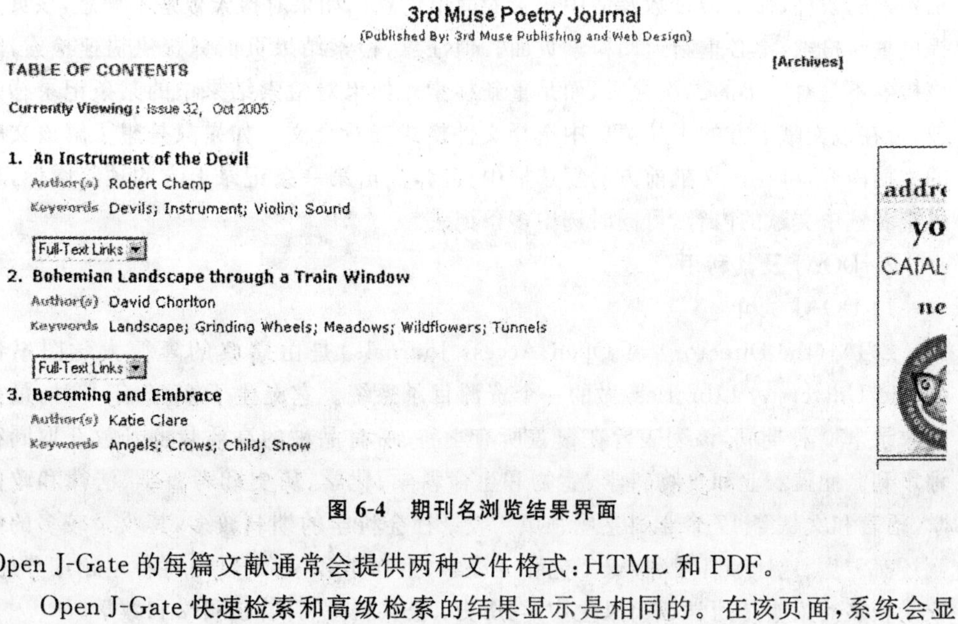

3rd Muse Poetry Journal

(Published By: 3rd Muse Publishing and Web Design)

TABLE OF CONTENTS　[Archives]

Currently Viewing: Issue 32, Oct 2005

1. An Instrument of the Devil
Author(s) Robert Champ
Keywords Devils; Instrument; Violin; Sound
Full-Text Links

2. Bohemian Landscape through a Train Window
Author(s) David Chorlton
Keywords Landscape; Grinding Wheels; Meadows; Wildflowers; Tunnels
Full-Text Links

3. Becoming and Embrace
Author(s) Katie Clare
Keywords Angels; Crows; Child; Snow

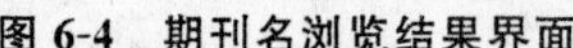

图 6-4　期刊名浏览结果界面

Open J-Gate 的每篇文献通常会提供两种文件格式：HTML 和 PDF。

Open J-Gate 快速检索和高级检索的结果显示是相同的。在该页面，系统会显

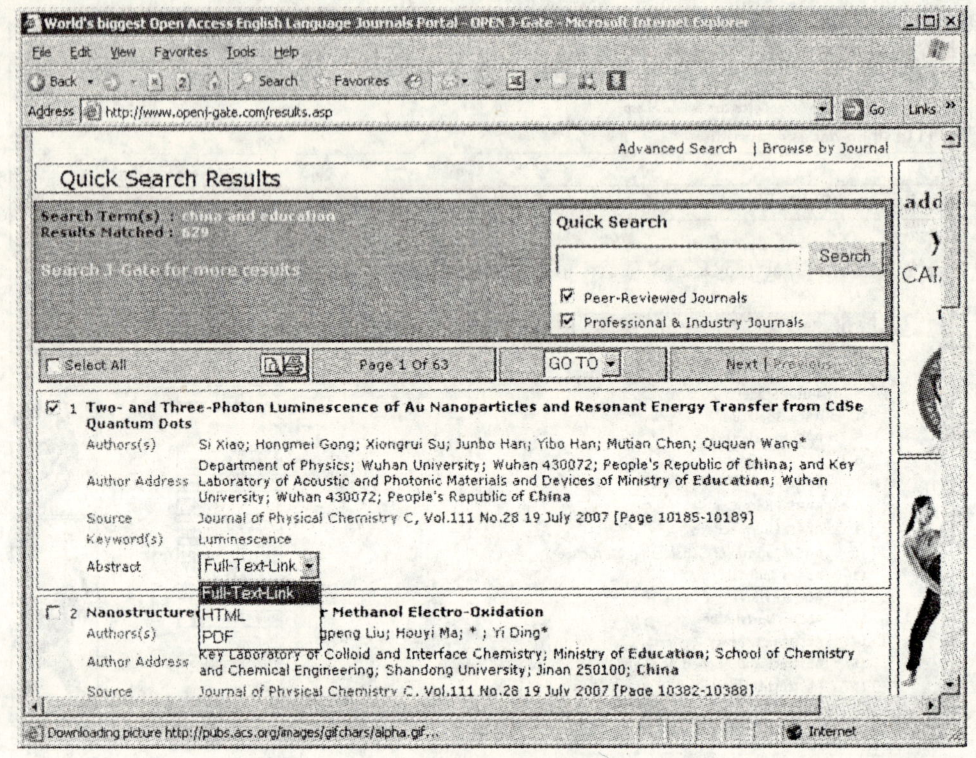

图 6-5 检索结果界面

示检索的条件、命中记录数及命中记录的简单信息。如果对检索效果不满意，该页还提供重新检索，不必重新返回检索页面。但注意，检索结果页面只提供快速检索，且该检索不是对结果的二次检索，而是重新检索。如果对检索结果中的某条记录感兴趣，可在该文献下方的下拉菜单中选择文件格式查看全文。如果只是想了解该文献的文摘内容，可在该文献前方的复选框中打勾，点击第一条记录上方的预览图标，即可查看选中文献的内容，可同时选中多条记录。

2. DOAJ 及其利用

1) DOAJ 简介

DOAJ(the Directory of Open Access Journals)是由瑞典的隆德大学图书馆(Lund University Libraries)做的一个资源目录系统。它诞生于2003年5月，最初仅收录350种期刊，该列表旨在覆盖所有学科、所有品种的高质量的开放获取同行评审刊。涵盖农业和食物科学、生物和生命科学、化学、历史和考古学、法律和政治学、语言和文献等17个学科主题领域。收录社会科学的期刊较多，其收录较多的期刊还有卫生、地球和环境科学、工艺和工程学、生物学和生命科学；将各主题细分后，收录较多的依次是药学、教育、生物学、历史、公共卫生、计算机科学和数学。

该系统收录的均为学术性、研究性期刊，一般都是经过同行评审，或者有编辑作质量控制的期刊，具有免费、全文、高质量的特点，对学术研究有很高的参考价值。该目录及其收录期刊、论文可自由存取，任何人可以使用，不反对商业用途。该目录的目标是包含各种语言、各个主题的期刊。DOAJ 还于 2005 入选了美国 2005 年度最佳免费参考网站。

2) DOAJ 的检索

DOAJ 的访问地址是：http://www.doaj.org/，其主页界面如图 6-6 所示。DOAJ 主页的左边是工具及导航栏，主界面部分是对目前 DOAJ 收录期刊情况的简介。在主页下方，DOAJ 提供了期刊查找和浏览。

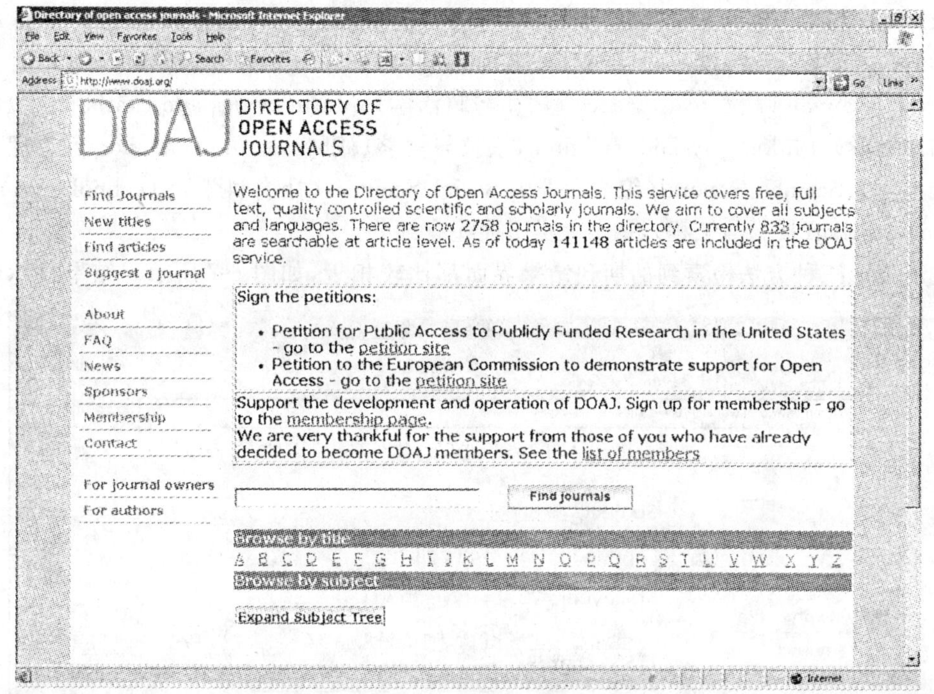

图 6-6　DOAJ 主界面

DOAJ 提供期刊检索和论文检索。DOAJ 只支持布尔逻辑检索，不支持截词检索和位置检索，而且只在检索论文时才能使用布尔逻辑检索。

(1) 期刊检索。

在主页左边工具栏，点击“Find journals”按钮，即可进入期刊检索界面，此处期刊检索与主页上的期刊检索相同。可以通过三种方法进行期刊检索：直接输入关键词检索、按期刊名首字母浏览、按期刊类别浏览。

直接输入关键词检索期刊，DOAJ 的检索范围有 8 个检索字段：刊名、ISSN、起始年、停刊年、所属学科、关键词、出版者以及出版语言。但用户使用关键词检索期刊不能指定上述的某一字段,系统会从全部字段查找用户输入的检索词。

在期刊检索页,点击“Browse by title”按钮下方的英文字母,DOAJ 系统即显示期刊名的首字母为该字母的所有期刊名称及简单信息。

在期刊检索页,点击“Browse by subject”按钮下方的“Expand Subject Tree”展开分类目录树,系统会显示每一分类下期刊种数,选择某一分类,即可显示该类下所有期刊,或者直接在期刊检索页最下方选择类目进入该分类期刊列表。DOAJ 把其收录的期刊分为 17 个大类:Agriculture and Food Sciences(农业与食品科学)、Arts and Architecture(艺术与建筑学)、Biology and Life Sciences(生物与生命科学)、Business and Economics(商业与经济学)、Chemistry (化学)、Earth and Environmental Sciences (地球与环境科学)、General Works(一般工程)、Health Sciences (保健科学)、History and Archaeology (历史与考古学)、Languages and Literatures(语言与文学)、Law and Political Science (法律与政治学)、Mathematics and Statistics(数学与统计学)、Philosophy and Religion (宗教与哲学)、Physics and Astronomy(物理与天文学)、Science General(综合科学)、Social Sciences(社会科学)、Technology and Engineering(技术与工程),每个大类下面还有细分。

以上三种方法检索到的期刊结果界面都比较相近,如图 6-7 所示。结果显示命

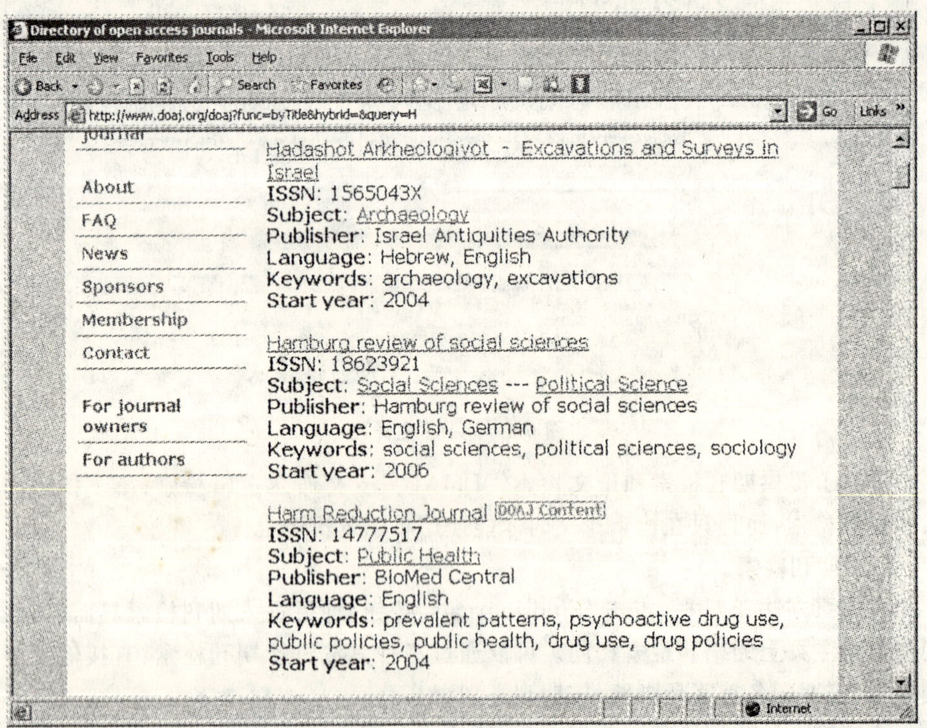

图 6-7　期刊结果界面

中记录的期刊名称、ISSN、学科主题、出版者、语言、关键词信息。点击期刊名就可进入该期刊的主页，进一步即可获取原文。期刊名右方有"DOAJ Content"标志的期刊，表明 DOAJ 收录有该期刊的全文。点击"DOAJ Content"按钮，系统即显示该 DOAJ 收录的该期刊所有卷期，选择相应卷期号可下载全文。

(2) 论文检索。

在 DOAJ 主页点击左边工具栏"Find articles"，进入论文检索页，检索界面如图 6-8 所示。论文检索可同时对不多于两个字段进行检索，且可以对这两个字段进行逻辑组配。检索人员可以通过"In:"后的下拉选择菜单检索字段。每个检索入口提供检索的字段有：All fields(所有字段)、Title(篇名)、Journal title(期刊名)、ISSN(刊号)、Author(作者)、Keywords(关键词)、Abstract(文摘)。

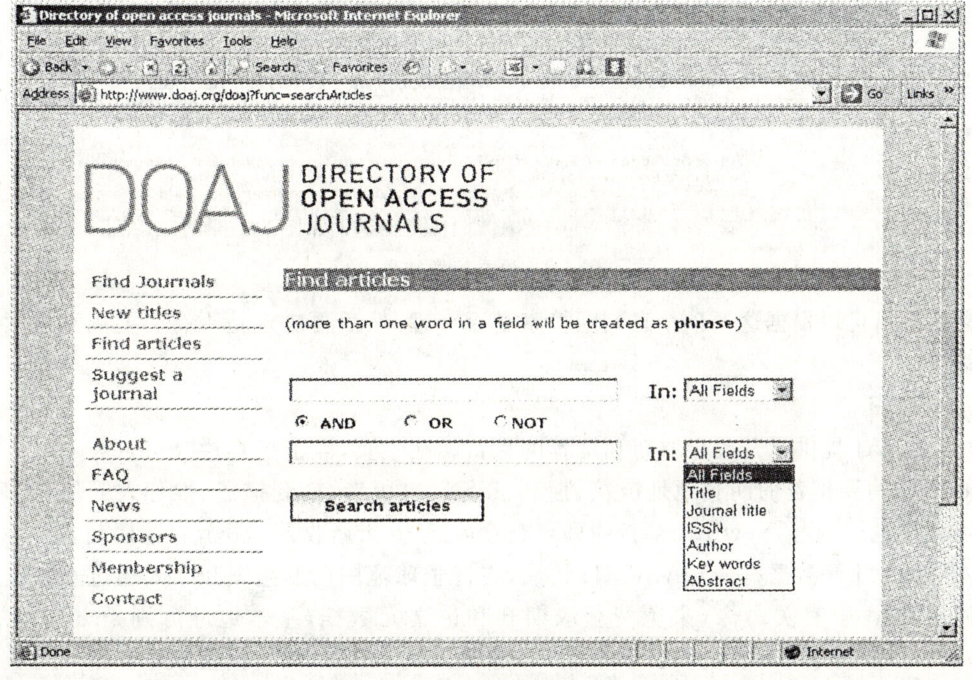

图 6-8 论文检索界面

需要注意的是，检索输入框里的内容只作为一个精确检索词，不能输入逻辑运算符或截词运算符，如要对检索词进行组配，只能通过两个检索输入框之间的单选按钮来实现。例如，要用关键词检索有关中国教育的文献，不能在同一检索框写"china and education"，这样系统会认为"china and education"是一个检索词；正确的检索方法是：在第一个检索框写"china"，第二个检索框写"education"，检索字段都选"Keywords"。填写好检索条件，点击"Search articles"按钮即可进入论文检索结果页。

论文检索结果如图 6-9 所示。检索结果页上方会显示命中记录数及检索条件，

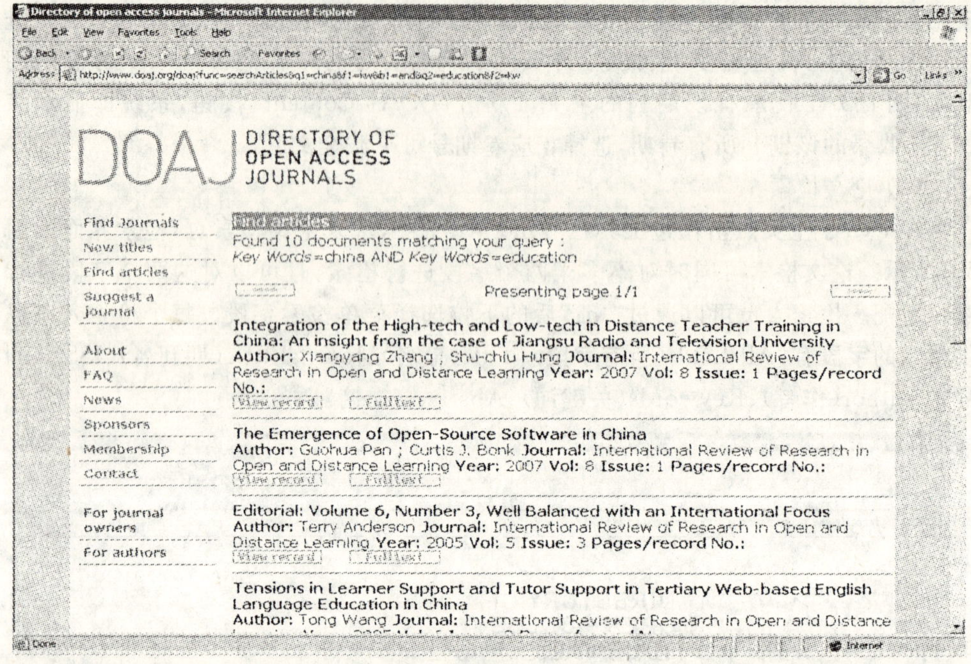

图 6-9　论文检索结果

检索人员可以根据这两项信息判断检索是否合理，然后再决定是否有必要调整检索策略。

3）其他

DOAJ 提供了开放存取期刊推荐的栏目。在主页，点击工具栏“Suggest a journal”，填写要推荐的期刊地址链接、期刊、ISSN、出版者、期刊描述、推荐人等信息即可。在主页点击“New titles”按钮即可查看最近 30 天新收录的开放存取期刊。

DOAJ 元数据符合 OAI-PMH 协议，支持全球范围内的组织和个人通过互联网使用 OAI 中有关命令，来免费获取期刊和论文元数据，基本地址分别是 http://www.doaj.org/oai 和 http://www.doaj.org/oai.article，想直接获取全部期刊元数据则使用地址：http://www.doaj.org/doaj2csv.cgi。

此外，面对论文作者，DOAJ 还提供专门的期刊检索，以帮助作者来查找和了解如何在开放存取期刊上发表自己的研究成果。作者所关心的期刊质量、所属学科及出版费用等信息都可以在这里了解到。

3. 其他开放存取期刊

1）HighWire Press 电子期刊

访问网址：http://intl.highwire.org

斯坦福大学图书馆的分支机构——斯坦福出版社(Stanford Press)，拥有最大的免费期刊数据库，可以在线提供 916 种免费期刊和 1 698 805 篇全文(至 2007 年)。

2) PubMed Central (PMC)

访问网址：http://www.pubmedcentral.org

著名的 NCBI PubMed 是生物医学专业人士查询文献的首选，免费提供生物医学期刊全文，有些期刊要在出版一段时间后免费提供。

3) Free Medical Journals

访问网址：http://www.freemedicaljournals.com

提供 1 450 种免费医学期刊全文，有的是完全免费，有的是 6 个月或更长时间以后免费，其中不乏学术很高的杂志，如 Science Cell 是一年后免费；CA：A Cancer Journal for Clinicians，Journal of Clinical Investigation 是全免费。

4) BioMed Central

访问网址：http://www.biomedcentral.com/browse/journals

BioMed Central 免费提供 120 余种生物医学期刊全文，检索需注册登录，杂志可以免费订阅。

6.2.4 常用中文开放存取资源的检索

1. Socolar 统一检索平台

1) Socolar 平台简介

Socolar 是中国教育图书进出口公司建设和维护的一个 OA 资源的一站式检索服务平台，旨在为用户提供 OA 资源检索和全文链接服务的公共服务平台，为非盈利性项目。Socolar 在世界范围内收集和整理学术界重要的 OA 资源(包括 OA 期刊和仓储)。目前 Socolar 最主要的合作伙伴是国外著名的 OA 出版单位 BioMed。截至 2008 年 2 月，Socolar 共收录 OA 期刊种类 6 620 种、OA 仓储 936 个，收录文章总计 13 860 943篇。一般来说，Socolar 只对 OA 资源作整理、提供检索，要获取全文需要到刊物出版机构主页下载，但也有一小部分资源是全文收录的。

使用 Socolar 平台进行 OA 资源检索是不需要进行注册的，用户只要能访问互联网，就可以不受任何限制地访问该平台。如果用户需要享受 Socolar 所有的服务功能，如个性化的服务，那么可以通过注册来获取。另外，Socolar 还提供了用户反馈和论坛，供用户之间进行心得交流。

2) Socolar 检索

登录网址：http://www.socolar.com 即可进入 Socolar 检索平台，如图 6-10 所示。

Socolar 首页界面主要分三部分：上部为检索窗口，左下部提供按学科及首字母浏览期刊的入口，右边是 Socolar 平台资源的总体情况。Socolar 平台提供三种查找

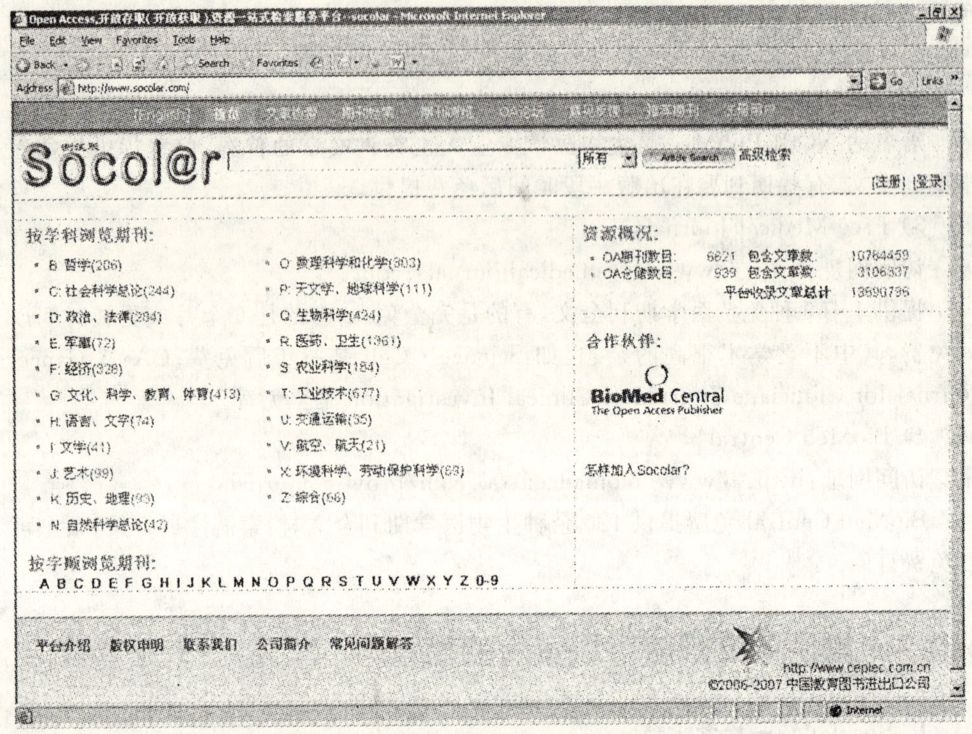

图 6-10 Socolar 首页

期刊论文的方法:文章检索、期刊检索和期刊浏览。在其主页导航栏下方,提供文章及期刊的简单检索。

(1) 简单检索。

Socolar 主页默认提供的是文章的简单检索,或单击导航栏的“文章检索”,出现文章检索窗口并有检索提示,页面无需跳转。简单检索,可供检索的字段有五个:所有、篇名、作者、摘要、关键词,平台默认检索所有字段。用户在检索框中输入检索关键词,点击“Article Search”按钮即可完成检索。Socolar 平台支持布尔逻辑检索、短语检索及截词检索。

布尔逻辑检索:Socolar 可以运用布尔逻辑技术,运算符号为 AND、OR、NOT,如 life AND science NOT analyser。

短语检索:借鉴了一般搜索引擎的方法,Socolar 支持短语的精确检索。如果两个检索词之间用空格来进行连接,相当于这两个检索词用 OR 来运算,是一个逻辑或的关系。例如,输入 open access 相当于输入 open OR access。

截词检索:Socolar 提供截词检索功能,运算符号使用“*”和“?”,“*”代表 n 个任意字符,“?”代表一个任意字符。Socolar 的截词检索只支持中截和后截,不能使用前截词。例如,输入 Librar*、L*brary、Librar**、L**brary、L? brary、L?? rary和 Librar?

均可检索出包含 Library 的记录，但命中记录数不一样。其中，在同一位置使用一个或更多的"＊"的效果是相同的，例如，Librar＊＝Librar＊＊，L＊brary＝L＊＊brary。

在 Socolar 平台的任何一个栏目里，点击导航栏的"期刊检索"按钮即可进入期刊检索。Socolar 的期刊检索可供检索的字段有：刊名、ISSN、出版社、关键词、简介等。但读者只可选择刊名、ISSN、出版社三个字段进行检索，如需检索关键词、简介只可以选用"所有"进行检索。期刊检索与文章检索相类似，也提供布尔逻辑检索、短语检索及截词检索的支持。Socolar 平台还有一个非常人性化的设定，用户在文章检索与期刊检索之间切换的时候，系统会为用户保留原检索式，无需重新输入检索式。

(2) 高级检索。

Socolar 提供了灵活的高级检索，在简单检索的页面，点击"Article Search"或"Journal Search"后面的"高级检索"按钮即可跳转到高级检索页面，如图 6-11 所示。

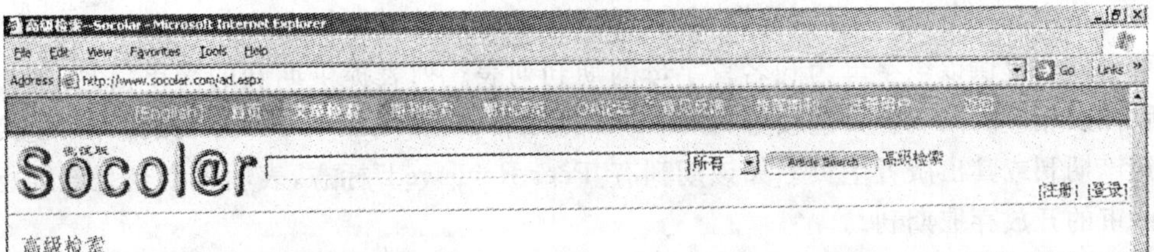

图 6-11　Socolar 高级检索

在使用 Socolar 高级检索时要注意，高级检索只提供文章层次的检索，不提供期刊层次的检索。Socolar 高级检索提供三个条件进行限定。每个条件中，用户可以根据需要，选用篇名、作者、摘要、关键词、刊名、ISSN、出版社这七个字段中的一个字段进行检索，也可以选用"所有"，从所有字段范围进行检索。除了可以对检索字段进行限定外，用户还可以对第一个检索框中使用的检索词进行进一步的限定，可供选用的限定方式有所有词、任意词、短语三种方式。相同的字段、相同的检索词，选用的限定方式不同都会造成结果的不同。Socolar 在此处对检索词的识别以空格为标志。例如，在关键词检索“open access”内容，如选用“所有词”，相当于 KW：open AND KW：access；选用“任意词”相当于 KW：open OR KW：access；如选用“短语”则相当于 KW：open access。

高级检索中，用户还可以对每个检索条件进行包括与、或、非在内的布尔逻辑组配。除此以外，Socolar 的高级检索还可以对检索目标进行出版年度范围、是否经过同行评审及学科范围的限定，用户在检索时根据自己的需要选择即可。

(3) 期刊浏览。

期刊浏览有两种方式：一种是按学科分类进行期刊浏览；另一种是按期刊名首字母进行浏览。

按字母浏览：按字母浏览期刊比较简单，用户只需点击相应的英文字母，Socolar 平台即会提供以该字母为刊名首字母的期刊列表。列表提供期刊的简单信息，如出版社及相应的期刊首页链接等，如图 6-12 所示。点击“Visit Web site”按钮即可链接到该期刊或其出版者主页。如该期刊有“Peer-Reviewed”标志，表明该期刊是经同行评审的开放存取期刊。

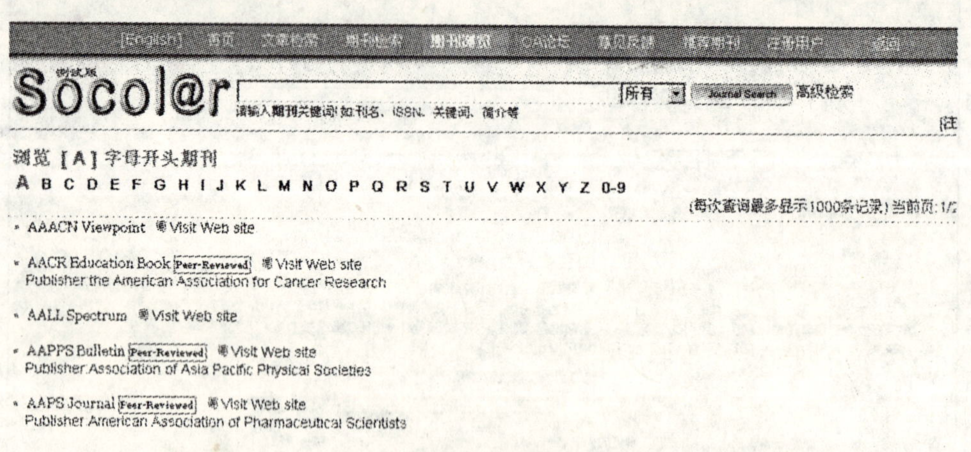

图 6-12 Socolar 按字母浏览期刊

按学科浏览：Socolar 对期刊进行了学科分类，一共有 21 个大类。期刊分类浏览方式与字母浏览方式相似，选择某一学科即可浏览相应学科内的期刊。Socolar 还对 21 个大学科进行了细分，每个学科根据学科内容细分为若干个级别及数目，并且在浏览过程中对学科下收录期刊数目进行提示。用户根据学科浏览期刊时，点击每一学科前面的“+”，即可展开此学科目录树，选择该学科下的子学科，如图 6-13 所示。

浏览期刊

- 按字顺： A B C D E F G H I J K L M N O P Q R S T U V W X Y Z 0-9
- 按学科：

⊞ B.哲学(213)
⊟ C.社会科学总论(253)
⊞ C0:社会科学理论与方法论(23)
⊞ C8:统计学(7)
⊟ C91:社会学(91)
⊟ C913:社会生活与社会问题(2)
⊟ C916:社会工作、社会管理、社会规划(1)
⊞ C92:人口学(3)
⊞ C93:管理学(38)
⊞ C96:人才学(2)

图 6-13　Socolar 按学科浏览期刊

按学科浏览期刊的结果列表与按字母浏览的结果列表相似。

(4) 检索结果的处理及获取原文。

无论是简单检索还是高级检索，命中的目标都是论文，其界面类似，如图6-14所示，对其处理的方法也基本上一致。

Results 1 - 4 of 4 for (KW:"open access") AND (TT:library) (0.375 seconds)

- Library Access to Scholarship
  Author(s):
  Source:Cites & Insights: Crawford at Large Year:2005 Vol.5 Nos.8
  Publisher:Walt Crawford
  [Abstract] | [Full Text]
- Investigating the "Public" in the Public Library of Science: Gifting Economics in the Internet Community [Peer-Reviewed]
  Author(s):Charlotte Tschider
  Source:First Monday Year:2006 Vol.11 Nos.6
  Publisher:First Monday
  [Abstract] | [Full Text]
- Library Access to Scholarship
  Author(s):
  Source:Cites & Insights: Crawford at Large Year:2005 Vol.5 Nos.4
  Publisher:Walt Crawford
  [Abstract] | [Full Text]
- Open Access in Library and Information Science: DLIST 2005 Survey, a Scholarly Communication Study [Peer-Reviewed]
  Author(s):Anita Coleman
  Source:D-Lib Magazine Year:2005 Vol.11 Nos.10
  Publisher:Corporation for National Research Initiatives
  [Abstract] | [Full Text]

图 6-14　Socolar 文章检索结果页面

用户可以在这个地方获取命中目标论文的简单信息，包括篇名、作者、出版刊物及相应卷期号，此外还可以由是否带“Peer-Reviewed”标志知道该论文是否经过同行评审。点击“Full Text”按钮可获取文章原文。如果用户想通过查看摘要进一步确认是否有必要获取其原文，可点击“Abstract”按钮或“篇名”进入文摘页面查看该文关键词及摘要信息等，然后由文摘页面链接获取原文。点击论文原刊物名称，可转到该期刊历史卷期列表，方便用户查阅。

期刊检索与期刊浏览方式得到的结果是相同的，都是以期刊列表的形式出现(见图 6-12)。用户可以点击“Visit Web site”按钮可链接到该期刊或其出版者主页，点击期刊名称可以查看该刊历史卷期，进而选择卷期即可查看相应卷期的文章列表。接下来获取原文的方法与文章检索相同。

通过 Socolar 获取的论文的文档格式不尽相同，要视期刊出版者提供的文档保存格式，大体上有 html 和 pdf 两种。用户可以根据自己的需要对原文进行在线浏览、存档或打印输出。图 6-15 所示是通过 Socolar 获取的一篇 pdf 文档原文。

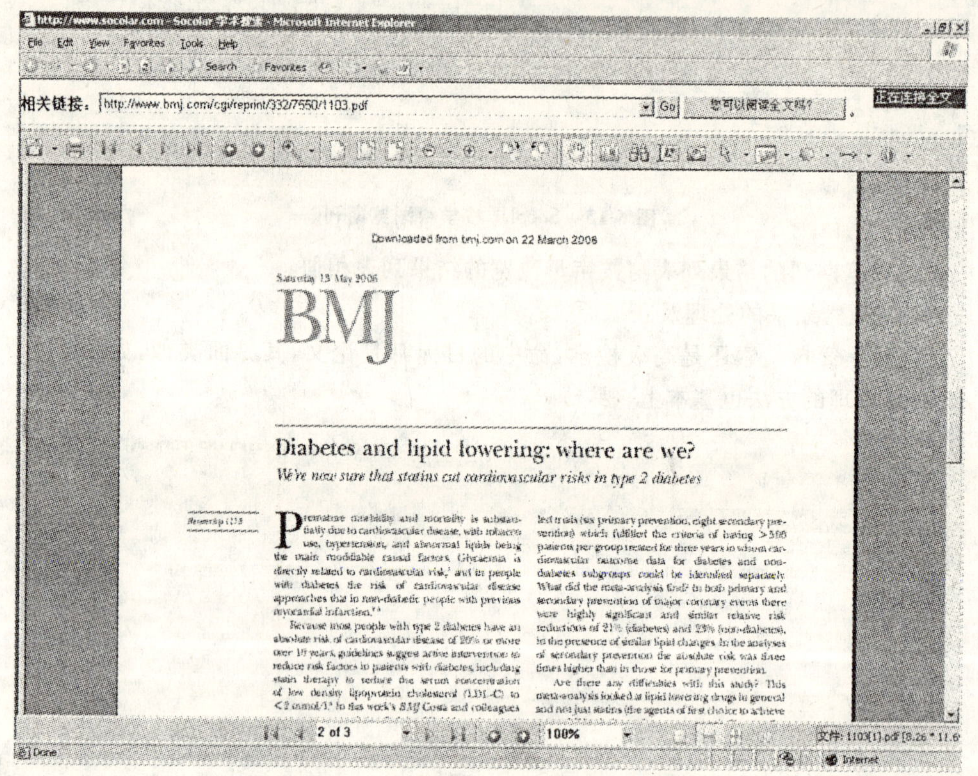

图 6-15　文章原文

2. 中国科技论文在线

1）中国科技论文在线简介

中国科技论文在线是经教育部批准，由教育部科技发展中心主办，针对科研人员普遍反映的论文发表困难，学术交流渠道窄，不利于科研成果快速、高效地转化为现实生产力而创建的科技论文网站，于 2003 年创立。中国科技论文在线评审费由科技发展中心支出。在网站上发布论文不收取任何费用，查阅、下载论文也不收取任何费用。越来越多的高校将在中国科技论文在线上发表的论文认可为符合研究生毕业、职称评定要求的论文，目前认可的高校达到了 23 所。

中国科技论文在线将服务的对象分为注册用户和非注册用户两类。注册用户可以使用包括论文在线投稿在内的所有功能，而非注册用户则只能以访客的身份，对该站进行部分检索、浏览和下载。目前主要有“在线发表论文”、“优秀学者及主要论著”、“名家推荐精品论文”、“获奖项目及主要论著”、“科技期刊”、“论文库链接”等栏目。截至2008年3月收录首发论文共19 600篇，同行评议共8 626条，优秀学者论文共41 467篇，自荐学者论文共1 102篇，科技期刊论文共55 083篇。其中，“在线发表论文”栏目为科研人员提供了一个快速发表论文、交流创新思想的平台，“优秀学者及主要论著”栏目为众多优秀学者免费建立了个人学术专栏。网站定期对在线上发表论文数量、优秀学者专栏浏览次数及各单位优秀学者数进行统计排序，并在网站公布。

2）文章检索

中国科技论文在线对在其站点发表及收录的论文进行整合，并提供检索。可供检索的方法有快速搜索和全文检索两种方式。用户通过互联网即可使用中国科技论文在线，访问地址是：http://www.paper.edu.cn，如图6-16所示。

图6-16　中国科技论文在线首页

(1) 快速搜索。

在中国科技论文在线的主页上，点击栏目最后一栏“论文检索”按钮即可进入检索页面，如图 6-17 所示。快速搜索有检索输入框及检索限定项，用户根据已知信息，输入适当的检索词，并选择合适的限制范围，即可进行论文检索。用户首先在“检索范围”的下拉菜单选项中选取要限定的数据库，否则不能进行检索。可供选择的数据库有：在线发表论文库、优秀学者论文库、科技期刊论文库。选择好数据库后，“所属学科”下拉菜单变成了可用状态。用户可以点击该菜单选择相应学科范围。由于科技论文在线收录的论文绝大部分属于自然科学，其学科的分类也集中在自然科学，如需检索分类中没有列出的学科，可选择“全学科检索”。

中国科技论文在线的快速检索可供检索的字段有：题目、作者、摘要、关键词。用户可以选用其中的字段，在相应位置输入检索词进行检索。中国科技论文在线支持布尔逻辑检索，但只支持逻辑与、逻辑或运算，并不支持逻辑非。使用者可选择不同的论文库，按照题目、关键字、作者、摘要和所属学科间进行交叉检索。例如，欲检索题目中含有“EM 算法”，同时关键字有“神经网络”的论文时，先在题目栏里键入“EM 算法”，同时在题目栏后面紧跟的选择下拉菜单中选中“并且”，然后在关键字栏中键入“神经网络”，其后的下拉菜单及输入栏可以不作理会。最后，指定欲检索的发表时间范围。条件填写清楚后，点击“检索”按钮，或者直接回车，系统即会返回并显示结果。另外，中国科技论文在线系统的快速检索对每个检索框里的检索词一概作为短语来处理，也就是说对每个检索框里的内容做精确匹配。例如，输入“神经 网络”并不能命中含有“神经网络”的论文。

由于中国科技论文在线这三个数据库的来源及编录标准不同，这三个数据库提供的检索方法也有些不同。

科技期刊论文库：科技期刊论文库可同时提供对四个字段的检索，并可对学科及时间范围进行限定。

在线发表论文库：由于科技论文在线系统根据论文质量对在线发表的论文进行了评级，如选择在这个数据库检索，除了可使用上述检索技术外，会增加论文“论文星级”和“论文类型”这两个可用选项。可对检索目标进行星级及论文语种的限定。

优秀学者论文库：如用户选择这一数据库进行检索时，只能对题目作者进行检索，系统不提供对此库进行摘要及关键词检索。

(2) 全文检索。

中国科技论文在线为了使用户能实现更严格及复杂的检索，于 2007 年 12 月 20 日推出了全文检索功能。全文检索窗口与快速检索窗口设于同一页面中，位于快速检索的下方，如图 6-17 所示。另外，在中国科技论文在线首页的中央位置也提供了全文检索的窗口。

在全文检索中，用户可以对标题及论文正文同时进行检索，并可以把它们进行逻辑与(同时满足)、逻辑或(或者)运算。在全文检索中，还可分别对标题及正文进行“含有”或“排除”的限定。

图 6-17　中国科技论文在线全文检索

日期限制:用户可选择三种方式限制论文的发表时间。使用选择时间,通过鼠标点选日期来选择日期范围;输入时间,可由键盘输入精确时间范围;快捷时间段,可选择最近某一时间段,可选范围从当天到最近一个月不等,或选择“所有时间”不进行限制。

选择频道:中国科技论文在线按论文来源的不同把论文收录在不同频道。用户在此选择要进行检索的频道,默认的是检索全部频道。

结果定制及排序:结果是否按其所属频道分开、每页显示纪录数、结果排序规则都可以在这里设定。

二次检索:在全文检索结果页中,系统还提供二次检索,如图 6-18 所示。用户如果对检索结果不满意,还可以选中“在结果中找”进行二次检索,或不选中进行重新检索。该二次检索与快速检索及全文检索有所不同,此处同样提供精确检索,不支持逻辑运算,但允许有空格,系统会自动去除空格,如输入“神经 网络”=“神经网络”。

(3) 按频道浏览。

中国科技论文在线按不同标准,对其收录的论文进行归类到不同的频道,用户可以根据自己的需要按频道浏览来查找论文。各个频道下面,按不同的需求还进行了进一步的细分。

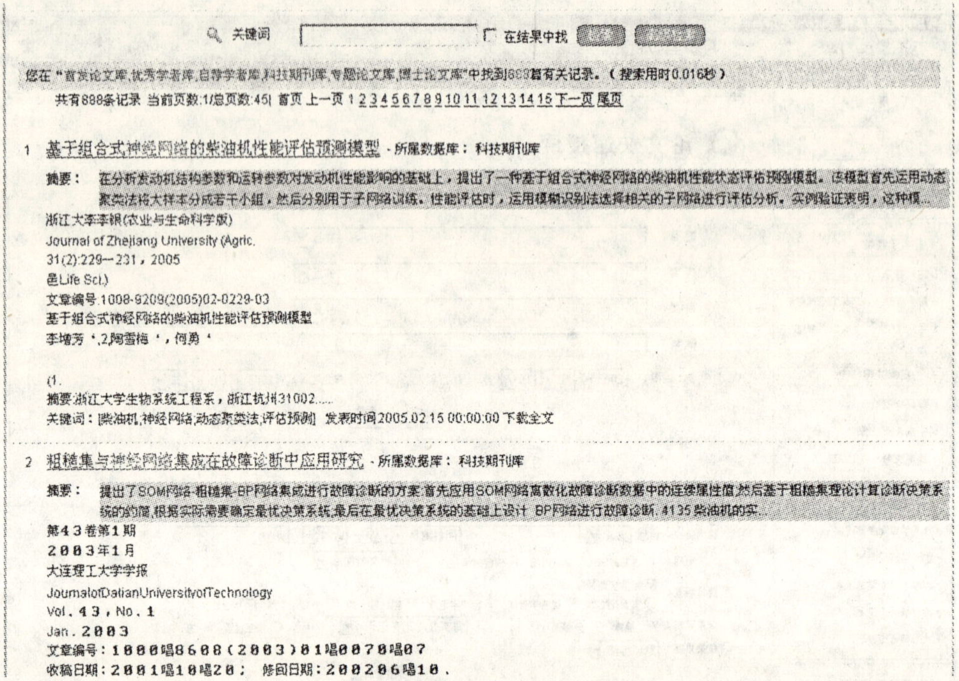

关键词 在结果中找

您在"首发论文库,优秀学者库,自荐学者库,科技期刊库,专题论文库,博士论文库"中找到888篇有关记录。(搜索用时0.016秒)

共有888条记录 当前页数:1/总页数:45| 首页 上一页 1 2 3 4 5 6 7 8 9 10 11 12 13 14 15 下一页 尾页

1 基于组合式神经网络的柴油机性能评估预测模型 ·所属数据库:科技期刊库

摘要: 在分析发动机结构参数和运转参数对发动机性能影响的基础上,提出了一种基于组合式神经网络的柴油机性能状态评估预测模型。该模型首先运用动态聚类法将大样本分成若干小组,然后分别用于子网络训练。性能评估时,运用模糊识别法选择相关的子网络进行评估分析。实例验证表明,这种模...

浙江大学学报(农业与生命科学版)
Journal of Zhejiang University (Agric.
31(2):229—231,2005
邑Life Sci.)
文章编号:1008-9209(2005)02-0229-03
基于组合式神经网络的柴油机性能评估预测模型
李增芳 ',2,陶雪梅 ',何勇 '

(1.
摘要:浙江大学生物系统工程系,浙江杭州31002.....
关键词:[柴油机,神经网络,动态聚类法,评估预测] 发表时间2005.02.15 00:00:00 下载全文

2 粗糙集与神经网络集成在故障诊断中应用研究 ·所属数据库:科技期刊库

摘要: 提出了SOM网络-粗糙集-BP网络集成进行故障诊断的方案:首先应用SOM网络离散化故障诊断数据中的连续属性值,然后基于粗糙集理论计算诊断决策系统的约简,根据实际需要确定最优决策系统,最后在最优决策系统的基础上设计 BP网络进行故障诊断. 4135 柴油机的实.

第43卷第1期
2003年1月
大连理工大学学报
JournalofDalianUniversityofTechnology
Vol.43,No.1
Jan.2003
文章编号:1000唱8608(2003)01唱0070唱07
收稿日期:2001唱10唱20; 修回日期:200206唱10.

图 6-18 全文检索结果页及二次检索

3）其他

中国科技论文在线所提供的论文为 PDF 格式的文档,用户需先安装相应的阅读器才可查阅全文。检索到的论文,可以在线查阅全文,也可以在打开后保存论文的副本或打印。

注册用户可以收藏某一论文,在以后登录时就可以无需再重新检索,可直接查阅该论文。注册用户还可以在中国科技论文在线的在线投稿系统发表自己的研究成果,另外还可以对某一论文发表个人看法或评论。

3. 其他中文开放存取资源

(1) 中国预印本服务系统,访问网址:http://prep.istic.ac.cn/eprint/index.jsp。

中国预印本服务系统提供国内科研工作者自由提交的科技文章,一般只限于学术性文章。系统的收录范围按学科分为五大类:自然科学、农业科学、医药科学、工程与技术科学、人文与社会科学。

(2) 奇迹文库预印本论文,访问网址:http://www.qiji.cn/。

奇迹文库预印本论文系统收录的学科范围主要包括:自然科学(理学、数学、生命科学等)、工程科学与技术(计算机科学、信息处理、材料科学等)、人文与社会科学(艺术、法学、政治、经济、图书情报学等)、其他分类(科学随想、毕业论文、热门资料等)。

奇迹文库预印本论文专门收录中文原创研究文章、综述、讲义及专著(或其章节),同时也收录作者以英文或其他语言写作的资料。

思考与训练

1. 商业数据库资源与开放存取资源有何不同?如何合理利用开放存取资源,作为课题检索的补充?

2. 除书本中提到的开放存取资源外,还有哪些比较常用的开放存取资源?

第7章 社会科学文献信息检索

社会科学研究的是社会现象，以研究与阐述各种社会现象及其发展规律为目的。它涵盖的学科有政治学、经济学、军事学、法学、教育学、文艺学、史学、语言学、民族学、宗教学、社会学、新闻学等。

社会科学文献是记录关于社会科学知识信息的载体，是社会科学领域中各学科文献的总称，也是记录和反映社会及其发展规律的文献系统。社会科学文献信息检索不仅在各学科领域的研究活动中是需要的，在从事经济、政治和各项文化活动中，也是非常需要的。

7.1 政治学文献信息检索

7.1.1 政治学文献信息检索

政治学是以国家及其活动为研究对象的学科，一般包括国家的起源及其发展和消亡、国家本质、国家制度、国家结构、国家职能、政治制度、政治制度史、政治思想史等。

1. 政治学工具书的利用

查政治学的名词术语、人物事件、研究资料等主要利用各种专业辞典、年鉴及相关书目索引、文摘等。以下主要介绍几种常用的检索工具书。

《简明政治学辞典》，本书编写组编，吉林人民出版社1985年出版。这是新中国成立以来第一部政治学词典，收词目2 030条，内容涉及政治学总论、阶级、政党、革命、国家、政府、民族、国际政治、政治人物、政治思想、政治著作等。

《政治学新词典》，潘小娟编，吉林人民出版社2001年10月出版。本词典收入当代西方政治学理论词目466条，涉及当代政治学的重要流派、思想、人物、著作、概念等。书中词目按汉语拼音音序排列，词目之后附有英文，正文之后附有“重要参考书目”，每个词目的相关重要参考书目都一一列出，并按正文词目的顺序标有编号，以便为读者提供更多的信息。本词典后附有“词目外文索引”和“词目主题索引”,以方便读者按不同方式迅速查找。

《中国共产党历史大辞典(增订本)》(全 3 册),廖盖隆主编,中共中央党校出版社 2001 年 6 月出版。这个增订本,主要是按照《中国共产主义历史大辞典》1988 年版的体例增补了近十年来的内容,同时对原来的内容进行了全面、深入、系统的审读、提炼和校核,充分吸收党史研究的最新成果,革除过时的提法和不准确的表述,尽量做到言简意赅。本词典是中共党史知识的总汇,内容包括党的基本理论、重要文献、方针政策;党史上的重大事件、重要会议;党的领导人、革命先烈和重要活动家,收词目 6 000 余条。

《当代国际共产主义运动史中文书目和论文资料索引(1946—1984)》,中国社会科学院马列主义毛泽东思想研究所国际共运研究室、甘肃省西北师范学院马克思列宁主义教研室编印,共 3 册。资料选自国内公开和内部出版发行的书籍和报刊,也收录了港、台地区出版的有关中文书目。

《国外中共党史中国革命史论著目录大全》,中共中央党史研究室编译处、北京图书馆、中央党校国外社会科学情报室合编,中央党史出版社 1993 年出版。收录了 1919—1989 年间国外发表的有关论著目录,包括港、台地区学者的外文论著目录,共 7 000 余条。

《近代中国社会研究论著类目索引》(Modern Chinese Society An Analytical Bibliography),(美)施坚雅(W · Skiner)主编,美国斯坦福大学出版社 1973 年版,共 3 卷。本书收录包括图书、论文、研究报告、学位论文及专著中的有关章节等共 31 441种,是一部大型的分类目录索引。

2. 政治学电子资源

1) 中国共产党文献资料库(光盘版)

中国共产党文献资料库(光盘版)由中共党校出版社和中央文献出版社联合出版,收集 45 本相关书籍中的全部资料和近几年从未出版的报刊资料,共计 4 584 份重要文献,2 000 多万字。从中国共产党成立至党的十五次全国代表大会(“文化大革命时期”除外),中共中央、全国人大、政务院或国务院、中央军委发出的文件及批转的所属部门的一些重要文件,中央重要领导人,一些部门负责人发表的重要讲话和文章,以及通过报刊传达中央精神的重要社论,历史上曾产生过较大影响的或具有重要理论意义的非正式文件和讲话记录等重要文献。

2)《邓小平理论研究文献数据库》(光盘版)

《邓小平理论研究文献数据库》(光盘版)由中共中央党校组织编辑,中共中央党校出版社出版。数据库内容包括总论、建设社会主义的思想路线、社会主义本质和发展道路、社会主义初级阶段、社会主义根本任务、社会主义发展战略和发展动力、经济体制改革和政治体制改革、社会主义精神文明建设、对外开放、外交战略、祖国统一、社会主义国家军队和国防建设、社会主义领导核心、坚持党的基本路线等十八个部分。数据库收集和精选了自 1978 年十一届三中全会以来有关邓小平理论研究的著述及文献近四万篇，两亿多字，全面系统地反映了邓小平理论的研究成果。

7.1.2 法学文献信息检索

法学是研究法律法规及其发展规律的一门社会科学。法学文献是记录法学知识的载体，是与法学学科有关的图书、期刊、论文、会议记录和其他资料的总称。法学体系庞大，门类众多，其历史源远流长，所涉及的文献繁多，这里介绍常用的法律文献信息检索途径。

1. 法学工具书的利用

1）法学知识和法学图书检索

《法学大辞典》，法律出版社 1991 年出版，由最高人民法院、最高人民检察院、司法部等数十个中国高等法律机构及教学研究单位数百位专家学者编撰，有一定的实用性和权威性，是目前收词最多、规模最大的法律工具书。该词典共收词目 2 万余条，内容包括法理学、宪法、行政法、经济法、刑法等所有领域及相关学科。

《法律辞典》，信春鹰主编，中国社会科学院法学研究所法律辞典编委会编，法律出版社 2003 年出版。本辞典全面反映了我国最新的法学成果，内容涵盖了我国法学的基本学科和基本词汇；收入了大量的最新法律词汇和与法律相关的重要词汇，共约 7 300余条。条目按汉语拼音音序排列，书末附有辞目首字汉语笔画索引，中华人民共和国国家机构体系示意图，中华人民共和国立法体系示意图。

《中华实用法学大辞典》，栗劲、李放主编，吉林大学出版社 1988 年 9 月出版。该词典共收词万余条，广泛收录我国(含港、台地区)古今，以及现代资本主义国家法制、法学的有关词目，内容丰富，覆盖面广。

《中国大百科全书 法学卷》，张友渔主编，中国大百科全书出版社 1984 年出版。此书收辞目1 100多条，有彩图 130 多幅，内容包括法学、宪法、行政法、刑法、刑事诉讼法、民法、经济法、劳动法、婚姻法、民事诉讼法、司法等，是一部全面了解法学知识的工具书。

《牛津法律大辞典》，[英]沃克著，李双元等译，法律出版社 2003 年版。此书是世界著名法律辞书，其权威性为世界各国所公认。辞典收词量大，涉及范围广，释义简明扼要；内容覆盖法学理论、法律哲学、法律制度、法律史、法律思想、刑事法、民商法、国际法、法学流派和法学家，以及与法律有关的政治学、社会学、经济学等诸多领域；是法学研究工作者必备的法律工具书，也是用来研究英、美法律的宝典。

《中国法律年鉴》，本书编委会编，法律出版社 1987 年出版，1988 年起由中国法律年鉴社出版。本书是了解和研究中国社会主义法制建设基本情况的综合性大型文献，内容包括特载、国家立法、司法、监察、仲裁工作情况；中华人民共和国法律；中华人民共和国行政法规；国务院各部、委、局规章和地方性法规，地方政府规章目录；中华人民共和国缔结或参加的国际条约；司法文件选载；中央国家机关各部门法制建设；地方法制建设；案例选编；法学各学科发展概况；法学教育、团体、研究机构和法制报刊等。

《中国法律图书总目》，中国政法大学图书馆编，中国政法大学出版社 1991 年 11 月出版。本书共收录 1911—1990 年中国(不含港、台地区)公开出版发行的中文法律图书 28 000 余种，清末以前(1911 年以前) 有关司法、法律方面的古籍1 900余种，以及中国香港及台湾地区出版的法律图书2 900余种。

《法学在版书目》(Law Books In Print)，R. L. 布克华儿特编，格兰维尔公司出版。该书收录全世界英文版法律图书资料及相关文献，包括辞典、百科全书、年鉴、手册、综述、专论、文集、教科书、法规判例、目录、索引、文摘等。该书目条目著录完整。

《中国法制史书目》(全三册)，张伟仁主编，台北"中央研究院"历史语言研究所 1976 年版。本套书目收录了有关规范、制度、理论、实务、综合五大类，列有关中国法制史的系列书目，且每本书目基本上介绍其作者、出版年月、主要内容、出版书号等内容。

2) 法律法规检索

(1) 查中国古代典章制度。

中国历代的法律文献形式繁多，律、令、诏、科、格、典、例等文体都是具有法律效力的文献。查我国古代典章制度，可以通过政书、通典、会典等工具书检索。

政书是记载历代典章制度及其沿革的专书，汇编了政治、经济、文化、军事制度的演变和发展。《政典》是我国最早的一部体裁完备的政书，由唐代史学家刘知几之子刘秩所编。

《十通》可查找历代典章制度。它是一套综合性、通代性政书，按类和年代顺序编排，是查找我国古代典章制度沿革最主要的工具书。《十通》是《通典》、《续通典》、《清朝通典》、《通志》、《续通志》、《清朝通志》、《文献通考》、《续文献通考》、《清朝文献通考》、《清朝续文献通考》的合称。因《十通》只有原有的分类目录，检索起来非常不方便，于是，商务印书馆于 1935—1937 年出版的《十通》合刊本时，编制了《十通索引》，成为利用《十通》最好的工具。该索引分"四角号码索引"、"分类索引"两部分。前者将《十通》所载的制度名物、篇章节目等，凡能独立成为一个名词的都列为一个条目，其首字按四角号码顺序排列，然后注明有关记述在《十通》中的出处；后者先将"三通典"、"三通志"、"四通考"分为三编，然后再以编分别列类。

(2) 查中国近、现代法律法规。

查中国近、现代法律法规，可利用各种法规目录和法规汇编。相关文献如下。

《中华民国法规大全》，商务印书馆 1936 年出版，收录了民国二十五年十月(1936

年10月)前颁布的法规,分根本法、民法、刑法、刑事诉讼法、民事诉讼法等12部分。

《中华民国法规大全补编》,中华民国最高法院书记厅1940年编,收录民国二十五年十月(1936年10月)至民国二十六年十一月(1937年11月)期间颁布的法规。

《中华民国法规汇编》,国民政府立法院编译处编印,收录1933年以前国民政府颁布的各种法规文件,按类编排,每项法规均注明批准、发布机关,日期,法规内容全文照录,对法规的解释、理由附于各项法规之后。

(3) 查中国当代法律法规。

《中华人民共和国法律全书》,王怀安等主编,吉林人民出版社1989年出版。收录1949年10月至1989年4月我国颁布的现行有效的法律、法规1 224件,有宪法编、刑法编、刑事诉讼法编、民法编、民事诉讼法编、婚姻法编、行政法编、行政诉讼法编、国际法编等。同时附有我国参加的重要国际多边条约目录。此书是新中国成立以来第一部全面而系统的法典汇编。本书1990年7月出版增补本,共编入法律、法规及法律规范性解释300余件。1993年出版增编本,收入1990—1992年间颁布的法律法规。随着我国入世以来法制步伐的加快,该书也与时俱进,每年出版1部或2部,甚至3部,收录相关最新的法律法规。

《中华人民共和国典章制度全书》,中国民主出版社1999年出版,共7卷。收入国家各部门职能范围的各项制度,包括人民代表大会制度、审判工作制度、检查工作制度、行政管理制度、民事法律制度、行政法律制度等,并附有构成各项制度的主要法律法规。

《中华人民共和国法律法规及司法解释分类汇编》,全国人大常委会法制工作委员会研究室编审,中国民主出版社2000年出版。全书共36册,收录新中国成立以后至2000年间全国人民代表大会及其常务委员会公布的法律、国务院发布或批准的行政法规和法规性文件,国务院各部委发布的部门规章,最高人民法院及最高人民检察院发布的司法解释、条文释义等。

(4) 查国外法律法规。

《世界各国法律大全》,吴新平主编,中国社会科学出版社1993年起出版。该书是一部超大型的系列法律汇编,已经出版的《美国法典》按1988年英文版全文翻译,分刑法行政法卷、商业贸易法海关法卷、财政法金融法卷、建设法农业法卷、交通法邮政法环境法卷、教育法知识产权法卷、卫生法福利法卷、外交法国防法卷、军事法卷、司法刑法卷及1998年以后的年度补充本等共10多卷。

《世界宪法大全》(上、中、下卷),姜士林、陈玮主编,中国广播电视出版社1989年版。本书收入世界所有国家的现行宪法和宪法性文件,上卷包括中国和亚洲、欧洲各国,中卷包括非洲、美洲各国,下卷包括大洋洲各国的宪法学基本知识。

(5) 查国际条约。

国际条约是指国际上两个或者两个以上国家在政治、经济、军事、文化等关系方面规定其相互间的权利和义务的各种协议。

《世界条约索引》(World Treaty Index,ABC-Clio,1983—1984 年),共 5 卷,收录了《国际条约集》、《联合国条约集》和 120 多个国家的 44 000 多个多边和双边条约。每一条目的信息包括条约性质、条约出处、签署日期、缔约国、生效日期、条约编号、条款数目、条约语种、题名关键词、主题词、与有关国际机构或其他条约的关系等,内容丰富,检索方便。有国家、主题、日期和国际组织索引。

《中外旧约章汇编》,王铁崖编,三联书店 1957—1962 年出版,1984 年重印。收录了 1689—1949 年间中国历届政府与外国订立的条约、协定、章程、合同等。其中多属于不平等条约。

《中华人民共和国条约集》,中华人民共和国外交部编,1957 年起由法律出版社、人民出版社、世界知识出版社分集出版。按年度汇编新中国成立后与外国签订的条约、协定、换文等,以双边条约为主,不包括我国参加的国际公约。

《中华人民共和国多边条约集》,中华人民共和国外交部条约法律司编,法律出版社 1987 年版,共 4 集。内容包括公约协定、议定书、宪章、章程、修正案等,收录 1857—1984 年间我国参加的多边条约集 145 个。1993 年出版第 5 集,收录 1985—1986 年间我国加入的 14 个国际条约和 2 个国际修正案。

2. 法律电子资源利用

(1)《中国法律年鉴全文数据库》(光盘版)。

该数据库以每本年鉴作为一个分库,完整地再现年鉴的全部内容,每篇文献有内容分类、目录分类、标题供稿(文章作者/文章来源)、发表日期、法律法规批准机构、批准日期、公布机构、公布日期、实施日期、废止日期和正文共 12 个字段。该库实现多途径检索,尤其是通过有主题的索引目录检索,既快又准,每年度进行数据的增补。

(2)《中国法律检索系统(北大法宝)》(网络版)。

《中国法律检索系统》是我国最早的法律信息查询系统软件,由北京大学法制信息中心在 1985 年研制而成,其后该系统不断升级,日趋完善。目前数据内容涵盖了我国法律渊源的各个方面并附有大量参考资料。该系统收录了 1949 年至今所有现行有效法律、行政法规、政府部门规章,最高人民法院和最高人民检察院颁布的司法解释和案例,全国的地方法规和规章,中外双边条约,中国香港、台湾地区的经济法律,国际经济公约与外国经济法规,以及大量合同范本和法律文书。该数据库分为八个专业数据库,另外还收入 WTO 法律文件全文电子版,包括国家对外经济贸易部发布的入世议定书及其附件、工作组报告书,世界贸易组织法律文本中英文正式文本。该系统采用当今流行的浏览器平台的全文检索技术,兼顾单机使用和 Internet 远程查询,有分类导航、目录关键词、发布部门、发布日期、正文关键词等检索方式,同时提供逻辑复合查询功能。系统由专业的法律信息收集部门跟踪并收集最新规定,网上每日更新。

(3)《中国法律法规大典数据光盘》。

中国政法大学和北京博利群电子信息有限责任公司联合开发制作，电子工业出版社出版发行。该库收录新中国成立以来颁布的法律法规，内容包括最高人民法院和最高人民检察院司法解释及典型案例；国务院各部委的规章和规范性文件；地方性法规规章及规范性文件(31 个省、直辖市和自治区)；国际公约(中国加入)数据库；中外经济协定、香港经济法规和部分外国法律；中国加入世界贸易组织法律文件等。

(4)《中国法学文献题录索引汇编》(网络版)。

汇集了华东政法学院、中国政法大学、人大书报资料中心自 1978 年以来编选的法学题录，库容量大、覆盖面广、分类较细、信息量多。每条索引设置了分类号、分类名、出版、标题、作者、发表日期、出版日期、关键词和页号 9 个字段。每年度进行数据的增补。

(5)《诉讼法文献索引及全文数据库光盘》(网络版)。

由司法部立项，西南政法大学常怡教授主持的课题组编选、集合而成。数据库共分六个组成部分：行政诉讼、民事诉讼、刑事诉讼、仲裁、公证、律师，收录有 1949 年以来有关上述六个部分的代表性、权威性专著、教材、文献资料。该光盘每年度进行数据的增补，全文检索功能齐全，具有多字段检索、任意字词检索、复合检索、二次检索、多级目录查询、查询结果排序处理等功能。该光盘有很强的专业性、学术性和实用性。

利用网络资源，可查找国信中国法律网(http://www.ceilaw.com.cn)。

国信中国法律网的数据库由国家信息中心信息开发部法规信息处提供，共有新法规联机查询、国家法规数据库、人民法院报特辑、国家强制性标准、法律理论专刊、律师事务所名录 6 个栏目。“新法规联机查询”每月公布一期新的法规目录，内含当月收集的法律法规的名称、简介和法规正文等，并随时补充新的法规。法规的收集范围包括全国人大法律、国务院行政法规、最高人民法院和最高人民检察院司法解释、国务院各部委规章、各地人大法规和地方政府规章等。“国家法规数据库”查询内容包括自新中国成立以来全国人大法律、国务院行政法规、最高人民法院和最高人民检察院司法解释、国务院各部委规章、各地人大法规和政府规章、我国签订的国际条约和公约等，约 10 万篇法规。“人民法院报特辑”精选人民法院报上部分优秀文章。“国家强制性标准”可查询国家颁布的各项强制性标准目录。“法律理论专刊”由国家信息中心聘请法律界专家和专业工作者对公众关心的法律问题进行的解释和评论，并对新颁布的法律、法规及规章作全面、系统的介绍。“律师事务所名录”可以通过律师事务所名称、地区、业务范围等查询网上律师事务所的有关信息，为网络客户和上网律师建立联系。

其他的法学网络资源还有：北大法律信息网(http://www.chinalawinfo.com)、

中国法律信息网(http://www.law-star.com)、中国法律资源网(http://www.lawbase.com.cn)及法制网(http://www.legaldaily.com.cn)等。

7.2 经济、管理文献信息检索

7.2.1 经济学文献的检索

经济学是以人类社会的经济活动为研究对象的科学,包括政治经济学理论、世界各国经济状况、经济史、经济地理、经济计划与管理、各部门经济及其他分支学科。改革开放以来,我国市场经济发展迅速,经济学文献的数量越来越多,要查找经济学方面的信息,就要利用好相关的检索工具。

1. 查经济学名词术语、相关知识及研究资料

《政治经济学辞典》,许涤新主编,人民出版社 1980 年出版。全书共三册,收词目共2 000条。上册内容为导论、前资本主义和资本主义;中册内容为帝国主义、半殖民地半封建社会与新民主主义经济、中国经济思想史、外国经济思想史;下册内容为社会主义、专业经济两个部分。

《经济大辞典》,本书编委会编,上海辞书出版社 1983—1996 年间分卷出版。分农业经济卷、财政卷、国土经济卷、经济地理卷、对外经济贸易卷、会计卷、中国经济史卷、运输邮电经济卷、政治经济学卷、统计卷、外国经济史卷等,此乃一部大型经济学辞典,各卷互相独立,编排也不尽相同,虽然所收词目有所重复,但是各自解释侧重不同。

《中国经济百科全书》(上、下册),陈岱孙主编,中国经济出版社 1991 年出版。本书乃大型经济学工具书,涉及经济领域内的各个部门,词条内容解释详尽,具有权威性。

《世界经济百科全书》,中国大百科全书出版社 1987 年出版,收录世界经济学科中最基本、最常见的名词术语和国际组织。书前有分类目录,书末附有世界经济大事年表,条目汉字笔画索引、条目外文索引和内容索引等,查检方便。

《牛津经济学词典》(Oxford Dictionary of Economics),[英]布莱克(Blank · J)编著,上海外语教育出版社 2000 年出版。词典共收词条 2 500 余条,收录内容包括微观经济、国际金融、国际贸易经济学等,并反映当今经济学的新术语、新概念等。该词典附有国际经济组织机构的名称及经济学广泛使用的数学、统计学和相关商业金融领域的术语等。

《中国大百科全书 经济学》卷,许涤新主编,中国大百科全书出版社,1988 年出版,内容包括经济学领域各个方面的知识,资料丰富,观点新颖,代表了我国当时经济学研究水平,是学者查找资料的一部重要工具书。

《经济活动国际惯例大辞典》,李新实主编,红旗出版社 1990 年出版,内容包括国际货物买卖、投资、金融、保险、运输、票据、劳务、经济合作、环境保护、矿产资源开发以及国际贸易纠纷处理的国际惯例和国际公约。

《披沙录》,赵迺抟撰,北京大学出版社 1990 年出版。该书是反映我国历代经济思想家及其经济文献的书目,具有极高的学术价值。其内容分两部分:一是“中国历代经济学者人名录”和“中国经济思想文献要籍简介”;二是编者从《二十五史》中选录的经济思想史料。本书是研究中国古代经济学的重要参考工具书。

《经济学著作要目(1949—1983)》,张泽厚等主编,经济科学出版社 1987 年出版。该书是新中国成立以来第一部全面收录正式出版的经济学著作的专科书目,收录 1949—1983年间我国出版的有关理论经济学和应用经济学的专著、论文集、教材、资料、工具书等 7 000 余种,主要收录的是学术性、知识性和资料性的图书,是重要的经济学书目。

2. 查经济统计资料文献

《中国经济科学年鉴》,晓亮主编,经济科学出版社出版。1984 年创刊,每年一期。本年鉴是一本记载我国经济研究状况的学术性、知识性、资料性的年刊。

《中国经济年鉴》,薛暮桥主编,经济管理出版社出版,1981 年创刊,每年出版一期,反映上一年的经济状况。

《中国统计年鉴》,国家统计局编,中国统计出版社出版,1982 年创刊,每年一期。主要收集全国性统计资料,也兼收各地区、各部门、重点城市的主要经济指标。

《世界经济年鉴》,中国社会科学院世界经济与政治研究所本年鉴编辑部编,中国社会科学出版社 1980 年出版首卷,每年一卷。这是介绍世界各国各地区经济发展的大型工具书。内容包括世界经济综合性专题、国家和地区经济概况、国际经济组织、国际经济会议、世界经济大事记、世界经济统计资料。

7.2.2 经济管理信息检索

经济管理信息包括经济管理术语、经济法规、经济政策、经济管理体制等方面的信息。

1. 查经济管理术语

《简明实用经济管理词典》,金人庆主编,天津科学技术出版社 1993 年 3 月出版。本词典收词目 3 300 余条,分为工业、农业、邮电、能源、统计、会计、财政、金融等 30 大类。

《经济管理学辞典》,徐伟立主编,中国社会科学出版社 1989 年 6 月出版。本辞典内容包括:总类、国民经济计划管理、统计、农业经济管理、对外贸易经济管理、财务金融管理等,共收词 2 900 条。

2. 查经济政策

《中国经济管理政策法令汇编》,国家经济委员会经济体制改革局编,经济科学出版社 1984、1985 年版。

《中国经济管理政策法令选编》,国家经济委员会经济体制改革局编,经济科学出版社 1979 年起分期陆续出版。

《现代企业管理知识手册》,陈重等编著,江苏人民出版社 1987 年出版。

《企业管理咨询手册》,中国企业管理咨询公司编,浙江人民出版社 1988 年出版。

3. 查经济法规

《中华人民共和国新法规汇编》,国家法制局编,新华出版社 1989,1990 年出版。

《中华人民共和国经济法规选编》,中国社会科学院法学研究所编,中国财政经济出版社 1980 年出版。

《中华人民共和国对外经济法规选编》,中华人民共和国对外经济贸易部条法局编,中国展望出版社 1985 年出版。

《最新经济法规汇览》,杨宜等主编,中国政法大学出版社 1994 年出版。本辞典包括改革理论、实践、人物、法规等四大部分,约收 1 023 个词目。

4. 查经济管理体制

《中国经济体制改革年鉴》,国家经济体制改革委员会编,体制改革出版社 1989 年逐年出版。每期反映上一年度体制改革的进展、大事、成就等资料。

《当代中国市场经济实用大全》,彭赤强等编,企业管理出版社 1993 年出版,分 8 篇,每篇又分若干章,内容丰富。

网络资源的查找,可利用以下网站。

中国经济信息网(http://www.cei.gov.cn/)

中经网连接全国 150 多个城市地区的地方经济信息网,是覆盖全国的经济信息网络。中经网内的数据库包括:中外经济动态全文库、中国权威经济论文库、中国行业季度报告、中外上市公司资料库、中国经济统计数据库、中国法律法规库、中国地区经济发展报告、中国企业产品库等。

中国宏观经济信息网(http://www.macrochina.com.cn)

中国宏观经济信息网是由国家计委所属的中国宏观经济学会、中宏基金等机构共同发起的宏观经济专业网站,中宏数据库是由宏观经济研究院、中国宏观经济学会、中国宏观经济信息网联合研制的经济数据库。中宏数据库包括 19 类大库,74 类中库。数据量超过 100 万条,文字量超过 20 亿字,每日更新量超过 1 000 条,为目前门类最全、分类最细、容量最大的专业数据库。内容涵盖了 20 世纪 90 年代以来宏观经济、区域经济、产业经济、金融保险、投资消费、世界经济,政策法规,统计数字,研究报告等。

中国资讯行数据库(http://www.chinainfobank.com)

中国资讯行专门从事中国商业经济资讯的收集、整理和传播,内容覆盖广泛,为现存中文商业数据库之冠。目前已拥有100亿汉字总量,近1 000万篇文献的庞大网上数据库,并以每日逾2 000万汉字的速度更新。网站提供的主要数据库包括:中国经济新闻库、中国商业报告库、中国法律法规库、中国统计数据库、中国医疗健康库、INFOBANK环球商讯库、English Publications、中国企业产品库、中国人物库、中国中央及地方政府机构库、中国拟建在建项目库、名词解释库等。

7.3 语言和艺术文献信息检索

7.3.1 语言文献检索

语言,是人类交流的最重要的工具,是人们进行思维和传递信息的载体。自我国加入世贸以来,需要更多的外语专业人才,掀起了更高的学习外语的热潮。

1. 英语

《牛津英语大词典》(The Oxford English Dictionary)简称为OED,是一部最具权威的英语词典。目前最新版本为20卷本第二版,由牛津大学出版社负责编纂并于1989年出版。收词超过50万条,引证例句250万条,全部发音使用国际音标标注,词条及例句涵盖了所有英语国家的地方英语,并且给出了词源分析,不同时期的用法及拼写差异,外加词组、可参考的同义反义词、惯用法及插图等。OED还出版电脑光盘版和网络版。

《韦氏第三版新国际英语足本词典》(Webster's Third New International Dictionary Unabraged),所收词条45万以上,编排涉及注音、词性、词源,从古至今的字形拼法,词义,名人句例、词组、插图等。另外,由世界图书馆出版社2001年出版的《韦氏词典》,共收词6万条,涉及科学、技术、商业和医药等各学科,均为英语中最常用的词汇。词条中包括发音、拼写、词义、词源和同义词等注释,释义简明精确。韦氏系列词典颇受报考托福、GRE、GMAT的人士所追捧。

《朗文当代英语辞典》(Longman Dictionary of Contemporary English)简称为LDOCE,外语教学与研究出版社2004年出版,是朗文出版公司推出的系列辞典之一。该词典全面反映了英语语言现状,收录的单词、短语共计106 000余条,释义准确，简明易懂。辞典设有"词语辨析"(word choice)、"词语联想"(word focus)和"语法说明"(grammar)专栏。词典简易实用，深受广大英语学习者的喜爱。

《英汉大词典》，陆谷孙主编，上海译文出版社1991年出版，由英语专业人才独立研编的大型综合性英汉双语工具书，全书收词20万条，总字数约1 500万。1999年，为了及时反映现代英语中的新发展，《英汉大词典补编》出版。2007年《英汉大词典》(修订本)出版，新增词条2万余，覆盖面广，查得率高，释义准确，收入大量语法、语用信息，兼顾学习型词典特征和百科信息。图文并茂，兼具实用性和知识性。在英语专业人员中享有极高的知名度和信誉度。

《牛津高阶英汉双解词典(第6版)》，商务印书馆2004年出版，是公认的权威英语学习词典。该词典收词8万余条，内容丰富实用，例句达9万条，例句典型精当，易学易用。在语法标注上，本词典采用全新的动词模式代码，使标注更加简明清晰。同时，新增加的义项提示使读者在查询多义词条时能迅速找到自己所需的义项。在释义上，本词典采用不到3 000个最常用词解释所有词义，释义浅显易懂，准确可靠。

《外研社现代英汉汉英词典》，外语教学与研究出版社2005年出版。英汉部分共收词目38 000余条，兼顾英语和美语的拼写及发音；采用新版国际音标，词目分音节，便于学习者使用；例句丰富，语法详尽，便于培养学习者运用英语语言的能力。汉英部分收词53 000余条，其中新词10 000条；该词典尽可能满足中高级英语学习者的需求，可以用作查阅的工具，也可以作为翻译或写作的帮手。

《世界英语俚语词典》，亨德里克森，中央编译出版社2005年出版，这是一本颇具权威性的英汉对照英语学习工具书，共收集了30 000多个英语俚语词条，以美国、英国、澳大利亚、加拿大等英语国家为主。作者不但详细解释了每个词条的意义，还介绍了该词条的起源和历史，每个词条都配有例句。读者在学习俚语的同时，还可以了解英语国家的历史及风俗习惯。本书是英语学习爱好者阅读原版著作，看原版电影时非常实用的参考书。

《国际商务英语大词典》，冯祥春主编，中国对外经济贸易出版社2002年出版。我国篇幅最大、内容最为丰富的国际经贸英语专业词典，共收集国际经贸英语专业词汇及英语基本词汇52 500词条。这些词条涉及国际经济学、国际贸易、国际金融、进出口业务、国际商法、国际经济合作、营销学、外贸运输、企业管理、海关、商检、保险以及国际经济关系和组织等领域中英语词汇的用法。

网络资源的查找，可利用以下网站和数据库。

金图国际高校英语资源数据库(http://211.90.162.132:8011/)

由金图国际提供，属于英语学习资源类数据库，内容包含：外文电子图书、英语学习参考书、音频学习资料、英语学习小资料、世界演讲集萃、电影及戏剧、散文及诗歌、听歌学英语、英语大辞典以及英语模拟考试系统等。英语学习、娱乐方面的资料丰富，使用简单方便。设有英语模拟考试系统、英语应用工具、英语资源大全三大板块。

中国英语学习网(http://www.24en.com/)

设有英语学习、英语考试、生活英语、行业英语、轻松英语、美国之音、学校英语、品牌英语、视听英语、趣味英语、在线听力-资源技巧栏目。

星火英语网(http://www.sparke.cn/)

以英语考试辅导为主,提供的产品以星火式记忆法为内核,立足词汇,覆盖大学英语、考研英语、英语专业、出国考试、中学英语等领域,以词汇为主打,以阅读、听力、口语、写作、试卷为补充,设有星火电子书、星火软件、星火电子试卷、星火期刊、课程、专家团队、资源中心、星火论坛栏目。

听力特快(http://www.listeningexpress.com/)

听力特快是专门的听力网站。

英语学习网站很多,可以在 Google,Baidu 等搜索引擎上搜索。

2. 日语

《广辞苑》(第五版),新村出编,上海外语教育出版社 2006 出版,是最权威、最可信赖的日语工具书。收录词条逾 23 万,其中新词条 1 万余条。收词广泛、科学,涵盖语文和百科;释义准确、权威,例句丰富、经典;提供词源和词义变迁的详尽信息,新词新义,反映日语最新发展。

《现代日汉大词典》,宋文军主编,商务印书馆 2005 年出版。本词典是一部以现代日本语言为主的大型工具书,其内容主要以中国读者为对象,供国内广大日语学习者和从事日语翻译、教学及科学研究的工作者使用。

《日汉大辞典》,日本讲谈社编,王禾等译,上海译文出版社 2002 出版。本词典收录 18 万余条目,12 万余条目后附英语,收录 1 万余条单字条目、动植物条目、日本人名地名条目和 3 600 余条西文缩略语等。

《标准日汉汉日辞典》,乔国钧编,大连理工大学出版社 2006 出版。本辞典共收词 12 万条,其中日汉部分约 7 万条,汉日部分约 5 万条。日语词条精选收录常用现代词汇和大量固化新词,涵盖所有现行各类日语教材及各类考试所涉及的基本常用重要词汇。汉语词条中的 4 000 个单字条目涵盖 3 500 个常用及次常用汉字,4 000 余复音节词条包括所有常用基本重要词以及成语和熟语。“日汉部分”的日语单词逐一标注单词“读音调型”,给出最基本、最常用的释义、搭配,但不罗列例句。“汉日部分”的汉语条目参照汉语权威辞典,注有读音,其日语释义均标注有读音假名,非常方便阅读。

《详解日本外来语辞典》,赵基天主编,吉林教育出版社 2003 年出版。本辞典收录日语中的外来语 5 万多条,其外来语主要来自欧美语言,以英语为主,并涵盖少量早期的葡萄牙语、荷兰语、法语和意大利语等。

《汉日经贸词典》,张键主编,中国石化出版社 2004 年出版。本词典共收录词条约48 000条,内容包括经济、贸易、财务、会计等方面的词汇。还特别收集了有关

WTO的词汇和近年来国外金融机构改革所出现的新词汇等。

《精选日汉汉日词典》，姜晚成，王郁良编，商务印书馆2003年出版。本词典包括日汉词典和汉日词典两部分，其中日语词目选收20 000余条，汉语词目和常用单字选收22 000余条。释义简明准确，例句恰当适用。在编排上，汉语词条和汉语释义不仅加注了繁体字，而且加注了汉语拼音；日语释例中，对读音较难的日本汉字还加注了假名，尤其便于初学者使用。

《日语语法表现辨析》，孙满绪编，上海世界图书出版公司2003年出版。该书针对中国人学习日语的难点，进行深入浅出的解说，论述的问题贯穿于现代日语语法的各个方面，力求从理论和实践的结合上回答教师和学生遇到的疑难问题。因此，该书既可以作为日语教学的参考书，也可以作为在校学生和自学者学习日语语法的工具书，还是从事日语语法研究的学者可以借鉴的资料。

《汉日翻译应用词典》，纪力晶编，商务印书馆2000年出版。本词典是一部中型语言工具书，全书共收汉语词汇17 000余条，日语词汇147 000余条。本书以大量的例句对每个词的含义及用法都作了详尽的解释，特别是词语之间的搭配关系，以及同字不同义、容易混淆的成语、谚语等均通过实例加以辨析，不仅对翻译工作者，而且对教师、研究人员都有很高的实用价值。

网络资源的查找，可利用以下网站。

中国外语学习网·日语频道(http://jp.24en.com/)

设有日语学习、日语考试、日本介绍、留日信息、必备知识、日本新闻、娱乐栏目，以及学习、词汇、语法、听力、阅读、生活、专业等专题。

和风日语(http://www.jpwind.com/)

设有日语学习、日语考试、日本介绍、东渡扶桑、休闲娱乐、和风日语论坛栏目。适合日语初学者及参加日语各等级考试的学习者。

3. 法语

《新世纪法汉大词典》，陈振尧主编，外语教学与研究出版社2005年出版。本书收录词目12万余条，除普通词汇外，还大量收录政治、经济、文化、科技等领域诸多学科的专业词汇，并酌收部分缩略语和外来语。

《拉鲁斯法汉双解词典》，薛建成主编译，外语教学与研究出版社2001年出版。本词典的法文原版是拉鲁斯出版社于1995年出版的《法语词典》，这是一部中型词典，共收38 000词条，含50 000个同义词及20 000条短语。

《新法汉词典》(法汉词典修订本)，张寅德主编，上海译文出版社2001年出版。本词典共收录6 500个词条，录入了经济、法律和科学技术(包括电脑、信息科学和生物工程)等方面的新词语。

《现代法汉汉法词典》，皇甫庆莲等编，外语教学与研究出版社2001年出版。本词典收词40 000余条，特别收录新词汇、新释义。

《法汉俚语词典》,吴胜利等编,中国对外翻译出版公司 1996 年出版。本书为广大读者提供了一部解决阅读和翻译难题的工具书。

《法语实用语法》,[法]Y. 德拉图尔(Y. Delatour)等编著,曹德明编译,上海译文出版社 2002 年出版。本书对法语语法最常用的规则和最常见的现象作了精辟讲解。每章有若干个交际实例,作过解释的概念在提供日常生活交际情景的"大家说"栏目中重复出现,以加深理解。这一栏目反映了当代法语最常用的语言现象。

网络资源的查找,可利用:

中国外语学习网·法语频道(http://fr.24en.com/)

设有法语学习、法语考试、法语视听、实用法语、学习心得、新闻时尚、留学法国栏目,及法语语法、词汇、听力、阅读、翻译写作、法语电影等专题。

法语中国(http://www.ugo365.com/fr/infosort/6_1.htm)

设有基础法语、阅读听力、实用法语、法语资源、法语文化、留学移民、法语考试、法语交友、学习笔记、在线购物、法语论坛栏目。

4. 德语

《朗氏德汉双解大词典》,叶本度编,外语教学与研究出版社 2001 年出版。本词典是一本有关字法、语法、词义的参考工具书,也是正确使用德语的入门工具书,它对词义及社会、文化特点的说明让使用者一目了然,并一步步引导他们提高驾驭语言的能力。

《新德汉词典》(《德汉词典》修订本),潘再平编,上海译文出版社 2000 年出版。本词典是一部中型的综合性语言工具书,释义与用法并重,收词 85 000 多个。鉴于德语在科学技术领域内应用较广,本词典选收的科技词较多,约计 18 000 个。

《德语语法手册》,李崇艺编,同济大学出版社 2005 年出版。本书详细讲述了德语语法的语音、语法和句法等内容,包括字母与语音、词、构词法和词类、动词、名词、冠词、代词、形容词等。

网络资源的查找,可利用以下网站

德语世界(http://www.deutschwelt.cn/)

设有德语学习、新闻资讯、德语之声、德语考试、下载中心、欧陆风光、德语论坛栏目,还提供德语在线翻译。

德语德国网站(http://www.dedecn.com/)

德语国家信息交流的综合站点,提供德语学习,资料、考试、留学、娱乐,风俗等信息资料的交流。

中招在线·德语学习(http://www.zhongzhao.com/english/608/index_658.shtml)

设有德语词汇、德语语法、学习方法、德语考试、文学阅读、德语中国、幽默德语、俗语俚语、商务德语、德福专栏。

7.3.2 艺术文献检索

艺术主要包括美术、戏曲、音乐、舞蹈等。查检艺术文献的工具主要有艺术类工具书及各艺术学科资料书。

1. 综合性艺术类工具书

《艺术百科全书》(上、下卷),知识出版社编辑,1993 年出版。本书以《中国大百科全书》各卷有关内容为基础,编选、增删、改编而成,是一部涉及艺术各领域的工具书。

《中国文艺辞典》,孙俍工编,上海书店 1985 年版(据民智书局 1931 年版影印)。收录包括诗词、小说、戏曲、绘画、雕刻、建筑、工艺美术、装饰、音乐作品等方面的内容,是查找文艺资料的大型工具书。书后还附有远古至 1929 年中国文艺年表。

《古代艺术辞典》,温廷宽主编,中国国际广播出版社 1989 年出版。本辞典包括"外国部分"和"中国部分",分音乐、舞蹈、戏剧、绘画、雕塑、工艺、书法等门类,共收录中外艺术词目 4 000 条,按年代先后顺序分项编排。

《中外艺术辞典》,李思德主编,山东文艺出版社 1991 年出版。本辞典共收辞目 6 000 余条,分文学、戏剧、电影、音乐、舞蹈、书法、工艺等 15 类,主要介绍诠释古今中外艺术的名词术语,艺术流派,艺术家生平、作品、艺术特色等。

《东西方艺术辞典》,戚廷贵等主编,吉林教育出版社 1992 年出版。本辞书收集东西方艺术的重要条目 10 000 余条,分编为 6 类,即艺术理论、实用艺术、表情艺术、造型艺术、综合艺术、语言艺术。

《西方现代派文学艺术辞典》,章宏伟主编,社会科学文献出版社 1989 年出版。主要收录西方现代文学、戏曲、绘画、雕塑、建筑、电影、音乐、舞蹈等方面的名词术语、学说、流派、思潮、人物、技巧、社团组织、作品等。

《中国文艺年鉴》,中国文艺年鉴社编,文化艺术出版社 1982 年创刊。本年鉴分特载、文艺记事、文艺百科、中外文化交流等部分,并附有大量图片。其中比较侧重艺术的内容,有戏剧、电影、音乐、舞蹈、美术、曲艺等。本年鉴是逐年反映我国文化艺术状况的资料性工具书。

2. 各艺术专业文献检索

1)美术文献检索

美术是以物质材料为媒介,塑造占据一定空间、具有可视形象以供欣赏的艺术。美术包括绘画、雕塑、工艺美术、建筑艺术、书法和篆刻艺术等,也称"造型艺术"。

《中国美术辞典》,沈柔坚主编,上海辞书出版社 1987 年出版。本辞典分 9 大学科,10 大门类,共收词目约 6 000 条,着重收录美术各门类基础知识,附有彩色及黑白插图 900 多幅。

《中国美术大辞典》,邵洛羊主编。本辞典是在《中国美术辞典》基础上修订、增补、重新编纂而成的。除绘画、版画、书法、篆刻、工艺美术、建筑艺术、陶瓷艺术、青铜艺术和雕刻学科外,增加了"少数民族美术"学科。收录词目 7 100 多条,还增加了 2 150幅彩图。

《中国大百科全书·美术》,中国大百科全书编辑部编,中国大百科全书出版社 1990 年出版。内容包括中外建筑艺术、雕塑、绘画、工艺美术、书法、篆刻等,附插图 2 800余幅。该书集中反映我国美术理论界对美术的认识、评价和最新研究成果。

《西洋美术辞典》,黄才郎主编,外文出版社编辑部编,外文出版社 2002 年版。本辞典中包含艺术运动、思潮、艺术家传略、画派、技法用语、画材用语、主题及题材用语共 1 800 余条,按字母顺序混合出现,主要以《艺术与艺术家辞典》四次修订版的内容为主。

《中国美术全集》,人民美术出版社等出版,是我国五千年美术精品的总汇。分绘画、雕刻、工艺美术、建筑艺术和书法篆刻五大类,各类又按年代或专题分册。

《中外美术史大事对照年表》,奚传绩编,江苏美术出版社 1998 年版,列举中外美术大事,涉及绘画、雕刻、建筑、工艺美术等领域、反映公元前 2000—公元 1917 年的资料。

《中国美术家人名辞典》,俞剑华编,上海人民美术出版社 1981 年出版,1985 年出版修订本。本辞典收录历代画家、书法家、篆刻家、雕塑家、建筑家以及各种工艺美术家简介等,共收词目约 3 000 条。

《中国民间美术辞典》,张道一主编,江苏美术出版社 2001 年出版。本辞典共收词目 4 300 多条,包括民间美术的理论、历史、知识、技艺和鉴赏;有些内容涉及艺术学、民俗学、社会学、人类学、民族学和文物、考古、宗教等。

2) 戏剧文献检索

《中国大百科全书·戏剧卷》、《中国大百科全书·戏曲曲艺卷》,均由中国大百科全书出版社编辑部编,中国大百科全书出版社分别于 1989 年、1983 年版。前者包括戏剧理论、戏剧文学、中外戏剧艺术等内容,后者主要包括中国戏曲史、戏曲文学理论、戏曲艺术、各剧种、曲种、戏曲音乐、表演、导演等内容,是了解中国戏剧、曲艺的权威工具书。

《中国戏曲曲艺词典》,上海艺术研究所、中国戏剧家协会上海分会合编,上海辞书出版社 1981 年版。本词典共收词目 5 636 条,分总类,戏曲名词术语,戏曲作品、论著、刊物,曲艺名词术语,曲艺四种,曲艺作家、理论家、演员、团体,曲艺作品论著 9 个门类,是一部中型的专科辞典。

《中国戏曲电影辞典》,北京广播学院出版社 1992 年出版。本辞典收入词目 7 000余条,是电影与戏曲合编而成的大型工具书。

《中国古典戏曲论著集成(全 10 册)》,中国戏曲研究院编校,中国戏剧出版社

1959年版，1980年重印，收录唐宋元明清五代古典戏曲论著48种，对研究戏曲史很有参考价值。

《古典戏曲存目汇考(全3册)》，庄一拂著，上海古籍出版社1983年出版。收入宋元以来戏文320余种，杂剧1 830种，传奇2 590种。

《中国戏剧年鉴》，中国戏剧出版社1982年出版，按年度刊载全国戏剧界动态。

3) 影视文献检索

《中国大百科全书·电影》，中国大百科全书编委会编，中国大百科全书出版社1991年出版。该书是我国有关影视知识最权威的大型工具书。全书共收词目1 470条，全面介绍了电影的特性、诞生、发展过程，尤其详细介绍了中国电影80余年走过的历程。书中还介绍了大量电影艺术、电影技术理论知识以及中外许多优秀影片、著名导演、影星、电影节等方面的知识。

《电影艺术词典》(修订版)，许南明、富澜、崔君衍主编，中国电影出版社2005年出版。本词典共收词条2 070条，约80万字，条目按电影艺术各专科分类排列，涵盖电影艺术所涉及的基本概念、重要理论、主要流派及各专业名词术语。

《电影电视辞典》，朱玛主编，四川科学技术出版社1989年出版。本辞典收词目7 009条，分名词术语、电影电视学、中外电影人物三部分，是我国第一部全面介绍影视知识的大型综合性辞典。

《中国电影年鉴》，中国电影家协会编，中国电影出版社1981年创刊，主要介绍上一年度各类电影活动情况、经验总结、影片目录、论文资料等。

4) 音乐文献检索

《简明音乐辞典》，黑龙江人民出版社1985年出版。本辞典收词目近3 000条，包括一般音乐名词术语、乐器、音乐作品及论著、音乐设施和表演团体、音乐家等。

《中国音乐辞典》，缪天瑞等主编，人民音乐出版社1984年出版。本辞典收词目3 560条，包括乐律学、创作与表演术语、机构、人物、书刊以及声乐器乐、歌舞音乐、戏曲音乐、说唱音乐、作品等，是一部大型的音乐辞典。

《音乐术语对照词典》，罗伯托·勃拉奇尼编著，朱建、饶文心译，上海音乐出版社2007年出版。本书是以意大利文、英文、中文、德文、法文五个语种相对照的音乐术语词典，内容包括:表情用语和速度、力度术语、乐器名称、演奏技法、通俗音乐、电子音乐词条，以及各种音乐曲式体裁、舞蹈名称等，并附一百部重要名作的各语种称呼。

《中国音乐期刊目录(1908—1965)》，中国音乐研究所1982年编印。收录本时期内出版的音乐期刊、报纸的音乐副刊400余种，是研究近代文艺和近代音乐的必备工具书。

《中国音乐年鉴》，中国艺术研究院音乐研究所编，文化艺术出版社1987年版，是一种汇集音乐学术资料的工具书。

《外国著名音乐表演艺术家辞典》，陈建华编，上海音乐出版社1999年出版。本辞典共收外国著名音乐表演家 4 280 人，所设艺科范围为歌唱家、演奏家、指挥家。词条一般只取姓氏立目，正文内容为：中译名、西文名、生卒时间、从艺经历。一般只作客观介绍，不作描述性评价。词目排列以姓氏拉丁字母为序，第一字母相同者，以第二字母为序，以此类推。书中涉及的历史年份一律用公元纪年。书后附有分类索引，以便读者查找。

5）舞蹈文献检索

《舞蹈小辞典》，吕芸生编，中国舞蹈家协会黑龙江分会编印。

《舞蹈知识手册》，隆荫培、徐尔充、欧建平编著，上海音乐出版社 1999 年出版，2003 年重印。本书分舞蹈艺术基本知识、中国舞蹈基本知识、中国优秀舞蹈、舞剧作品欣赏、芭蕾基本知识、现代舞蹈基本知识、外国优秀舞蹈、舞剧作品欣赏六部分。

利用艺术专业网络信息资源，可查：

International Index To The Performing Arts Full Text（国际表演艺术期刊索引与全文数据库）（网络版）

目前世界上在表演艺术领域收录信息最全面、覆盖学科最广泛的数据库。收录期刊范围广泛，涉及舞蹈、电影、戏剧、音乐剧、电影艺术等。

International Index To Music Periodicals Full Text（国际音乐期刊索引与全文数据库）（网络版）

收入丰富的音乐信息资源，内容包括当代出版的最重要的学术及流行音乐期刊的索引、摘要和精选出来的全文。

其他网络资源还有：

中国美术信息服务系统（http://www.seu.edu.cn/art/ar.htm）

由东南大学艺术学系和信息中心联合完成，系统主要包括：中国各地民间美术分类介绍、中国民间美术作者与研究者介绍、中国民间美术专著与论文索引、中国民间工艺杂志索引。

亚洲艺术文献库（http://www.aaa.org.hk）

建立于 2000 年，是香港首间专门收集亚洲当代艺术资料的非赢利机构，网站收集、整理和编藏与艺术相关的出版文献和影音资料。

故宫在线（http://www.airiti.com/npmoln）

该网站数据库内容包括绘画、书法、陶瓷等。有文物简介、艺术年表、书画家名录栏目。

中华美术网（http://www.ieshu.com）

美术门户网站，站内设有美术新闻、精品文粹、美术全集、美术院校、美术馆、美术论坛等 26 个栏目。

音乐数据库检索系统（http://202.120.13.26/music.htm）

该系统收集了一些著名的音乐家演奏的乐曲，通过本数据库可得到这些音乐家的生平介绍、演奏的乐曲简介，并通过 MP3 播放器播放他们所演奏的乐曲。您可通过传统的检索途径，如音乐家名、曲名、作曲家、生平介绍等进行全文检索，得到相应乐曲。

7.4　史地文献信息检索

7.4.1　历史文献检索

历史学是一门关于人类社会以往运动发展过程的学科，主要包括历史专业名词术语、历史事件、历史地理、考古资料、古迹资料及历史学研究资料等。

1. 综合性历史类工具书

《中国大百科全书》中有《中国历史 · 秦汉史卷》、《中国历史 · 辽宋西夏金史卷》、《中国历史 · 元史卷》、《考古卷》、《外国历史卷》等，可供参考。

《中国历史大辞典》，中国历史大辞典编委会编，上海辞书出版社 1983 年出版，是我国第一部大型的中国历史辞典，收录从远古时代至辛亥革命期间有关词目 5 万余条，全书共 14 卷，分断代史和专门史。

《中国历史辞典》，张作耀等主编，文化艺术出版社 1991 年出版。本辞典收词上自古人类和远古文化，下迄中华人民共和国成立之前，内容包括各个时代重要历史人物、历史事件、政治、经济、军事、文化、民族以及文物考古等，共收词目 9 744 条。

《二十六史大辞典》，戴逸总主编，吉林人民出版社 1993 年出版。分 3 册，第 1 册为事件卷，介绍历代社会各种矛盾冲突，政治经济制度等；第 2 册为典章制度卷，涉及礼制、职官、食货、选举、刑法、兵制、典籍等；第 3 册为人物卷，全书以二十六史所载为依据，收词条逾 60 000。

《中国近现代史大典》，刘和平主编，中国近现代史大典编委会编，中共党史出版社 1992 年版。本书分上、下册，共选收 1840—1949 年新中国成立年间的重大历史事件、历史人物、社团组织等词目 12 480 条，分政治、经济、军事、法律、文学艺术、民族、宗教等 13 类。

《20 世纪历史词典》，阿兰 · 帕尔默著，郭建等译，社会科学文献出版社 1988 年出版。这是一部学术价值与普及意义兼备的历史专业辞典。

《世界史百科全书》(An Encyclopedia of World History, 5th. Ed. Boston: Houghton Mifflin, 1972)，是美国出版的查检世界通史的百科全书，分 8 个历史时期：史前、古代、中世纪、近代、现代、一战、二战及以后。最近时期分国际及地区编年记叙历史事件、人物、文化成就、科学进展、社会运动等。

《八十年来史学书目 1900—1980》，中国社会科学院历史研究所编，中国社会科学出版社 1984 年出版。共收录史学著作 12 400 种，是一部较为完备的史学书目，分上、下篇。上篇是史学理论和历史研究法，中国史、世界史、考古学和物质文化史、综合参考；下篇分经济史、政治史、军事史、农民战争史、民族史、宗教史、学术思想史、文化史、艺术史、教育史等十多个学科的史学书目。

《中国古代史参考书目(1949—1973)》，复旦大学图书馆、历史系合编，1973 年编印。收录中国古代史图书 2 000 余种，是一部中国古代史的专题书目。

《中国近代史论著目录(1949—1979)》，复旦大学历史系资料室编，上海人民出版社 1980 年出版。全书分 3 部分：一是报刊论文资料索引，二是论文集篇目索引，三是书目。收录图书 1 200 余种。这是一部查找建国后有关中国近代史专著、论文的重要工具书。

2. 历史文献检索

1) 历史人物检索

《中国人名大辞典》，臧励和等编，商务印书馆 1921 年出版，上海书店 1980 年复印版。本书始于太古，迄于清末，凡古文献所提及之人物，均在网罗之列，实为很有用工具书之一。又有新编《中国人名大辞典》问世、可资利用。

《中国历史人物辞典》，吴海林、李延沛编，黑龙江人民出版社 1983 年出版。

《中国近现代人名大辞典》，李盛闰主编，中国国际广播出版社 1989 年出版。本书选录了 1840—1988 年在中国近现代史上起过一定作用或有一定影响的已故历史人物 10 750 人。

《中国人物年鉴》，李方诗等主编，中国人物年鉴社 1989 年出版。本书是介绍每年度我国各方面著名人物活动、贡献及其生平的大型工具书。

2) 历史年代检索

《中国历史年代简表》，文物出版社 1973 年编辑出版，重印多次。本书分“年代简表”和“年号通检”两部分，“年代简表”以朝代为顺序，列出公元纪年、干支纪年、帝王称号、年号纪年；“年号通检”以历代年号编成索引，按首字的笔画多少排列。

《中国历史纪年表》，方诗铭编，上海辞书出版社 1980 年版，上起公元前 841 年西周共和元年，下至公元 1949 年中华人民共和国成立，按朝代顺序分 15 个纪年表，逐年详列公元、干支纪年及各朝代的年号，使用方便。

《中外历史年表》(上、下册)，翦伯赞主编，三联书店 1958 年出版，中华书局 1961 年新版。上册：公元前 4500—公元 1918 年；下册：公元 1919—1957 年。该书编辑体例以公元纪年为纲，按照年代顺序，显示中外历史事件在发展过程中的脉络，是一部较好的工具书。

7.4.2　地理文献检索

地理学是研究地球表面各种自然状况和社会经济发展状况的一门基础学科。

1. 查地理学文献

《中国大百科全书·地理卷》，是全面反映中国地理学理论、地理资源、地理文献、地理知识的百科全书。《地理卷》又分自然地理、人文地理、经济地理等各卷，内容十分丰富，可供学习者、研究者参考使用。

《现代地理学辞典》，左大康主编，商务印书馆 1990 年版。该辞典收录词目 2 726 条，分总类，自然地理，人文地理和经济地理，地图学、遥感及信息系统四大类编排。

《人文地理学词典》，宋家泰、金其铭主编，湖北教育出版社 1990 年版。本词典共收词目 2 089 条，包括人文地理学基本理论、农业地理、工业地理、能源地理、交通运输地理、商业地理、外贸地理、人口地理、人文地理著作、中国和外国人文地理学家等 24 个类别。

《地理名词术语》，内蒙古教育出版社地理组编，内蒙古教育出版社 1988 年出版。收录有关地质、地理等专业名词术语 6 000 余条。内容涉及地球概论、天文学、地貌学、地质学、气象与气候学、遥感卫星照片、计量地理、中外自然地理、综合自然地理、经济地理、人文地理、地理教学法等。

《中国历史地理学论著索引》，杜瑜、朱玲玲编，书目文献出版社 1986 年出版。收录论文 15 000 余篇，著作 2 600 余种，包括港、台地区的有关论著。另外还收入日本学者论文 3 000 余篇，著作 500 余种。书后附有 1981—1982 年论著索引，收录论文篇目 2 000 余条，论著 200 余种。这是一部收录历史地理学论著较为详尽的大型工具书。

《地理文摘》，上海教育学院本刊编辑部编，1982 年创刊，主要选摘国内报刊有关经济地理的论文资料，对了解我国经济地理的研究概况很有帮助。

《国外地理文摘》，中国科学院地理情报网本刊编辑部编辑出版，1983 年创刊，这是我国检索国外地理学论著的大型情报刊物。

2. 查古今中外地名文献

《中国地名词典》，中国社科院民族研究所等编，上海辞书出版社 1990 年出版。本书共收录我国地名 21 240 条，以今地名为主，包括省、自治区、直辖市，各省（区）市、县及山脉、河流、湖泊、海湾、岛屿、岬角、地形区、关隘、山口、交通、水利等，行政区划及人口数的材料一般截至 1988 年，镇人口为 1984 年度资料。

《中国历史地名大辞典》，魏嵩山主编，广东教育出版社 1995 年出版。该书收录历史地名约 9 万余条，所收地名以我国文献记载为准，上起远古，止于 1949 年。释文中的今地名以 1990 年我国行政区划为准。卷前有“首字笔画”检字表，卷末有“音序索引”。

《世界地名词典》,中国科学院地理研究所等编,上海辞书出版社 1981 年出版,收录除中国外世界各国地名,包括大洲、大洋、国家、地区、首都、首府、大行政区、城市、山脉、河流、湖泊、港湾、岛屿、名胜古迹、著名建筑,以及历史上发生的大事件10 000 余条。

《世界地名手册》(中外文对照),张祖光主编,安徽科学技术出版社 2002 年出版。本书正文有约 43 000 个地名,均为国际通行的标准地名。本书涉及几十种外文和大量自然与人文地理资讯,对其中不易理解之处,有 300 多条注释加以说明。

3. 查地图文献

《泰晤士世界历史地图集》(The Times Atlas of World History),该地图集是大型世界地图集,1978 年出版,三联书店 1982 年出版中文版。全书约 600 幅彩色地图,120 多篇文字论述。卷前有世界大事年表,卷末附专题汇编和地名索引。

《中国历史地图集》,谭其骧主编,地图出版社 1982 年出版。这是一本具有权威性的中国历史地图集,反映 1840 年以前中国各历史时期的行政设置变迁和部族分布。全集分 8 册,每册后附《地名索引》,共收录图组 20 个,地图 304 幅,地名70 000 个。该书的修订本注重吸收近年的考古发现和学术研究的新成果,订正不少错误。

《中华人民共和国地图集》(新世纪版),马晓春、姚杰主编,总参谋部测绘局编制,星球地图出版社 2006 年版。本书由序图、省区图和附录组成。序图对全书起导读作用,反映我国自然、人文、社会和经济的概貌;省区图为图集的主体,内容包括省区略图、文字说明、省区地理图、大中城市平面图,重点介绍了该省区的行政区划、居民分布、交通状况、旅游资源、水系地貌等信息。

《世界地图集》(新世纪版),马晓春、姚杰主编,总参谋部测绘局编制,星球地图出版社 2006 年版。本图集设置了序图、洲图、洋图、地区图、分国图、城市图、文字说明,以及主要城市名称索引等内容。

《国际在版地图、地图集》(International Maps and Atlases in Print),出版于 1974 年。第二版收录约 1 000 多家世界各国官方和商业出版社在版地图和地图集约 15 000 种;按洲和国家为单位编排,分道路、政治、地形、历史、城市、行政区划、自然和地质特征、资源、生物地理、气候、人文地理、经济等各种地图。书后附有多幅表示地图类出版物状态的指示图,并附有地图索引。该书中空间、月球、行星、星云地图集是非常有价值的资料。

4. 电子地理资源的利用

1)《中国地图集》(光盘版)

以中国地图出版社的权威资料为基础,包含 1997 年最新审定的各省、区、市和著名风景旅游区的电子地图。读者可以在计算机上操作,由面到点,浏览中国政区、民族分布、中国地形、交通、文化古迹、风景名胜、土特产、工艺美术等专题电子地图共计

260 余幅，以及其相应的文字和音乐。其中各省市区点均有详细的文字介绍，具有快速缩放、移动、漫游、浏览、索引、打印等十几种功能。

2)《中国地理知识大观》(光盘版)

介绍中国疆域、行政区划、人口和民族、地形、天气和气候、河流和湖泊、自然资源、交通、商业、旅游业等各方面的情况。

3)《世界地理知识大观》(光盘版)

包含 30 多万字世界各国地理知识介绍、125 幅世界各国地图、850 张各国风光照片。

网络资源的查找，可利用：

中国国家地理中文网(http://www.cng.com.cn/)

网站设四大板块：新闻频道、文摘频道、地理论坛、地理商城。新闻频道主要报道地理科学类国内外动态；文摘频道设地理博览、地域文化、文明之旅、聚焦生态、图片故事和 50 年《地理知识》精彩回顾 6 个主题栏目，以及网友文集和 1 个互动栏目。

地理频道(http://www.dlpd.com/Index.html)

中国地理学会地理科普教育专业网，包括地理科普、地理教学、地理资源。

思考与训练

1. 试用不同的检索途径查找“犯罪中止”和“犯罪既遂”的意思。

2. 试运用本章介绍的检索工具，查找您所学专业的信息，说说哪种工具更适合您，请说明原因。试想一想是否还有更好的检索方式。

第8章　科学技术文献信息检索

科学技术文献是记录科学技术方面的事实、数据、理论、定义、方法、科学构思和假设知识的载体，如图书、期刊、报告、专刊等。当今世界各国实力的差距，归根到底是科学技术的差距。掌握科学技术很重要的一环就是懂得如何获取科技文献信息。对于一个科技工作者来说，从事科研课题之初必须进行文献调研，这种文献调研就包括对科技文献的存储和检索。本章主要介绍利用工具书及网络工具进行生物医药、轻纺与食品、环境科学、信息工程、机械制造等方面文献检索。

8.1　生物和医药文献信息检索

8.1.1　生物和医药文献中文检索工具

在第四版的《中文核心期刊要目总览》中，生物科学方面的核心期刊有44种，医药卫生方面的核心期刊共有187种。要有效地利用这些期刊论文资料，必须掌握印刷版和电子版的期刊论文检索工具。

1.《中国药学文摘》及其文献数据库(http://159.226.218.2/demo/trip.html)

《中国药学文摘》是由国家食品药品监督管理局主管，国家食品药品监督管理局信息中心主办，国内外公开发行的医药专业检索期刊，是国内药学期刊中唯一的综合性文摘类刊物。《中国药学文摘》始创于1983年，创刊20多年来累计收载医药文献约460 000条，并以每年30 000多条数据递增；收载国内外公开发行的700余种药学、医学、植物学、动物学、生物学、化学及其他与药学相关的学科期刊中的精粹文献；以文摘、简介、题录等形式及时、准确、全面地报道药学领域的新知识、新技术、新进展、新药物；在国内医药界发行量较大，具有极高的权威性和广泛的覆盖面，并多次获得国家重点期刊和科技检索期刊奖项。

《中国药学文摘》数据库内容包括1982年至今国、内外公开发行的700余种医药学及相关学科期刊中的药学文献，以文摘、简介等形式报道，内容涵盖药学各个领域。

目前该数据库有电子版和网络版两种形式。《中国药学文献》数据库是我国唯一的中西药学文献大型检索和查询系统。

2.《中国医学文摘》

《中国医学文摘》是由中华人民共和国卫生部医学情报管理委员会主管的医学系列文摘刊物，摘录国内国家级、省级公开发行的医药卫生期刊、医学院校学报、科研单位编辑出版的定期刊物，分 18 个分册，每个分册由国内不同单位负责出版发行，各分册出版频率不尽相同，具体如表 8-1 所示。

表 8-1　中国医学文摘 18 分册

分册名称	编辑单位	说明
《中国医学文摘　中医》	中医研究院编辑	双月刊
《中国医学文摘　内科学》	广西医学情报所编辑	双月刊
《中国医学文摘　外科学》	江苏省医学情报所编辑	双月刊
《中国医学文摘　计划生育妇产科学》	四川省医学情报所编辑	季刊
《中国医学文摘　儿科学》	辽宁省医学情报研究所编辑	季刊
《中国医学文摘　肿瘤学》	广西医学院附属医院编辑	双月刊
《中国医学文摘　卫生学》	中国预防医学中心卫生研究所编辑	双月刊
《中国医学文摘　基础医学》	上海第一医学院编辑	双月刊
《中国医学文摘　眼科学》	北京市眼科研究所编辑	季刊
《中国医学文摘　皮肤科学》	西安医科大学编辑	双月刊
《中国医学文摘　检验与临床》	同济医学院图书馆、附属协和医院等单位编辑	双月刊
《中国医学文摘　放射诊断》	华中科技大学同济医学院编辑	季刊
《中国医学文摘　口腔医学》	南京医科大学口腔医学编辑	季刊
《中国医学文摘　耳鼻咽喉科学》	北京市耳鼻咽喉科研所编辑	双月刊
《中国医学文摘　护理学》	武汉市医学科学研究所编辑	双月刊
《中国医学文摘　老年学》	广西壮族自治区人民医院编辑	季刊
《中国医学文摘　内科学》英文版	南京铁道医学院主编	季刊
《中国医学文摘　外科学》英文版	上海铁道大学编辑	季刊

该系列刊物比较全面地收集了国内医学方面的相关文献，反应了国内最新的医学研究成果。各分册均分为正文和索引两部分，年终编写“医学主题词索引”和“作者索引”。

3.《中国生物学文摘》

《中国生物学文摘》于 1987 年创刊，月刊，由中国科学院文献情报中心，中国科学院上海情报中心和中国科学院文献情报网主办，收录国内（含港、台地区）公开发行的生物学方面的期刊论文、专著、会议录和我国科技人员（含港、台地区学者）在国外出版物上发表的论文。其学科范围主要是：普通生物学、细胞学、遗传学、生理学、生物化学、生物物理学、分子生物学、生态学、古生物学、病毒学、微生物学、免疫学、植物学、动物学、昆虫学、人类学、生物工程、药理学以及与生物学交叉、相关的技术领域。

《中国生物学文摘》采用"中国图书资料分类法"分类。每年报道文献 9 000 条左右，并有期主题索引和年度著者、主题索引，除纸质版外，也发行《中国生物学文献数据库》(CBA)光盘版。

4.《中文科技资料目录》的医药卫生及中草药分册

《中文科技资料目录（医药卫生）》是由中国医学科学院医学情报所编的国家级综合性医药卫生类学术刊物，从 1978 年起作为全国统一协调的中文科技文献检索系列刊《中文科技资料目录》的一个分册。2007 年 5 月起正式更名为《中国现代医生》，每月出版 3 期。本刊为旬刊，国内外公开发行。其主要登载国内外广大医疗、教学、科研和管理工作者在医药科研领域中所取得的新理论、新成果、新经验、新技术、新方法，主要栏目设有：专家述评、论著、基础医学、临床研究、预防医学、药物与临床、技术方法、经验交流、个案报道等。

《中文科技资料目录（中草药）》于 1978 年创刊，是全国科技信息检索体系期刊之一。原由湖南医药工业研究所负责编辑，现改由天津药物研究院、中国药学会主办。本刊为双月刊，收录国内公开和内部的医药期刊，包括部分医学院、中医学院的学报以及国内的医药会议文献、医药汇编资料的题录。其内容有中医基础理论，中医临床，中西医结合；中药药材学，中草药学，方论，方歌；药材志，药剂学，药理学；药品，各系统疾病用药的临床研究等。本刊每年单独出版年度累积主题索引。

5.《医学论文累积索引》

《医学论文累积索引》由南京医学院图书馆编，于 1984 年开始出版。这是检索建国后 30 年国内医学期刊论文的大型工具书，摘有 1949—1979 年底国内公开及内部出版的医学期刊（包括英文版）、有连续刊号的医学资料及自然科学期刊中有关医药卫生的重要医学文献，包括党和政府的方针、政策，医学论著综述，临床病例报告，书评，经验介绍等。但不收录译文、文摘、消息、动态、医学通讯、科普、卫生宣传等材料。

该索引有卫生学、基础医学、诊断学、护理学、中医学、内科学、外科学、妇产科学、肿瘤学、皮肤科学、五官科学、药学等分册以及总索引。各分册仅以主题途径提供检索，在总索引中增加分类辅助索引，每一条题录按文献内容标引一个或几个主题词，标引用词根据《汉语主题词表》。

6.《国外科技资料目录(医药卫生分册)》

《国外科技资料目录(医药卫生分册)》简称《外目:医》,是由卫生部主管,中国医学科学院主办,中国医学科学院医学信息研究所编辑、出版并发行;是《国外科技资料目录》刊物 39 个分册中的一个分册,月刊;是我国出版的用中文查出国外医学文献主要的题录性检索工具,收录英、法、德、俄、日五种中医学期刊及特种出版物 614 种(1999 年),其中有 200 种 WHO 推荐的核心期刊。该刊收编文献类型齐全,学科覆盖面广。其内容涉及生物医学、药学及相关交叉学科。其内容按《中国图书资料分类法》R 类(医药卫生)分类编排。2000 年该刊光盘版已开发出版。

此外,还可利用《全国报刊索引》等综合性工具查找医学、生物学方面的文献。

8.1.2　生物医药外文检索工具

1. 生物医学外文数据库

1) Kluwer Online Journals(http://www.springerlink.com/home/main.mpx)

荷兰 Kluwer Academic Publisher 是具有国际性声誉的学术出版商,它出版的图书、期刊一向品质较高,备受专家和学者的信赖和赞誉。Kluwer Online 是 Kluwer 期刊的网络版,专门基于互联网提供 Kluwer 电子期刊的查询、阅览服务。2005 年 Kluwer 已被 Springer 公司合并,可通过 Springer 国际网站查阅 Kluwer 的所有电子期刊。网站主题包括自然科学、社会科学各学科,时间范围各刊年限不一,最早年份为 1987 年。到 2005 年 9 月为止,Kluwer Online 共收录期刊 805 种,覆盖学科 24 个,其中生物学期刊有 121 种,医学有 112 种。

2) John Wiley 电子期刊数据库(http://www.interscience.wiley.com/)

John Wiley & Sons Inc. 是有 200 年历史的国际知名专业出版机构,在化学、生命科学、医学以及工程技术等领域所出版的学术文献颇具权威性。该出版社期刊的学术质量很高,拥有众多的国际权威学会会刊和推荐出版物,是相关学科的核心资料,其中被 SCI 收录的核心刊达 250 种以上。Wiley InterScience 是其综合性的网络出版及服务平台,在该平台上提供全文电子期刊、电子图书和电子参考工具书的服务。目前 John Wiley 共有 784 种电子期刊,在 1997 年就将期刊电子化,通过 Wiley Interscience(WIS)这个平台提供全文在线期刊的访问,目前在线期刊已达到 690 种。它主要提供了包括:化学化工、生命科学、医学、高分子及材料学、工程学、数学及统计学、物理及天文学、地球及环境科学、计算机科学、工商管理、法律、教育学、心理学、社会学等 14 个学科领域的学术出版物。

3) 荷兰《医学文摘》(EM)及 EMBASE(www.embase.com)

《医学文摘》(Excerpta Medica,简称 EM),创刊于 1947 年,原由国际性非赢利机构"医学文摘基金会"(The Excerpta Medica Fundation)编辑出版,1972 年后,改由荷兰阿姆斯特丹的爱尔泽维科学出版社(Elsevier Science B. V., Amsterdam, The Netherlands.)编辑出版。EM 是一套大型文摘型医学检索刊物,包括文摘杂志(EM Abstract Journals)和文献索引(EM Literature Indexes)。EM 是当前世界上较权威的医学文献检索工具之一。

EM 按医学专科划分为分册(Section)单独出版,每个分册有一个数字代号和分册名,如 Section 16 Cancer 等。EM 的文摘摘自全世界 110 多个国家和地区的生物医学和医学相关的期刊 5 400 余种,涉及临床医学、药物和制药科学、基础生物医学以及卫生学等方面的内容。对文摘的重点内容,如原理、数据、方法、结论等均作了摘录,特别适合临床医生和教学科研人员使用。其年摘录量约为 400 000 条。

早在 1947 年,EM 就进入了计算机检索系统,如 Dialog,称为 EMBASE(EM 数据库),可通过国际联机终端进行检索。由于利用电子计算机编制文摘,大大缩短了出版周期,现平均周期为半年左右。近年来 EM 又出版了 17 个学科的光盘版本(Excerpta Medica CD-ROM Series)。

4) 美国《生物学文摘》(BA)及 BIOSIS Previews

《生物学文摘》(Biological Abstracts,简称 BA),创刊于 1926 年,由美国生物科学情报服务社(BioScience Information Service,BIOSIS)编辑出版。收录了世界 110 多个国家和地区 20 多种文字的 9 000 余种期刊的论文,以及少量的专题论文、学位论文、科技报告和专著等,其重点放在生命体鉴别、内部过程与环境的相互作用及其应用等方面。BA 除了涉及动物学、植物学和微生物学等领域外,还包括生物医学工程及仪器等一些边缘学科和相关领域。医学方面侧重于基础研究,是目前世界上生命科学领域的大型文摘检索工具。

BA 除有印刷版外,还有光盘版(BA CD)和网络版数据库(BIOSIS Previews,简称 BP)。

5) 美国《化学文摘》(CA)及 CA on CD(http://info.cas.org)

《化学文摘》(Chemical Abstracts,简称 CA),创刊于 1907 年,由美国化学文摘服务社(Chemical Abstracts Service,简称 CAS)编辑出版。

CA 是涉及学科领域最广、收集文献类型最全、提供检索途径最多、部卷最庞大的一部著名的世界性检索工具,被称为“世界化学化工文献的钥匙”。它收录了世界上 150 多个国家、56 种文字出版的 16 000 种科技期刊、科技报告、会议论文、学位论文、资料汇编、技术报告、新书及视听资料,还收录了 30 个国家和 2 个国际组织的专利文献。其收录的文献占世界化学化工文献总量的 98%,学科范围包括化学化工、生物、医学、药学、轻工、冶金、天体、物理等。

生命科学是 CA 收录的重点;收录的生物医学文献占每期总文献量的 1/3 以上;摘录的 1 000 种核心期刊中,医药卫生相关期刊占 1/3,WTO 推荐的 198 种核心期刊中,CA 收录了其中的 187 种;7 000 余个主题词中,生物医学的主题词有 2 000

余个。

CA 的光盘版又称 CA on CD,1996 年由 CAS 编辑出版,内容对应于印刷版《化学文摘》。利用先进的计算机检索技术,研究人员可以方便、快速地从数百万条专利、期刊信息中获得所需信息。

6) 美国《医学索引》(IM)及 MEDLINE(http://medlineplus.gov/)

《医学索引》(Index Medicus,简称 IM),创刊于 1879 年,由美国国立医学图书馆(The National Library of Medicine,简称 NLM)编辑出版,是当前世界上最常用的综合性题录型生物医学文献检索工具。它具有收录范围广、内容全面、质量高、报道速度快、编制简单、查找方便等特点,是我国生物医学研究人员非常熟悉的一个国外检索工具。

MEDLINE 是 Index Medicus 的联机检索光盘版,其数据来自于 IM 以及美国出版的《牙科文献索引》(Index to Dental Literature)和《国际护理学索引》(International Nursing Index),还增加了一些其他专门数据库(如 Health STAR)中收录的文献,内容涉及临床医学、基础医学、护理学、牙科学、兽医学、药理学、环境和公共卫生、营养卫生学、毒理学等专业。

MEDLINE 是 MEDLARS 的 40 种数据库(包括 BIOETHICSLINE, HISTLINE, AIDSLINE, SPACELINE 等)中规模最大、权威性最高的生物医学文献数据库,收录了 1966 年至今的 1 500 万条记录,每月平均入库记录近 40 000 条。MEDLINE 收录的期刊已超过 5 000 种,90%的原文为英文,78%的记录有文摘。网上 MEDLINE 的数据每周更新,光盘数据每月更新。

7) 美国《科学引文索引》(SCI)及 Web of Science(http://www.thomsonscientific.com.cn)

《科学引文索引》(Science Citation Index,简称 SCI),是一种反映文献间引证关系的大型综合性检索工具(见本书第 3 章介绍)。其中有生命学科、医学、农业、生物、化学等内容,医学是其重要报道内容,医学期刊占所有期刊的 40%,侧重于医学基础学科的病理学和分子生物学。

2. 生物医药专业数据库

1) 中文生物医学期刊数据库(CMCC)(http://www.cmcc.org.cn/)

中文生物医学期刊数据库收录中文期刊 1 660 余种,外文期刊 2 150 余种。目前该库的数据范围是 1994 年起至今,数据库更新速度快,使用简单。该库由解放军医学图书馆数据库研究与开发部研发,该部除研发 CMCC 外,还有《中国医学学术会议论文数据库(CMAC)》、《中国生物医学期刊引文数据库(CMCI)》等。

2) 中国生物医学文献数据库(CBMdisc)(http://www.imicams.ac.cn/cbm/)

中国生物医学文献光盘数据库是中国医学科学院医学信息研究所开发研制的综合性医学文献数据库。该数据库收录了 1978 年至今超过 1 600 多种中国期刊,以及汇编、会议论文的文献题录，总计 370 万条。此外，研究所还开发有协和医科大学博硕学位论文库以及《中文医学主题词表》。

中国生物医学文献光盘数据库的收录范围涉及基础医学、临床医学、预防医学、药学、中医学及中药学等生物医学的各个领域。

3) NLM-Bookshelf (http://www.ncbi.nlm.nih.gov)

美国国立医学图书馆(NLM)于 1988 年 11 月 4 日建立国家生物技术信息中心(National Center of Biotechnology Information，简称 NCBI)，为储存和分析分子生物学、生物化学、遗传学知识创建自动化系统；从事研究基于计算机信息处理过程的高级方法，用于分析生物学上重要的分子和化合物的结构与功能；促进生物学研究人员和医护人员应用数据库和软件；努力协作以获取世界范围内的生物技术信息。

4) BioMedNet-BookShop (http://www.bmn.com)

其主页如图 8-1 所示，它是世界上著名医学、生命科学数据库。但该网站已在 2004 年 6 月 30 日结束，现在从网站主页上还可以链接到相关的资源数据库，如 ScienceDirect 等。

5) FreeMedical Journals (www.freemedicaljournals.com)

该网站的数据库服务商是 Flying Publisher，由德国内科医生 Bernd Sebastian Kamps 于 2000 年创建，主要提供网上免费医学期刊目录，现已收集 430 余种免费医学期刊，包括英文、法文、德文、西班牙文等多语种，同一文种下按刊名字母顺序查找。另外，Flying Publisher 还同时提供网上免费的医学图书目录，同样是由 Bernd Sebastian Kamps 于 2004 年创建，现收集有图书 650 余种。

6) High Wire Press (http://highwire.stanford.edu/)

High Wire Press 是全球最大的提供免费自然科学文献全文的网站之一，由斯坦福大学图书馆 1995 年建立。最初仅出版著名的周刊 Journal of Biological Chemistry，目前已收录电子期刊 1 169 多种，文章总数已达 430 多万篇，其中超过 170 多万篇文章可免费获得全文，这些数据仍在不断增加。其收录的期刊覆盖生命科学、医学、物理学、社会科学等学科。

High Wire Press 提供三种免费方式：Free Issues、Free Site 及 Free Trial。其中 Free Issues 表示在某个时间之前的所有文献全文均为免费的，目前有 243 种期刊提供这种免费方式；Free Site 则是表示该出版物的所有文献均完全免费提供全文，目前有 43 种期刊提供这种免费方式；Free Trial 表示在限定的时间内，所有文献可免费试用，目前有 13 种期刊提供这种免费方式。通过 High Wire Press 还可以检索 Medline 收录的 4 500 种期刊中的 1 200 多万篇文章，可看到文摘题录。

7) ProQuest Medical Library 全文数据库(PML)

ProQuest 全称 ProQuest Online，原名 ProQuest Direst，是美国 ProQuest Information and Learing 公司(原名 UMI 公司)推出的网上全文数据库检索系统，目前有

Related resources from Elsevier

Elsevier
Information on all Elsevier books, journals, electronic products, bibliographic databses, and newsletters, plus subject news and events.

ScienceDirect
Full text of the articles hosted on Elsevier's life science gateways is hosted by ScienceDirect* - the world's largest full text database with over 1800 titles, including an extensive backfiles programme, containing over 3 million articles.

SCIrUS
www.scirus.com

Scirus
Scirus is the most comprehensive science-specific search engine on the Internet. Driven by the latest search engine technology, Scirus searches over 150 million science-specific Web pages.

Author Gateway
The Author Gateway, which can be accessed via Elsevier祖 life science gateways, is

图 8-1　BioMedNet 主页

将近 30 个全文数据库提供检索。ProQuest Medical Library 是该公司提供的与医学相关的全文数据库之一。

该数据库以 MEDLINE 作索引，收录有 700 多种带有完整全文图像的期刊，文献全文以 PDF 格式或文本加图像格式存储，收录范围包括所有保健专业的期刊，有护理学、儿科学、神经学、药理学、心脏病学、物理治疗及其他方面。

其他 ProQuest 医学相关数据库有：

(1) ProQuest Health & Medical Complete　健康与医学大全；

(2) Pharmaceutical News Index　药学信息索引数据库；

(3) ProQuest Biology Journals　生物学全文数据库；

(4) ProQuest Nursing Journals　护理学期刊全文资料库；

(5) PsycARTICLES, ProQuest Psychology Journals 及 PsycINFO Database with Full Text　心理学数据库。

生物医药专业网站及搜索引擎还有：

(1) 生物医药专业网站：

① 基础科学数据中心及共享网——生物基础数据库(www. nsdc. cn/bio)

② 中国科学院科学数据库(www. csdb. cn)

③ 生命科学图书馆(http://www. slas. ac. cn/index. asp)

④ 中国中医科学院中医药信息研究所(www. cintcm. ac. cn/)

⑤ 全国医学文献信息中心(http://library. bjmu. edu. cn/calis_med/index. htm)

⑥ 医学信息研究所(国家科技图书文献中心医学图书馆)(www. library. imicams. ac. cn)

⑦ NLM's Medline (http://www. ncbi. nlm. nih. gov/entrez)

⑧ Medscape (http://www. medscape. com)

(2) 生物医药专业搜索引擎：

① Medical Matrix (http://www. medmatrix. org/index. asp)

② Achoo (http://www. achoo. com)

③ Oncolink (http://www. oncolink. com)

④ Health Web (http://healthweb. org)

8.2　环境科学文献信息检索

8.2.1　环境科学文献中文检索工具

在《中文核心期刊要目总览》第四版中，环境科学、安全科学方面的核心期刊有23种。

《环境科学文摘》是中国环境科学研究院主办，环境科学文摘编辑部、中国环境出版社编辑出版的双月刊，1982年创刊，是目前国内环境科学技术信息唯一的检索刊物。

《环境科学文摘》报道中、英、德、法、日、俄6种文字，国内外数百种期刊中有关环境科学技术的最新文献资料。《环境科学文摘》以文摘和题录形式向广大读者提供环境信息服务，全年报导量约3 600篇，其中文摘约占70%，题录约占30%，报导内容具有科学性、技术性、动态性、实用性、准确性和系统性。本刊读者对象为各级环保部门的领导干部、管理人员，科研、设计、生产企业及大专院校等广大环保工作者。

《环境科学文摘》全面报道了环境科学领域的各个方面，学科类目包括：环境科学基础理论（环境数学、环境物理学、环境化学、环境地学、环境气象学、环境生物学、环境医学、环境经济学和环境系统学等）、环境保护政策法令及标准、环境保护管理、环境污染防治、废物处理与综合利用、环境监测等。本学科核心期刊报导量占核心期刊文献量的 95%左右。

8.2.2　环境科学文献外文检索工具

1. 外文期刊论文检索刊物

1）美国《环境文摘》

《环境文摘》（Environment Abstracts，简称 EA）创刊于 1971 年，月刊，每年一卷，原由美国环境情报中心（Environment Information Center，简称 EIC）编辑出版，1994 年起，改由美国国会情报服务公司（Congressional Information Service，Inc.，简称 CIS）编辑出版。

EA 收录文献的主题内容包括环境政策、法规、教育、食品、药物、各种自然资源和人类生存环境中所涉及的污染和环境保护等，是世界环境科学界著名的文献检索刊物。近几年来，EA 在收录范围、索引的设置等方面进行了较大幅度的调整：①1994年起增设了题名索引（Title Index）；②1994 年起每期的正文与索引单独出版；③主题词经修订、汇编而成主题词表；④原地理索引和工业索引并入主题索引；⑤将《能源情报文摘》并入 EA。

2）美国《污染文摘》

《污染文摘》（Pollution Abstracts，简称 PA）创刊于 1970 年，月刊（1994 年前为双月刊），每年一卷，由美国剑桥科学文摘社（Cambridge Scientific Abstracts，简称 CSA）编辑出版，年报道文献 10 000 余条。

PA 收录世界上 50 多个语种的 2 500 余种出版物，包括期刊、政府报告、图书、会议录、专利文献、学位论文等。PA 收录内容涉及环境污染问题的各个方面，还包括环境测试与监测技术，统计、处理及控制，回收利用等方面的内容。

3）AMBIO 人类环境杂志（http://www.ambio.kva.se）

AMBIO 创刊于 1972 年的第一次世界环境大会之后，由瑞典皇家科学院出版，是一份非赢利性质的国际环境生态科学杂志，可以从 100 多个国家和地区的 40 多个国际数据库中检索到。AMBIO 涉及的主题有生态、环境经济学、地质学、地球化学、地球物理、古生物、水文、水资源、海洋、地球科学、气象、自然地理。1994 年，为进一步扩大《AMBIO-人类环境杂志》在中国的影响，在瑞典皇家科学院的资助下，中国科学院地理科学与资源研究所开始出版该杂志中文版,并在国内外公开发行。

2. 外文参考读物与述评

1) 千年生态系统评估(http://www.ambio-chinese.com/)

千年生态系统评估(简称MA)是由联合国秘书长科菲·安南于2000年呼吁成立,2001年正式启动。该项目的目标是评估生态系统变化对人类福祉所造成的后果,为必需采取行动来改善生态系统的保护和可持续性利用,从而促进人类福祉奠定科学基础。全世界1 360多名专家参与了“千年评估”的工作。评估结果包含在5本技术报告和6个综合报告中,对全世界生态系统及其提供的服务功能(如洁净水、食物、林产品、洪水控制和自然资源)的状况与趋势进行了最新的科学评估,并提出了恢复、保护或改善生态系统可持续利用状况的各种对策。

MA共出版6份综合报告,分别为《生态系统与人类福祉:综合报告》、《生态系统与人类福祉:生物多样性综合报告》、《生态系统与人类福祉:荒漠化综合报告》、《生态系统与人类福祉:工商业面临的机遇与挑战》、《生态系统与人类福祉:湿地与水综合报告》、《生态系统与人类福祉:健康综合报告》。

2) Conscious Choice 明智的选择(美国)(http://www.consciouschoice.com/)

该杂志为双月刊,主要刊登有关环境的论文及身体保健、食品和营养方面可供选择的天然替代物方面的论文。每一期都对一个观点展开各种讨论。目前,此站点提供了各期的讨论重点,作者所阐述的观点,供读者免费阅读。

3) Environmental Reviews 环境述评(http://www.nrc.ca/cisti/journals/envep.html)

由加拿大科技信息研究所编辑发行,刊登了权威性和可读性的有关环境科学的论题。此刊物在1993年创刊,目前网上提供了可读文章的目录及部分全文。

8.2.3 环境科学文献专业网站及搜索引擎

1. 环境科学专业网站

1) 中国环境图书网和中国环境保护标准网(http://www.cesb.com.cn/)

中国环境科学图书网和中国环境保护标准网由北京标环科技图书有限公司承办并注册,以经营环境保护科技类图书、国家标准、行业标准、期刊和电子出版物为主,发行的出版物汇集了包括中国环境科学出版社、中国标准出版社、化学工业出版社在内的几十家国家级出版社最新出版的环境保护科技图书、期刊和软件等。

2) NAP免费电子图书(http://www.nap.edu/)

The National Academies Press (NAP)是美国国家科学院下属的学术出版机构,主要出版美国国家科学院、国家工程院、医学研究所和国家研究委员会的报告。从1992年开始,将印刷本图书逐渐转化成电子图书。

目前通过其主站点可以免费在线浏览 3 700 多种电子图书，图书内容覆盖环境科学、生物学、医学、计算机科学、地球科学、数学和统计学、物理学、化学、教育学等诸多领域。电子图书采用 PDF 文档格式，保留了书的原貌，并提供网上免费浏览，还可以进行全文检索、打印。

3）国际环境联合会研究服务报告（CRS Report）（http://www.cnie.org/NLE/CRS/）

这是国际环境联合会（Committee for the National Institute for the Environment）的站点，提供了 1 888 篇环境方面的研究报告。这些报告是专门为美国国会撰写的，也可以提供给对环境问题感兴趣的一般市民查阅。

4）国际全球环境变化人文因素计划中国国家委员会（http://www.ihdp-cnc.cn/ci_home.htm）（见图 8-2）

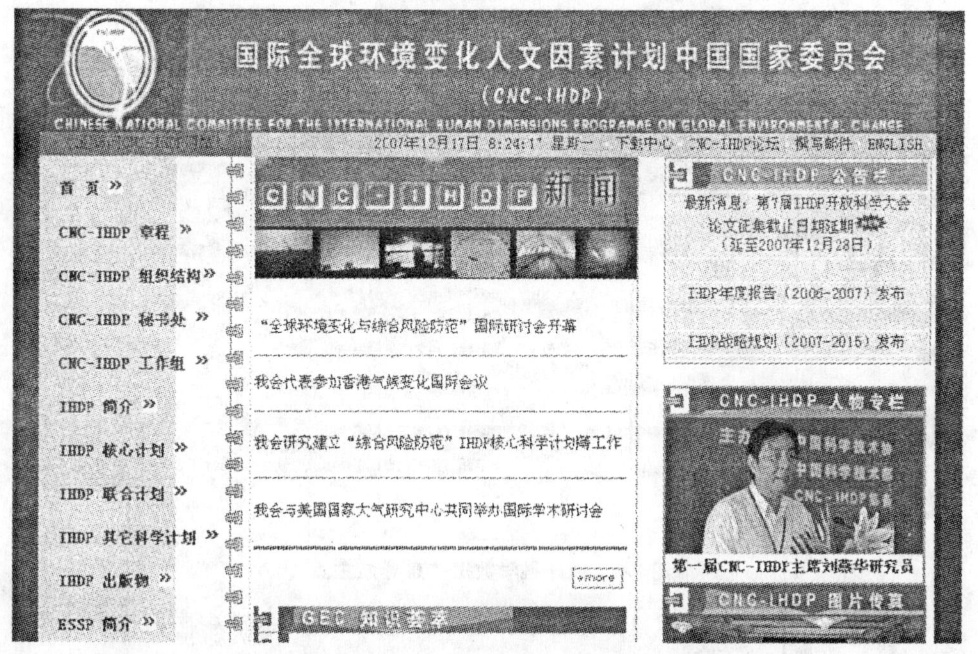

图 8-2　国际全球环境变化人文因素计划中国国家委员会网站主页

5）天地人和——中国环境与发展信息检索（http://www.enviroinfo.org.cn）

6）中国科学院资源环境科学数据中心

7）The GIS Search Engine（http://data.geocomm.com）

8）TheScientificWorld(sciBASE)（www.thescientificworld.com）

9）美国国家科学和环境委员会（NCSE）（http://ncseonline.org/）

2. 环境科学专业搜索引擎

1）地球科学数据信息导航(http://esdip.llas.ac.cn/)

其主页如图 8-3 所示。地球科学数据信息导航系统是 2002 年 9 月由中国科学院批准的中国科学院知识创新工程重要方向项目。目前导航系统已经收集了5 000余条国内外地球科学及其相关学科数据资源的元数据信息，并全部提供开放式服务。

图 8-3 地球科学数据信息导航主页

导航系统包括国内地球科学数据来源有中国生物信息系统、中国国家生物信息交换所、国家遥感中心、世界数据中心中国中心等 28 个；国外地球科学数据来源有美国橡树岭实验室、地球观测系统数据门户、美国国家地球物理数据中心、美国国家海洋大气管理局空间环境中心等 19 个。

2）Web Directory(www.webdirectory.com)——全球最大的环境信息目录检索工具

3）化学之门(http://www.chemonline.net/chemdoor/default.asp)

4）资源环境学科信息门户(www.resip.ac.cn)

5）DAIN MIREC(http://mars.wiz.uni-kassel.de/dain)

3. 环境科学专业数据库

1）中国全球变化文献数据库（http://sdb.llas.ac.cn/gcdocumentdb/gcsearch.htm）

其主页如图 8-4 所示。中国全球变化文献数据库是中国科学院资源环境科学信息中心创建，收录了全球变化研究方面的中文文献共计 50 000 余条。文献类型包括期刊论文、会议文献及科技成果。

期刊论文可按题名、著者、著者单位、关键词、分类号、年代进行查询，每条记录的详细信息有：序号、题名、著者、著者单位、分类号、关键词、文献来源、出版年、文摘。

会议文献可按论文名称、著者、著者单位、关键词、分类号、会议名称进行查询，每条记录的详细信息有：论文名称、著者、著者单位、会议名称、地点界次、文献来源、关键词、文摘、分类号。

科技成果可按项目名称、研制单位、关键词、分类号、研制时间、研制人进行查询。

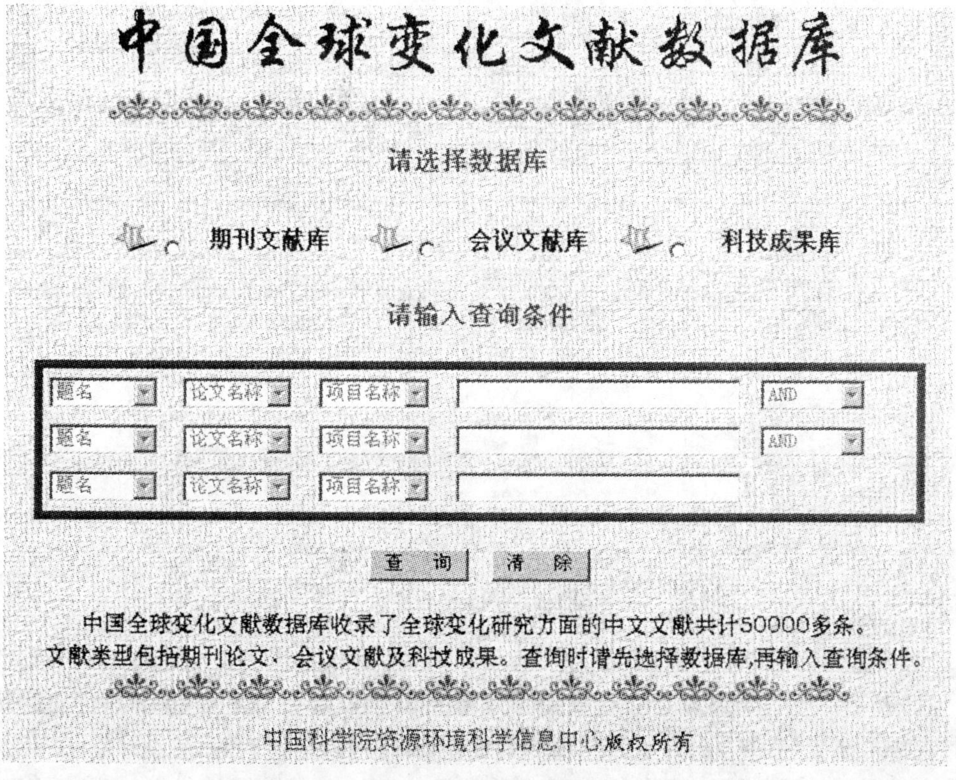

图 8-4　中国全球变化文献数据库主页

2) The Congressional Research Service Reports(http://www. ncseonline. org/NLE/)

其主页如图 8-5 所示。NCSE 创建于 1990 年,是一个非赢利性机构,多年来一直致力于促进环境科学的发展、改善环境决策中涉及的科学原则。该网页提供与环境科学相关主题的查询,包括该协会的会议讨论记录等。其中 Congressional Research Service Reports(国会研究服务报告,CRS 报告)将 NCSE 历年来的研究计划做成一个完善的检索系统,将所有的会议资料分为农业、空气、气候变化等几十个与环境有关的浏览项目,供读者检索。使用者可通过简易查询和高级查询的方式进行检索,只需输入资料名称、编号或者是类别等即可进行查询。另外,该网站还可以搜寻 NCSE、NLE 和 NCSSF 等方面的相关资料,还可链接至 Science on Sustainable Forestry、PopPlanet、Texas Briefing Book 等网站进行检索。

CRS Reports

Quick Search:

Browse Topics:

Agriculture
Air
Biodiversity
Climate Change
CRS Briefing Books
Economics & Trade
Energy
Federal Agencies
Forests
General
General Interest
Government
Information
International
International Finance
Legislative
Marine
Mining
Natural Resources
Pesticides
Pollution
Population
Public Lands
Risk & Reform
Science & Technology
Stratospheric Ozone
Transportation
Waste Management
Water
Wetlands

New & Updated

The NLE currently posts 1912 CRS Reports on environmental and related topics. The Congressional Research Service (CRS), part of the Library of Congress, prepares its reports for the U.S. Congress. CRS products undergo review for accuracy and objectivity and contain nontechnical information that can be very useful to people interested in environmental policy. CRS does not itself provide these documents to the general public. Although CRS documents are prepared specifically for Congress and not widely distributed, their distribution is not protected by law or copyright. NCSE is committed to expanding, maintaining and updating its database of reports, making them available and searchable for the public. To browse report titles and abstracts for a specific topic, choose one from the list to the left. Alternatively, search with a keyword using the quick search above the topic list or try a more selective search with the following advanced search form.

New & Updated Reports

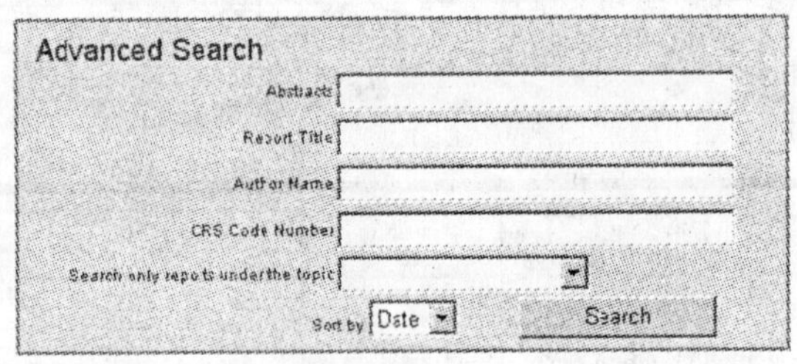

图 8-5 CRS 报告主页

3) 世界数据中心(WDC)(http://www. ngdc. noaa. gov/wdc/wdcmain. shtml)

1955 年,国际科学联合会理事会(现为国际科学联合会理事会,ICSU)建立世界数据中心系统(WDC)服务于国际地球物理年(IGY,1957—1958 年),并为每个 IGY 科学学科制订了数据管理计划。WDC 的主要业务活动是数据的收集、交换、服务。其数据涵盖的学科领域为地球科学、地球环境和空间科学。为了防止丢失数据,以及方便数据提供者和使用者,成立多个地区数据中心,至今在全世界共有5个地区数据中心,每个地区数据中心又在12个国家成立52个学科分中心。由美国国家科学院提供资助建立的数据中心,命名为WDC-A,由前苏联科学院组建了WDC-B,在几个欧洲国家及日本和澳大利亚也相继建立了分学科中心。

中国在1988年加入世界数据中心,成立了世界数据中心中国中心,命名为WDC-D。目前共有海洋、气象、地震、地质、地球物理、空间、天文、冰川冻土、可再生资源与环境等九个学科中心。(http://www.data.ac.cn/wdc-web/index.htm)

8.3 机械制造文献信息检索

8.3.1 机械制造文献中文检索工具

1. 中文期刊论文检索刊物

在《中文核心期刊要目总览》第四版中,机械制造专业的核心期刊有23种,相关专业的核心期刊有54种。

1)《中国机械工程文摘》

《中国机械工程文摘》是创刊于1966年的月刊,由中国机械工业信息研究院主办的工程文摘性刊物,主要报道与机电产品和仪器仪表有关的基础理论、设计材料、制造工艺、自动化技术、计算机应用、企业管理等方面的重大技术革新成果、科研成果、学会论文、期刊论文、出国考察报告和来华技术座谈资料等。

2)《机电工程技术》

《机电工程技术》是双月刊,由广东省机械研究所等三单位联合主办,是广东省机械工程学会会刊,是广东省机电行业唯一的综合性技术刊物。

3)《机械设计与研究》

《机械设计与研究》是双月刊,由上海市科学技术协会主管,上海市机械工程学会、上海交通大学、上海港机股份有限公司主办的机械类期刊,有较大的影响和权威性。

4)《机械与电子》

《机械与电子》是月刊,由中国机械工业联合会科技工作部、贵州省机械行业管理办公室主管、主办,是全国性宣传报道机电一体化技术、工业控制、工业自动化的专业技术性科技期刊。

5)《中国机械工程》

《中国机械工程》是半月刊,由中国科协主管,中国机械工程学会主办,是中国机械工程学会会刊,反映中国机械工程领域的重大学术进展,报道中国机械工程学会系统的最新学术信息,跟踪世界机械工程最新动向。

6)《机械工程学报》

《机械工程学报》是月刊,由中国科协主管,中国机械工程学会主办,主要刊登机械工程方面的基础理论、科研设计和制造工艺等方面的学术论文,在国内外机械科技领域享有很高声誉。

7)《机械设计与制造》

《机械设计与制造》是双月刊,1968 年创刊,由辽宁省机械行业协会主管,辽宁省机械工程学会、辽宁省机械研究院主办,是我国机械行业最有影响的专业刊物之一。

8)《机械制造》

《机械制造》是月刊,1950 年创刊,由上海电气(集团)总公司主管,上海市机械工程学会主办的机械、仪表行业的核心期刊。

9)《机械设计》

《机械设计》是月刊,由中国科协主管,天津市机电工业科技信息研究所主办。该刊是中国机械工程学会以及机械设计学会会刊。

10)《工程设计学报》

《工程设计学报》是德国著名的 Springer 出版社出版的著名刊物《Konstruktion》的中文版姐妹刊,双月刊,是中国政府批准的技术产品设计领域第一家国际合作的刊物,由教育部主管,浙江大学、中国机械工程学会主办。

2. 中文参考工具书

常用的几种机械制造专业参考工具书有以下几种。

(1)《世界各国标准代号名称词汇》,刘文渊著,甘肃省质量能源标准化信息中心,1988。

(2)《英汉机械工程技术词汇:缩印本》,朱景梓著,北京科学出版社 1987 年出版。

(3)《英汉机械制造词典》,金锡如著,成都四川人民出版社 1986 年出版。

(4)《英汉金属材料及热处理词汇》北京科学出版社 1980 年出版。

(5)《机械技术手册》,日本机械学会著,北京机械工业出版社 1984 年出版。

(6)《机械工程材料手册 · 非金属材料》第五版,中国第一汽车集团公司编写组编著,北京机械工业出版社 2001 年出版。

《机械工程材料手册 · 金属材料》第五版,中国第一汽车集团公司编写组编著,北京机械工业出版社 1998 年出版。

8.3.2　机械制造文献外文检索工具

1. 外文期刊论文检索刊物

1)《机械工程学报(英文版)》

《机械工程学报(英文版)》是季刊,由中国机械工程学会主办。该刊主要刊登机械工程方面的基础理论、科研设计和制造工艺等学术论文,着重收录具有综合性、基础性、开发性和边缘性的科技成果和先进经验,其内容与《机械工程学报》中文版不重复,国内邮局发行,北美由美国机械工程师学会代理发行。本刊在历次科技期刊评比中均获得好名次,已被美国工程索引(EI)等国内外多种文献刊物和数据库收录。

2) 美国《工程索引》(EI)

美国《工程索引》(The Engineering Index,简称 EI),创刊于 1884 年,由美国工程情报公司(Engineering Information Co.)出版发行,是工程技术领域内的一部综合性检索工具,报道工程技术各学科的期刊、会议论文、科技报告等文献。

EI 现有光盘版是双月刊,网络版是季度更新,光盘版(带文摘)(SCICDE)是周更新。其中网络版包括光盘版和 EI pageone 两部分。

网络版数据库是目前全球最全面的工程检索二次文献数据库,包含选自 5 000 多种工程类期刊、会议论文集和技术报告的应用物理、电子和通信、控制工程、土木工程、机械工程、材料工程、石油、宇航、汽车工程,以及这些领域的子学科和其他主要的工程领域。

EI 公司在 1992 年开始收录中国期刊。1998 年在清华大学图书馆建立了 EI 中国镜像站,其网址为:http://www.ei.org.cn/。

3) 英国《科学文摘》(SA)

英国《科学文摘》(Science Abstraccts,简称 SA),创刊于 1898 年,当时刊名为《科学文摘:物理与电气工程》(Science Abstracts: Physics and Electrical Engineering),是一种物理学、电气电子学、计算机与控制领域综合性科技检索刊物,1969 年起由国际物理与工程情报服务部(简称 INSPEC)编辑出版。

《科学文摘》分三辑,分别是:

A 辑(Series A):《物理文摘》(Physics Abstracts,简称 PA),半月刊。

B 辑(Series B):《电气与电子学文摘》(Electrical and Electronics Abstracts,简称 EEA),月刊。

C 辑(Series C):《计算机与控制文摘》(Computer & Control Abstracts,简称 CCA),月刊。

SA 电子版涵盖了全球发表在相关学科领域的 4 200 种期刊(其中 1/5 为全摘),2000 种以上会议录、报告、图书等,文献来自于 80 多个国家和地区,涉及 29 种语言,收录年代自1969年开始,目前数据量已达660万条记录。目前,SA每年收录的文献量约为30万篇。其中A辑约15万篇,B辑约8万篇,C辑约7万篇。三辑收录的文献有部分重复。

清华大学、北京大学与美国OVID信息公司合作,分别在清华图书馆和北大图书馆设立了镜像服务器,提供基于Web方式的科学文摘数据库(INSPEC)的检索服务。中国科学院国家科学数字图书馆项目管理中心于2003年10月底为中国科学院全院用户订购了包括INSPEC在内的5个网络数据库的使用权,目前已正式在全院范围内开通使用,用户可直接通过本单位网络进入ISI网站(http://isiknowledge.com)或国家科学数字图书馆中心门户(http://www.csdl.ac.cn/)使用这些数据库。

4)《机械工程文摘》(ISMEC)

美国《机械工程文摘》(Mechanical Engineering Abstraccts ,简称ISMEC)创刊于1973年,由Cambridge Scientific Abstracts(美国剑桥科学文摘社)编辑出版。它较全面、综合地提供了有关世界范围的机械工程、制造工程和工程管理等方面的文献,包括机械类250多种主要期刊。

5)《应用力学评论》(AMR)http://www.asmedl.org/AMR/

《应用力学评论》(Applied Mechanics Review,简称AMR),创刊于1948年,由美国机械工程师协会(ASME)编辑出版。该刊为月刊,每年出一本年度索引。月刊本主要包括评述性文献、图书评论、期刊文献评论和著者索引几部分,正文内容按分类编排。而年度索引则包括主题索引和著者索引。其中主题索引实际上是一个分类索引。此外,还包括评述性文献年度目录、书评著者索引、核心期刊目录、主题分类详表以及关键词索引。

AMR报道世界上有关工程基础学科方面的期刊文献、图书、会议论文、科技报告,并对此进行评论。该刊收录世界上重要的专业出版物1 400多种,内容包括连续介质力学、动力学、固体力学、流体力学、振动、结构、地质力学、生物力学等力学领域,还包括力学的应用领域及其相关学科,如计算技术、系统控制技术、制造技术、工程设计、能源和环境等。该刊相应的网络版目前收录有1989年至今的,选自世界上475种检索期刊的有关文摘数据。

2. 外文参考工具书

◆ 马克标准机械工程师手册

◆ 机械工程师参考书

◆ 机械工程师手册

◆ 机床手册

◆ 工具与制造工程师手册

◆ 金属手册

◆ 仪表工程师手册·过程测量
◆ 仪表工程师手册·过程控量
◆ 麦格劳·希尔工程百科全书
◆ 工程百科全书
◆ 工程标记符号百科全书
◆ 工程材料和加工百科全书
◆ 范诺斯特兰德科学百科全书
◆ 许布纳机床一览
◆ 产品总目录服务
◆ 机械工程师目录和产品指南
◆ 彼得森工科和应用科学研究生计划
◆ 机械工程情报服务通报

8.3.3　机械制造专业网站及搜索引擎

1. 机械制造专业网站

国内的华中科技大学的机械科学与工程学院、清华大学的机械工程学院、上海交通大学机械与动力工程学院等院校；国外的美国机械工程师学会、美国制造工程师学会、数控学会、美国材料和试验学会、英国机械工程师学会、铸造技术协会国际委员会、国际金属表面技术联盟、国际测量联合会等机构都是获得机械制造文献信息的专业机构。此外还有不少专业性较强的网站，如

中国现代制造网　http://www.cnmade.com.cn/

中国数控机床网　http://www.c-cnc.com/

中国工控网　http://www.gongkong.com/

机械工业标准服务网　http://www.jb.ac.cn/

中国工程技术信息网　http://www.cetin.net.cn

国家工程技术图书馆——全球机械文献资源网　http://www.gmachineinfo.com/

机械制造对标准的要求十分严格，所以获得标准文献对机械制造及操控者来说都是很重要的。我们可以通过相关标准化机构的站点来获取相关信息，如国际标准化组织和中国标准服务网。

2. 机械制造专业搜索引擎及数据库

1) 中国机械网(http://www.china-machine.com/)

其主页如图 8-6 所示。它有 300 万条数据，近 5 000 个设计、计算工具，免费开放。

300万条数据，近5000个设计计算工具，免费开放！

使用说明

全部　搜 索

专业标准　锻压冲压　切削磨削　机械传动　通用零部件设计

工程材料　铸造技术　焊接切割　机构设计　机械强度分析

牌号对照　润滑技术　热处理

技术文献：现代设计　虚拟技术　关键技术　先进工艺　绿色设计　系统管理

关于我们 | 广告投放 | 技术服务 | 软件 | 联系我们 |友情链接

©2007 京ICP证 030208 号

图 8-6　中国机械网主页

2）机械制造及自动化特色数据库(http://202.114.9.3/calis.nsf/index? openform)

机械制造及自动化特色数据库和重点学科导航库是中国高等教育文献保障系统(CALIS)资助项目。该项目由华中科技大学图书馆承担建设。

该数据库收集有机械学、机械制造、材料学、材料加工工程、流体传动及控制、机电控制及自动化、工程图学和工业工程等学科方向的有关文献信息。其内容着重于收录 1980 年以来国内外出版的图书、期刊、会议录、科技报告、专利产品等文献中有关机械制造及自动化方面的文献资料。该数据库由四个专题数据库组成，即文献数据库、专利数据库、产品数据库、机构数据库。其中文献数据库又分成若干个子库。

用户可通过不同途径检索有关文献信息。

该数据库涵盖 6 个国家级重点学科(机械制造、电机、电厂热能动力工程、压力加工、外科学、环境卫生学),对相关的研究机构、专家、学者、电子出版物、电子文献、国际会议预告、行业协会、学会等给予导航和指引。该库设有网址名称、网址、创作者、出版者、关键词、语种、来源、种类、类型分类、内容简介等检索字段,为用户提供快速导航。

8.4　信息工程文献信息检索

8.4.1　信息工程文献中文检索工具

1. 中文期刊检索

在《中文核心期刊要目总览》第四版中,无线电电子学、电信技术类核心期刊有 41 种,自动化技术、计算机技术类核心期刊有 30 种。

1)《电子科技文摘》

《电子科技文摘》是由信息产业部主管、电子科技情报研究所主办,国内外公开发行的电子类文献检索刊物,是广大读者查找信息产业部电子科技情报研究所馆藏的多种国内、外著名研究机构、协会组织的最新会议文献、论文汇编、技术报告、科技图书及中文科技期刊的指示性刊物。

《电子科技文摘》广泛收集了国内外电子领域有影响的科技文献,以最快的速度与读者见面。多年来以其报道内容全,专业覆盖面广,信息报道量大,查找途径多,实物检索方便、快捷等特点,赢得了国内外电子科技领域的重视和欢迎。

2)《中国无线电电子学文摘》

《中国无线电电子学文摘》由中国科学院主管,中国科学院电子学研究所、中国科学院文献情报中心主办的电子技术刊物。《中国无线电电子学文摘》主要报道我国(包括港台地区)的科技工作者在国内发表的有关无线电电子学方面的论文和专著、电磁场理论与微波技术、信息科学与信息论、集成电路与微电子学、真空电子技术及电子管、绝缘科学分支最新动向等。

3)《计算机应用文摘》

《计算机应用文摘》由科学技术部主管,科技部西南信息中心主办的计算机刊物。《计算机应用文摘》主要报道国内外计算机在事务和管理数据处理以及工程技术各个领域中的应用方面文献资料,收录国内外期刊论文、汇编论文、会议论文、专著、科技报告以及学位论文等文献。

4)《计算机研究与发展》

《计算机研究与发展》是中国科学院计算技术研究所和中国计算机学会联合主办的学术性期刊，科学出版社出版，国内外公开发行。《计算机研究与发展》创刊于我国计算机事业的初创时期(1958 年)，是我国第一个计算机刊物，它是随着中国计算机事业的发展而成长起来的。该刊刊登了大量国内最新科研成果和国家重点支持的研究项目的论文，目前它是中国计算机类最有影响的学术期刊之一。

2. 中文参考工具书

1)《信息知识词典》

《信息知识词典》，潘洪亮，王正德主编，军事谊文出版社 2002 年出版。本词典立足信息时代的现实，着眼于我国信息化建设的未来和要求，在广泛收词的基础上，精选信息知识方面的概念、术语、理论、学说、学派、人物、著作、刊物、组织、事件、会议等方面的词目共计 3 000 余条，100 余万字。在收选词目的过程中，始终坚持科学性、权威性和全面性的原则，力求做到：所定主词条科学、准确；引用材料权威、可信；转述观点客观、清楚；表述内容简洁、规范；综合创新合理、全面；选择词目恰当、典型。所选词条力求充分体现和全面反映信息领域、信息方面，特别是信息时代的全貌和本质，全方位、多角度、立体式地展现有关信息方面的已有成果和时代风貌。

2)《传感器及其应用手册》

《传感器及其应用手册》，孙宝元、杨宝清主编，机械工业出版社 2004 年出版。本手册从实际应用的角度出发，将传统传感器技术与当前新型传感器研究成果有机结合，全面、系统地介绍了力学量、热学量、流体量、光学量、电学量、磁学量、声学量、化学量、生物与医学、仿生与机器人，以及生态环境等传感器的基础理论与应用知识，是一本工程、科学技术领域中不可缺少的实用工具书。

3)《英汉网络词汇》

《英汉网络词汇》，天津大学电子信息工程学院编，国防工业出版社 2003 年出版。本书收集网络方面的词条 20 000 余条，内容涉及计算机与计算机网络、通信与通信网络、广播与广播网络、有线电视与有线电视网络等领域的最新信息。

4)《英译汉传感技术词典》

《英译汉传感技术词典》，张福学主编，机械工业出版社 2004 年出版。本辞典收集传感技术及相关词条共 4 345 条，其内容涉及敏感元件与材料、测量技术、压声学、磁学、声学、医疗电子学、生物电子学、光电子学、微电子技术与集成电路、固定电子学、信号处理、通信、雷达、导航、遥测、遥控和遥感、计算机等。其所收词条不仅涵盖传感技术的各个领域，并且力求反映当代传感器技术的最新成果和水平。词条的释文视具体情况分为长、中、短三类，简明扼要，且确切和规范。

5)《中国互联网络年鉴》

《中国互联网络年鉴》是我国目前为止唯一一部全面、综合、系统、准确、及时地反映我国在互联网方面的研究、应用、发展情况,并传递世界互联网信息的大型资料性工具书,具有较高的参考价值。本年鉴主要收录中国互联网络的发展环境、宏观数据、基础环境建设、网络应用、中国互联网络大事记、国内外网络发展情况对比等影响中国互联网络发展的方方面面的数据及资料。其中,网络应用篇将是该年鉴的重点篇章,包括政府上网、企业上网、家庭上网、网络新闻、网络文明、电子商务、网络广告、网络游戏、网上教育、网络增值服务、网络安全、BBS等方面。同时,为了突出年鉴的特色,年鉴中还在统计篇中加入了CNNIC特有的数个网络调查报告,如中国互联网络发展状况统计报告、信息资源数量调查报告、网络带宽调查报告。

8.4.2 信息工程文献外文检索工具

1. 外文期刊

1)《电子与通信文摘》(Electronics and Communications Abstracts)(http://csa.tsinghua.edu.cn)

《电子与通信文摘》由Cambridge Scientific Abstracts创刊。该库收录电子研究和通信设备方面的各类文献。数据库主要内容涉及:电路(网络分析及合成、电子滤波器)、电子元件与设备、电磁波、电子与热电材料(半导体材料)、电路(放大器、振荡器、模拟器、混频器、脉冲发生器等)、半导体原件与积分器光电通信、电话与其他有线通信、计算机电路逻辑元件、控制工程、电子设备(雷达、无线电、电视)、光学及光学器件、激光器、声学器件、设备及系统。该库收入文献为英文。该库收录了自1981年至今的数据,并且每月更新。检索结果为文摘。

2)《计算机和信息系统文摘》(Computer and Information Systems Abstracts)(http://www.csa.com/)

由Cambridge Scientific Abstracts创建,文献类型包括期刊、会议文献,是以计算机技术为主,兼及生物工程、化学工程、工程物理、数学、光学等学科的网络版文摘数据库。本数据库共有20个学科专业的文献可供检索,具体包括:人工智能、自动化、CAD/CAM and CIM/CAE、计算机电路与逻辑、文件、计算机硬件、图像系统、逻辑性与开关理论、生物工程、化工、国内工程/运输、控制工程、机器人技术、工程物理、环境工程、仪表与测量、数学、机械工程学、冶金工程、采掘、石油工程与燃料技术、光学与声学技术等。本数据库收录期刊有805种。从1981年开始收录文献至今,且每月更新。截至2001年,数据已达35万余条。本数据库相对应的印刷本为Computer and Information Systems Abstracts。

3)《电子科学学刊(英文版)》

《电子科学学刊(英文版)》(Journal of Electronics(English))创刊于1984年,是我国电子科学最早向国外发行的英文刊物。本刊物主要刊登有关电子科学方面的具有创新性的高水平论文和快报，及时向国内外介绍电子科学的最新研究成果。本刊现为双月刊。

4）SpringerLink 全文电子期刊

德国施普林格(Springer-Verlag)是世界上著名的科技出版集团，通过 SpringerLink 系统提供其学术期刊及电子图书的在线服务，这些期刊是科研人员的重要信息源。2002 年 7 月开始，Springer 公司在中国开通了 SpringerLink 服务。SpringerLink 所有资源划分为 12 个学科：建筑学、设计和艺术；行为科学；生物医学和生命科学；商业和经济；化学和材料科学；计算机科学；地球和环境科学；工程学；人文、社科和法律；数学和统计学；医学；物理和天文学。

5）WorldSciNet（WSN）全文电子期刊

世界科学出版社（World Scientific Publishing）成立于 1981 年，总部设在新加坡，是亚洲少数专门出版理工专业书籍的出版集团。该出版社每年出版约 400 种不同主题的丛书，90 多种专业期刊。1995 年该出版社与伦敦皇家学院共同成立皇家学院出版社（Imperial College Press），以工程、医学、信息科技、环境科技和管理科学类书籍见长，其检索系统称为 WorldSciNet。

其中部分期刊是被 SCI、EI 收录的核心期刊，是科研人员的重要信息源。

6）John Wiley 全文电子期刊

John Wiley Publisher 是世界上著名的学术出版商，其通过 Wiley InterScience 提供 360 余种电子期刊的检索、浏览及全文下载服务。该出版社出版的期刊学术质量很高，是相关学科的核心资料，其中被 SCI 收录的核心期刊近 200 种。其学科范围以科学、技术与医学为主，具体学科涉及生命科学与医学、数学统计学、物理、化学、地球科学、计算机科学、工程学、商业管理金融学、教育学、法律、心理学。

7）IEEE/IEE Electronic library（IEL）

IEEE/IEE Electronic Library（IEL）数据库提供美国电气电子工程师学会（IEEE）和英国电气工程师学会（IEE）出版的 219 种期刊、7 151 种会议录、1 590 种标准的全文信息，可以浏览 IEEE 学会下属的 13 个技术学会的 18 种出版物全文，且数据回溯的年限也比较长，其他出版物一般只提供 1988 年以后的全文检索。部分期刊还可以看到预印本（accepted for future publication）全文。

8）Elsevier（SDOL）全文电子期刊

Elsevier Science 公司出版的期刊是世界上公认的高品位学术期刊。ScienceDirect 系统是 Elsevier 公司的核心产品，自 1999 年开始向读者提供电子出版物全文的在线服务，包括 Elsevier 出版集团所属的 2 200 多种同行评议期刊和 2 000 多种系列丛书、手册及参考书等，涉及四大学科领域：物理学与工程、生命科学、健康科学、社会科学与人文科学，数据库收录全文文章总数已超过 783 万篇。

9) ASME(美国机械工程学会)电子期刊

ASME(the American Society of Mechanical Engineers)美国机械工程师协会创立于1880年,现今,ASME是一个非赢利性的教育和技术国际组织,服务于来自世界各地12.5万名会员。其拥有的出版机构是世界上最大的专业性出版机构之一,每年主办30余个技术会议和200余场专业进展讲座,并制订多种工业和制造业标准。

2. 外文参考工具书

1)《计算机科学技术百科全书》

该百科全书根据计算机学科的内在联系、相关程度与性质特点,划分为"计算机科学理论"、"计算机组织与体系结构"、"计算机软件"、"计算机硬件"、"计算机应用技术"和"人工智能"6大分支,按4级框架,共设置1 293个条目200多万字。由于中文信息处理是我国及全球汉字通用地区计算机应用中的重要技术,特在"计算机应用技术"分支中,设置有关中文信息处理条目80余条。

2)《英汉电子工程辞典》

该辞典为网上辞典,通过网址http://www.eetchina.com进入,共收录23 000条电子行业的技术词汇。未注册用户可检索浏览电子工程技术文章的文摘。注册会员可查看全文,并以单词或缩写形式查找电子工程专业术语。该站点还有多个语言版本。

3)《控制论与系统论专业术语汇编(英文)》

该汇编按字母顺序浏览控制论与系统论专业术语内容。

8.4.3 信息工程专业网站及搜索引擎

1. 信息工程专业网站

1) 中国科学院自动化研究所(http://www.ia.ac.cn/new/style/amethyst/index.asp)

中国科学院自动化研究所以智能信息处理、复杂系统与智能控制为主要研究方向。

2) 中国自动化学会(http://caa.gongkong.com/)

3) 中国科学院计算技术研究所(http://www.ict.ac.cn/)

4) 中国科学院软件研究所(http://www.ios.ac.cn)

中国科学院软件研究所是一个以计算机科学理论和应用研究为基础,计算机软件高新技术的研究开发和产业建设为主导的综合性研究所。

5) 中国信息产业网(http://www.cnii.com.cn)

6) 中国通信学会(http://www.china-cic.org.cn/index.aspx)

中国通信学会(China Institute of Communications,CIC)是全国通信科技工作者

和全国通信企、事业单位自愿组成、依法登记的非营业性学术团体。

7）中华人民共和国信息产业部（http://www.mii.gov.cn/mii/index.html）

8）自动化网（http://www.zidonghua.com.cn/zdh/index.asp）

自动化网为自动化行业门户网站，发布自动化领域信息，包括 PLC、DOS、RTU、组态软件、fiX/IFIX/INTOUCH、工控机、变频器、现场总线、电子电器、传感器、变送器。

9）国际科学无线电学联合会（URSI）（http://www.intec.rug.ac.be/）

该网站设有在线数据库、电子读物、网上论坛、站点导航、专题信息等栏目。

10）IT 专家网（http://www.TechTarget.com.cn）

TechTarget 中文网站是天极网与美国 TechTarget 公司合作开设的 TechTarget 系列网站的中文版。按不同的 IT 技术，TechTarget 中文网站分别设立独立的子站，提供相应技术新闻、信息、技巧、方案，为具有相同技术应用背景的人群提供网络互动技术咨询服务。

2. 信息工程专业数据库

1）机械制造及自动化数据库（http://202.114.9.3/dzzy/gldzzy.htm）

机械制造及自动化数据库有机械学、机械制造、流体传动机控制、机电控制及自动化、工程图学和工业工程等六个学科方向的相关文献信息。其内容着重于 1980 年以来国内外出版的图书、期刊、会议录、科技报告、专利产品等文献中有关机械制造及自动化方面的文献资料、科技成果和产品信息。该数据库由四个专题数据库组成，即机械制造及自动化文献数据库、机械制造及自动化专利文献数据库、机械制造及自动化产品数据库、机械制造及自动化机构数据库。其中机械制造及自动化文献数据库又分成若干个子库，如虚拟设计文献、智能制造文献、快速成型文献、传感器文献。该数据库内容丰富，信息量大。通过查询该数据库可以及时了解当今世界机械制造及自动化学科发展状况和技术发展方向，浏览机械学科的最新成果和先进科技。机械制造及自动化数据库是 CALIS 中心自建库项目之一，用户可通过不同途径检索到所需要的有关文献资料和产品信息。

2）北方工业大学图书馆学科导航：自动化类相关信息（http://202.204.27.242/）

该网站信息较为详细，分馆内资源、机构组织、专业站点等。

3）学科导航计算机科学与技术

（http://lib.bjpu.edu.cn/daohang/nevi_computer/nevicomputer.htm）

该网站是北京工业大学图书馆所编的关于计算机科学与技术的导航站点，包括期刊、论文、专利、会议、标准、数据库等各种资源。

4）通信资源导航（http://stl.lib.njupt.edu.cn/ziyuandaohang/tongxin.htm）

该网站是由南京邮电学院图书馆自建。

5）东南大学图书馆通信与电子系统学科虚拟导航

（http://www.lib.seu.edu.cn/xkdh/ww/submain0.html）

该网站包括学科介绍、研究机构、学会组织、会议通报、电子期刊、专业站点、专家指南、博士点、专利标准、市场一览等。

3. 信息工程专业搜索引擎

1）Safari 数据库（http://proquest.safaribooksonline.com/? uicode=buaa）搜索引擎

该数据库的搜索引擎在检索时具有以下功能：可以方便地检索主题、显示检中图书篇目及其封面图标、按与检索词相关性高低排列检中的图书及书中术语、显示相应检索词所在图书的相关章节、显示检中图书上下文中的关键字。为方便按页浏览，为系统中的每一本图书提供完整的目次页和索引信息，提供与原印刷版一样的完整图像、图表及其他图像信息，允许对浏览的内容做笔记或做书签，允许对编码段落等信息进行剪辑和粘贴以节省时间、减少输入错误，提供含有相关信息的权威网站链接。

2）南京信息工程大学——“一把刀”人工搜索引擎（www.18dao.cn）

3）大连海事大学 Wap 搜索引擎（http://timewe.net/search? ss=）

4）计算机方面的全文搜索工具（http://www.citeseer.org）

思考与训练

1. 利用生物医药专业搜索引擎找到“癌症”最新研究成果。

2. 最近 10 年内，全球环境严重恶化，请列举出三个环境恶化的例证，并说明其程度。

3.《科学文摘》三辑的侧重点分别是什么？

4. 使用本章中介绍过的专业搜索引擎，查找你感兴趣的内容，写出检索步骤。

第9章　特种文献信息资源检索

特种文献是指有特定内容、特定用途、特定读者范围、特定出版发行方式的文献。它介于图书和期刊之间，是似书非书、似刊非刊的一种文献类型。它包括学位论文、研究报告、专利、标准、产品样本、会议录、档案和政府出版物等。本章主要介绍会议文献、标准文献、科技报告、学位论文和专利文献等信息的检索方法。

9.1　会议文献信息检索

9.1.1　会议文献的含义及类型

所谓会议文献，主要是指会议会前、会中、会后围绕该会议出现的文献。严格地从文献类型来说，它包括征文启事、会议通告、会议日程、论文会前摘要、开幕词、会上讲话、报告、讨论记录、会议决议、闭幕词、会议录、汇编、论文集、讨论会报告、会议专刊、会议纪要等。这些都是科技信息的重要来源。检索会议文献应了解几个关于会议的常用术语：Conference（会议）、Congress（代表大会）、Convention（大会）、Symposium（专业讨论会）、Colloquium（学术讨论会）、Seminar（研究讨论会）、Workshop（专题讨论会）等。一般按会议的规模可分为：国际性会议、全国性会议和地区性会议。

9.1.2　会议文献的检索工具

《世界会议》、《会议论文索引》和《科技会议录索引》是著名的国际会议文献的报道工具。我国国内会议文献重要检索刊物有《中国学术会议文献通报》，此外还有多种相关的会议文献网络数据库。

1.《世界会议》

《世界会议》（World Meeting），由美国 Macmillan Publishing Company 编辑出版，季刊。它的特点是预报两年内即将召开的重要国际性会议，每期预报会议数以千计。它只报道会议有关信息而不包括会议论文。每期有四个分册,分别是:《世界会议:美国和加拿大》(World Meeting:United States and Canada),创刊于 1963 年;《世界会议:美国和加拿大以外地区》(World Meeting:Outside United States and Canada),创刊于 1968 年;《世界会议:医学》(World Meeting:Medicine),创刊于 1978 年;《世界会议:社会与行为科学,人类服务与管理》(World Meeting:Social & Behavioral Science,Human Services & Management),创刊于 1971 年。

2.《会议论文索引》

《会议论文索引》(Conference Paper Index,简称 CPI)由美国剑桥文摘社编辑出版,创刊于 1933 年,从 1978 年起使用现刊名,双月刊,也出版年度累积索引。它是一种常用的检索工具,报道世界科技、工程和医学、生物学科等方面的会议文献,年收录文献量约80 000篇。除印刷型版本外,也有电子版本,在 DIALOG 联机检索系统中为 77 号文档。

3.《科技会议录索引》

《科技会议录索引》(Index to Scientific & Technical Proceedings,简称 ISTP),由美国科学情报研究所(ISI)编辑出版,创刊于 1978 年,月刊,也出版年度索引。ISTP 是当前报道国际重要会议论文的权威性刊物,它不仅是一种经典的检索工具,也是当前世界上衡量、鉴定科学技术人员学术成果的重要评价工具。

ISTP 报告的学科包括生命科学、物理、化学、农业、生物和环境科学、临床医学、工程技术和应用科学等各个领域。它每年报道的内容,囊括了世界出版的重要会议录中的大部分文献。

ISI 出版《科技会议录索引》(ISTP)的光盘版和网络版。光盘版的检索方法与 SCI 光盘版相同。网络版 Web of Science Proceeding(ISTP & ISSHP)的检索方法与 SCI 网络版相同。

4.《中国学术会议文献通报》

它由中国科技信息研究所主编,科学技术文献出版社出版,创刊于 1982 年,起初为季刊,后改为双月刊,1986 年起改为月刊。该刊是检索我国召开的学术会议及其论文的主要工具。现已出版《中国学术会议论文库》(CACP)可以在网上检索,其网址为:http://www.chinainfo.gov.cn。它收录全国 100 多个国家级学会、协会及研究机构召开的学术会议论文。

9.1.3 网上会议文献信息资源

根据台湾淡江大学教育资料科学系宋雪芳女士在《网络化会议资讯形态探析》(原文网址为:http://www.lib.ntu.tw/pub/univj/uj3-2/uj3-2_6.html)一文中记述的内容,摘录美国几个著名的学会的网上会议文献数据库。

1. 美国航天学会会议论文引文数据库(AIAA MeetingPapers Searchable Citation Database)

网址:http://www.aiaa.org/publications/mp-search.html

收录时间:从 1992 年至今

内容发表在 AIAA 会议上,且尚未为 AIAA 的出版品所收录。可依作者(Author)、篇名(Title)或篇名关键词(Title Keywords)、论文编码(AIAA Paper Number)及会议名称或日期(Conference Name/Date)等信息查询,并通过 AIAA Dispatch 在线文件传递服务订购论文。50 页以内的文献传送费每份 11.5 美元,超过 50 页每页加 0.25 美元,彩色印刷每页加收相应费用。其更新速度是每季更新。

2. 美国微生物学会的会后信息(American Society for Microbiology, Post-Meeting and Post-Conference Information)

网址:http://www.asmusa.org/pmpcpag1.htm

内容:提供生物等相关会议会后问卷调查表(Overall Conference Evaluation)、会议摘要(Abstracts)、会议摘要及会议程序(Abstracts and Program Books)等数据。销售方式有纸本式、卡带及光盘方式(Audio tape, Disk)。

3. 美国化学工程学会的会议档案(Alche, Meeting Archive Calendar)

网址:http://www.aiche.org/conferences/

收录时间:提供 1995 年到现在的会议数据。

内容:每个会议下有文献浏览,依会议时间(by day and time)、学科领域或主题(by group/area)、研讨会编号(by session number)检索。可查到会议编号、所属主题、类别、召开时间地点、研讨主题、讨论论文及主讲者、主办单位负责人及服务处联系方式。还有公告栏(Bulletin Board),提供与会人士抒发感想、意见,并作为未参与会议者上网检索后提交建议的互动渠道。

4. 美国机械工程学会(American Society of Mechanocal Engineers, ASME)

网址:http://www.asme.org/conf/choices.htm

内容:除了提供一般会议信息检索外,有专为会员服务的会议计划指南(the Update Guideline Manual)、笔记(Congress Planning Notebook)、会议指南(Meeting Guidelines),并可阅读完整的会议程序(Final Program)或部分技术程序(Technical Program)等。

5. 美国电气电子工程师学会的会议数据库(IEEE Conference Databass), TAG (IEEE Technical Activities Guide)

网址:http://www.ieee.org/conferences/tag/tag.html

内容:提供完整的会议信息,分为即将召开的会议、已召开的会议及主题检索(Section 1-Future or Upcoming, Section 2-Past Year, Section 3-Topical Interest)。TAG 也可以用 IEEE 的 38 个分会作为检索点(TAG by Society),并有分区检索功

能(TAG Conferences by Region)。

6. 美国计算机学会的在线会议论文集(The world's Computer Society, Conference Proceedings Online)

网址:http://www. computer. org/conferen/proceed/dlproceed. htm

内容:可直接在网络上获得会议论文集的全文数据。全文只限学会会员(Members)并具有电子账号(E-account)者使用,其他网友则只能使用其摘要。在线可获得宣读论文图文并茂的全文数据(full-text),但有些作者未附电子文件者除外;并展示论文的摘要(Poster paper/research exhibits)。

9.1.4　我国国内相关会议文献数据库

1. 万方数据资源系统中的《中国学术会议论文全文数据库》(CACP)

该库是国内学术会议文献全文数据库,主要收录 1998 年以来国家一级学会、协会、研究会组织召开的全国性学术会议论文,数据范围涵盖自然科学、工程技术、农林、医学等领域,是了解国内学术动态必不可少的帮手。《中国学术会议论文全文数据库》分为两个版本:中文版、英文版,其中中文版所收会议论文内容是中文,英文版主要收录在中国召开的国际会议的论文,论文内容多为西文。

2.《中国医学学术会议论文数据库》

《中国医学学术会议论文数据库》(China Medical Academic Conference,简称 CMAC),是解放军医学图书馆研制开发的中文医学会议论文文献书目数据库。CMAC 光盘数据库主要面向医院、医学院校、医学研究所、医药工业、医药信息机构、医学出版和编辑部等单位。CMAC 收录了 1994 年以来中华医学会所属专业学会、各地区分会等单位组织召开的医学学术会议 700 余本会议论文集中的文献题录和文摘,累计收录文献量 15 万余篇。CMAC 涉及的主要学科领域有:基础医学、临床医学、预防医学、药学、医学生物学、中医学、医院管理及医学情报等。收录文献可检索项目包括:会议名称、主办单位、会议日期、题名、全部作者、第一作者地址、摘要、关键词、文献类型、参考文献数、资助项目等 16 项内容。

3.《中国重要会议论文全文数据库(CPCD)》

《中国重要会议论文全文数据库(CPCD)》是中国知识基础设施工程(简称 CNKI)创建并通过网络发布的会议论文全文数据库,收录我国 2000 年以来国家二级以上学会、协会、高等院校、科研院所、学术机构等单位的论文集,年更新约 10 万篇论文。产品分为十大专辑:理工 A、理工 B、理工 C、农业、医药卫生、文史哲、政治军事与法律、教育与社会科学综合、电子技术与信息科学、经济与管理。十大专辑下又分为 168 个专题和近 3 600 个子栏目。

国家科技图书文献中心(NSTL)(http://www. nstl. gov. cn/)是根据国务院领

导的批示于2000年6月12日组建的一个虚拟的科技文献信息服务机构，负责各成员单位网上共建共享工作的组织、协调与管理。NSTL可提供以下检索服务：西文期刊、中文期刊、日文期刊、俄文期刊、外文学位论文、中文学位论文、国外科技报告、外文会议、中文会议、国外专利、中国专利、国外标准、中国标准、计量检定规程等。

9.2 标准文献信息检索

9.2.1 标准文献的含义及其类型

标准文献是一种特殊的文献，它以科学、技术和实践经验的综合成果为基础，为在一定范围内获得最佳秩序，对活动或其结果规定共同的和重复使用的规则、导则或特性的文件，由主管部门批准，以特殊形式发布，并作为共同遵守的准则和依据，是标准化工作的产物。广义的标准文献是指由技术标准、生产组织标准、管理标准及其他标准性质的类似文件所组成的文献体系，含标准化的书刊、目录和手册以及与标准化工作有关的文献等。狭义的标准文献是指“标准”、“规范”、“技术要求”等。

标准文献的类型因分类方法的不同而不同，通常有以下的几种。

1. 按标准文献使用范围分

层次分类法是标准文献按其发生作用的有效范围，划分不同的层次的一种分类方法。这种层次关系，通常又称为标准的级别。从世界范围来看，标准分为6大类。

(1) 国际标准：如国际标准化组织(ISO)标准等。

(2) 区域性标准：如欧洲(EN)标准等。

(3) 国家标准：如中国国家标准(GB)，美国国家标准(ANSI)等。

(4) 行业标准：如我国轻工业部的部颁标准(QB)，美国石油学会标准(API)等。

(5) 地方标准：如上海市的标准，沪Q/SG4-25-82等。

(6) 企业标准：如美国波音飞机公司标准(BAC)，营口市电火花机床厂标准Q/YD1001等。

《中华人民共和国标准化法》将我国国家标准分为国家标准、行业标准、地方标准和企业标准四级。我国的国家标准由国务院标准化行政主管部门制定；行业标准由国务院有关行政主管部门制定；地方标准由省、自治区和直辖市标准化行政主管部门制定；企业标准由企业自行制定。

2. 按标准文献内容划分

按内容划分，通常可把标准分为以下几种类型。

(1) 基础标准:指在一定范围内作为其他标准的基础并普遍使用,具有广泛指导意义的标准,如有关名词、术语、符号、代码、标志等方面的标准。

(2) 制品标准:为确保制品实用、安全,对制品必须达到的某些或全部要求所制定的标准,如品种、技术要求、试验方法、检验规则、包装、储存等。

(3) 方法标准:对检查、分析、抽样、统计等做统一要求所制定的标准。

(4) 安全标准:以保护人和物的安全为目的而制定的标准。

(5) 卫生标准:为保证人的健康,对食品、医药及其他方面的卫生要求而制定的标准。

(6) 环境保护标准:为保护环境和有利于生态平衡而制定的标准等。

3. 按标准的约束性划分

(1) 强制性标准:指具有法律属性,在一定范围内通过法律、行政法规等手段强制执行的标准是强制性标准。如我国国家标准(GB)为强制性国家标准。根据我国《国家标准管理办法》和《行业标准管理办法》,下列标准属于强制性标准:药品、食品卫生、兽药、农药和劳动卫生标准;产品生产、储运和使用中的安全及劳动安全标准;工程建设的质量、安全、卫生等标准;环境保护和环境质量方面的标准;有关国计民生方面的重要产品的标准等。

(2) 推荐性标准:又称为非强制性标准或自愿性标准,指生产、交换、使用等方面,通过经济手段或市场调节而自愿采用的一种标准,如我国国家标准 GB/T。这类标准不具有强制性,任何单位均有权决定是否采用,违反这类标准,不构成经济或法律方面的责任。但推荐性标准一经采用,或各方面商定同意纳入经济合同中,就成为各方面必须共同遵守的技术依据,具有法律约束性。

此外,还可以按标准化对象等其他方法来划分标准文献的类型。

9.2.2 标准的分类体系和代号

1. 分类体系

各国都编有适合国情的标准分类体系,概括起来有以下三种形式。

(1) 字母分类法:即以字母为标记的分类法。这种方法将标准分成若干类,每类用一个字母表示。采用这种分类法的有澳大利亚、加拿大、墨西哥等国。

(2) 数字分类法:即以数字作为标记的分类法。这种方法将标准分成若干类,有的还分为几级类目,每类用一组数字表示。采用这种分类法的有丹麦、印度、葡萄牙、意大利、西班牙、比利时、阿根廷、德国、荷兰、瑞士等国。

(3) 字母数字混合分类法:即采用字母和数字相结合,这种方法把标准分类后,每一类用字母加数字表示。采用这种分类法的有中国、美国、日本、芬兰、法国、前苏联、罗马尼亚、波兰等国。

2. 标准代号

各国的标准都有各自的代号，了解这些代号，对于查找各国标准很有用处。一些主要国家的标准代号如表 9-1 所示。

表 9-1 一些主要国家的标准代号

国家名称	标准代号	国家名称	标准代号
美国	ANSI	俄罗斯(前苏联)	OCT
英国	BS	日本	JIS
法国	FN	瑞典	SIS
意大利	UNI	荷兰	NEN
德国	DIN	挪威	NS
加拿大	CSA	比利时	NBN
澳大利亚	AS	丹麦	DS
瑞士	VSM	罗马尼亚	STAS

无论是国际标准还是各国标准，在编号方式上均遵循各自规定的一种固定格式，通常为“标准代号＋流水号＋年代号”。这种编号方式上的固定化使得标准编号成为检索标准文献的主要途径之一。

9.2.3 国际标准化组织及其网站

1. 国际标准化组织(http://www.iso.ch)

国际标准化组织正式成立于 1947 年 2 月 23 日，是世界上最主要的非政府间国际标准化机构。它的宗旨是：在世界范围内促进标准化及有关工作的开展，以利于国际物资交流和服务，并促进在知识、科学、技术和经济活动中的合作。

ISO 的主要活动有：制定和出版 ISO 国际标准，并采取措施在世界范围内实施；协调世界范围内的标准化工作；组织各成员和各技术委员会进行信息交流；与其他国际组织进行合作，共同研究有关标准化问题。

随着国际贸易的发展，对国际标准的要求日益提高，ISO 的作用也日趋扩大，世界上许多国家对 ISO 也越加重视。

2. 国际电工委员会(http://www.iec.ch)

国际电工委员会是世界上成立最早的非政府间国际标准化机构。目前 IEC 成员国包括了绝大多数的工业发达国家及一部分发展中国家。这些国家拥有世界人口的80%,其生产和消耗的电能占全世界的95%,制造和使用的电气、电子产品占全世界产量的90%。

国际电工委员会(IEC)的宗旨是:在电学和电子学领域中的标准化及有关事务方面(如认证)促进国际合作,增进国际的相互了解,并且通过出版国际标准等出版物来实现这一宗旨。

3. 国际电信联盟(http://www.itu.int/)

国际电信联盟是联合国的一个专门机构,也是联合国机构中历史最长的一个国际组织,简称"国际电联"或"电联"。这个国际组织成立于1865年5月17日,是由法国、德国等20个国家在巴黎会议上,为了顺利实现国际电报通信而成立的国际组织,定名"国际电报联盟"。1932年,70个国家代表在西班牙马德里召开会议,决议把"国际电报联盟"改为"国际电信联盟",这个名称一直沿用至今。1947年经联合国同意,国际电信联盟成为联合国的一个专门机构。总部由瑞士伯尔尼迁至日内瓦。另外,还成立了国际频率登记委员会(IFRB)。

国际电信联盟的实质性工作由三大部门承担,它们是:国际电信联盟标准化部门(ITU)、国际电信联盟无线电通信部门和国际电信联盟电信发展部门。其中电信标准化部门由原来的国际电报电话咨询委员会(CCITT)和国际无线电咨询委员会(CCIR)的标准化工作部门合并而成,主要职责是完成国际电信联盟有关电信标准化的目标,使全世界的电信标准化。ITU目前已制定了2 024项国际标准。

国际电信联盟现有来自150多个国家和地区的会员、准会员。ITU使用中、法、英、西、俄5种语言出版电联正式文件,工作语言为英、法、西3种。

ITU的目的和任务是:维持和发展国际合作,以改进和合理利用电信,促进技术设施的发展及其有效运用,以提高电信业务的效率,扩大技术设施的用途,并尽可能使之得到广泛应用,协调各国的活动。

4. 美国国家标准学会(http://web.ansi.org/)

美国国家标准学会(American National Standards Institute,简称ANSI),是非赢利性质的民间标准化团体。1918年10月19日,美国材料试验协会、美国机械工程师协会、美国矿业与冶金工程师协会、美国土木工程师协会、美国电气工程师协会5个民间组织,在美国商务部、陆军部和海军部3个政府机构改革的参与下,共同发起成立了美国工程标准委员会(AESC)。1928年AESC改组为美国标准协会(ASA),1966年8月又改组为美利坚合众国标准学会(USASI),1969年10月6日始改为现名。

ANSI经联邦政府授权,作为自愿性标准体系中的协调中心,其主要职能是:协调国内各机构、团体的标准化活动;审核批准美国国家标准;代表美国参加国际标准化活动;提供标准信息咨询服务;与政府机构进行合作。

5. 英国标准学会(http://www.bsi.org.uk)

英国标准学会(British Standards Institution,简称 BSI),是世界上最早的全国性标准化机构,它不受政府控制但得到了政府的大力支持。BSI 制定和修订英国标准,并促进其贯彻执行。

英国标准学会(BSI)的宗旨是:促进生产,努力协调生产者与用户之间的关系,达到标准化(包括简化);制定和修订英国标准,并促进其贯彻执行;以学会名义,对各种标准进行登记,并颁发许可证;必要时采取各种行动,保护学会利益。

6. 德国标准化学会(http://www2.din.de)

德国标准化学会(Deutsches Institute fur Normung ,简称 DIN),是德国的标准化主管机关,作为全国性标准化机构参加国际和区域的非政府性标准化机构。

DIN 是一个经注册的私立协会,大约有 6 000 个工业公司和组织为其会员。目前设有 123 个标准委员会和 3 655 个工作委员会。

DIN 于 1951 年参加国际标准化组织。由 DIN 和德国电气工程师协会 (VDE) 联合组成的德国电气电工委员会(DKE)代表德国参加国际电工委员会。DIN 还是欧洲标准化委员会、欧洲电工标准化委员会(CENELEC)和国际标准实践联合会(IFAN)的积极参加者。

7. 法国标准化协会(http://www.afnor.fr/)

法国标准化协会(Association Francaise de Normalisation,简称 AFNOR),成立于 1926 年,总部设在巴黎,是一个公益性的民间团体,也是一个由政府承认和资助的全国性标准化机构。1941 年 5 月 24 日,法国政府颁布的一项法令确认 AFNOR 为全国标准化主管机构,并在政府标准化管理机构——标准化专署领导下,按政府批示组织和协调全国标准化工作,代表法国参加国际和区域性标准化机构的活动。

根据标准化法,AFNOR 的主要任务有如下几项:在标准化专员的指导监督下,集中和协调全国性的标准化活动:向全国各专业标准化局传达、落实政府指令,协助他们制订标准草案,审查草案,承担标准的审批工作;协调各标准组织的活动并担任他们与政府间的联络人;代表法国参加国际标准化组织和出席会议;在没有标准化管辖的领域,组织技术委员会,进行标准草案的制订工作。

目前,法国共有 31 个标准化局(最多时达 39 个)承担了 AFNOR50%的标准制订修订工作。其余 50%则由 AFNOR 直接管理的技术委员会来完成。AFNOR 现有 1 300 多个技术委员会,近 35 000 名专家参与工作。法国每 3 年编制一次标准修订计划,每年进行一次调整。

8. 日本工业标准调查会(http://www.jisc.go.jp/)

日本工业标准调查会(Japanese Industrial Standards Committee ,简称 JISC),成立于 1946 年 2 月,隶属于通产省工业技术院。它由总会、标准会议、部会和专门委员会组成。

标准会议下设 29 个部会,负责审查部会的设置与废除,协调部会间工作,负责管理调查部会的全部业务和制订综合计划。各部会负责最后审查在专门委员会会议上通过的 JIS 标准草案。专门委员会负责审查 JIS 标准的实质内容。

9. 美国机械工程师协会(http://www.asme.org)

美国机械工程师协会(American Society of Mechanical Engineers ,简称 ASME),成立于 1881 年 12 月 24 日,会员约693 000人。ASME 主要从事发展机械工程及其有关领域的科学技术,鼓励基础研究,促进学术交流,发展与其他工程学、协会的合作,开展标准化活动,制订机械规范和标准。

ASME 是 ANSI 五个发起单位之一。ANSI 的机械类标准主要由它协助提出,并代表美国国家标准委员会技术顾问小组参加 ISO 的活动。

10. 美国电气电子工程师学会(http://www.ieee.org/)

美国电气电子工程师学会(Institute of Electrical and Electronics Engineers,简称 IEEE),1963 年由美国电气工程师学会(AIEE)和美国无线电工程师学会(IRE)合并而成,是美国规模最大的专业学会 。它由大约 17 万名从事电气工程、电子和有关领域的专业人员组成,分设 10 个地区和 206 个地方分会,设有 31 个技术委员会。

IEEE 的标准制订内容有:电报与电子设备、试验方法、元器件、符号、定义及测试方法等。

9.2.4　中国标准组织及其文献检索

1. 概况

1978 年 5 月,国家标准总局的成立和 1975 年 7 月《中华人民共和国标准管理条例》的颁布,标志着我国标准化工作进入了一个新的发展时期。1979 年以来,我国已成立了 200 个专业标准技术委员会,327 个分标准化技术委员会。1978 年 9 月又以中国标准化协会(CAS)名义,加入了国际标准化组织(ISO),并参加了其中 103 个技术委员会。据统计,到 1992 年年底,国家标准已达到 1.8 万多个,专业(部)标准 3 万个,企业(地方)标准 15 万个。国家标准 40%采用国际标准和国外先进标准。

我国标准的分类是采用字母数字混合分类法。字母标志大类,数字代表小类,由 A—Z 共分 24 个大类。我国标准号结构形式为:标准代号+标准编号+发布年份,如 GB13668—92。

2. 中国标准化组织与网址

1) 中国国家标准化管理委员会(http://www.sac.gov.cn/)

它是国务院授权履行行政管理职能,统一管理全国标准化工作的主管机构。在其网上可查看国家标准化管理委员会的最新国家标准公告、中国行业标准公告,还可用“中国国家标准目录”栏提供的检索工具对标准进行检索。

2）中国标准服务网(http://www.cssn.net.cn/)

它是由中国标准研究中心标准馆主办，是世界标准服务网在中国的网站，有着丰富的信息资源。开放的数据库有中国国家标准、国际标准、发达国家的标准数据库等15种。

3）中国标准化信息网(http://www.china-cas.com/)

它是由中国标准协会主办，该协会是主要从事标准化学术研究、标准修订、培训、技术交流、编辑出版、咨询服务、国际交流与合作的综合性社会团体。

4）中国质量信息网(http://www.cqi.gov.cn/)

它是在1997年由原国家质量技术监督局，现在的国家质量监督检验检疫总局批准正式成立，是质检总局覆盖全国的质量技术监督信息系统和管理系统，也是向社会开放的质量服务平台。

5）中国电力标准网(http://www.dls.org.cn/)

它是由中国电力企业联合会标准化中心主办。该中心主要职能有：组织编制电力国家标准计划项目建议，组织起草电力行业标准的制订修订计划；审核全国标准化技术委员会和电力行业标准化技术委员会拟订的电力国家标准及行业标准；负责国际电工委员会相关技术委员会中国业务的联系与接洽工作，组织参加国际标准化活动，推动电力行业采用国际标准和国外先进标准等。

6）中国通信标准与质量信息网(http://www.ptsn.net.cn/)

它是由中国通信标准化协会主办的。其目的是为了更好地开展通信标准的普及推广工作，对企业标准化工作进行指导和管理。其质量网是为广大通信企、事业单位提供多方位通信标准信息服务的专业网站。

7）中国标准出版社网(http://www.bzcbs.com.cn/)

中国标准出版社是我国法定的以出版国家标准、行业标准、标准类图书和相关科技图书为主的中央级出版社。通过该社网址，可查阅相关标准信息。

3. 我国标准文献的检索工具

查找我国各类标准的检索工具有以下几种。

(1)《中国标准化年鉴》：由国家标准局编辑，1985年创刊，以后逐年出版一本。内容包括我国标准化事业的现状、国家标准分类目录和标准序号索引三部分。

(2)《中华人民共和国国家标准目录》：由中国标准化协会编辑，不定期出版，内容除包括现行国家标准外，还列出了行业标准。该目录分标准序号索引和分类目录两部分编排。

(3)《中国国家标准汇编》：它是一部大型、综合的国家标准全集。自1983年起，由中国标准出版社以精装本、平装本两种形式陆续分册汇编出版，收集了我国正式发布的全部现行国家标准，依标准顺序号编排，凡顺序号空缺，除特殊注明处，均为作废标准号或空号。该汇编是查阅国家标准(原件)的重要检索工具,它在一定程度上反映了新中国成立以来标准化事业发展的基本情况和主要成就。

(4)《台湾标准目录》:由厦门市标准化质量管理协会翻印,1983 年出版。该目录收录中国台湾 1983 年前批准的共10 136个标准。

(5)《世界标准信息》:由中国标准信息中心编辑出版,月刊。该刊以题录形式介绍最新国家标准、行业标准、中国台湾标准、国际和国外先进标准,以及国内外标准化动态。

除上述印刷型检索工具外,中国标准情报中心已建立了中西混合检索标准数据库。该库除国家标准(GB)外,还包含中国台湾标准,以及 ISO、IEC、日本、美国等国际标准组织和西方各国的标准。该库提供了以 30 天周期的标准发布、修改、作废信息。数据库数据可以软盘或光盘形式向广大用户提供。

如需了解我国标准化动态和掌握某学科范围内新制订和修改的标准,可借助《世界标准信息》等刊物浏览查找。如需要系统查找某特定内容方面的标准,可通过《中国标准年鉴》和《中华人民共和国标准目录》等刊物中提供的分类途径查找。分类途径查找时应注意我国标准的分类体系。

9.3 专利文献信息检索

9.3.1 专利含义、类型及特点

1. 专利的含义

专利(Patent)是知识产权的一种。专利文献是一种重要的信息源,它是专利申请人向政府递交的说明新发明创造的书面文件。此文件经政府审查、试验、批准后,成为具有法律效力的文件,由政府印刷发行。专利文献不仅具有实用性,而且反映了世界技术与发展动向。

在我国,直到 19 世纪末 20 世纪初,才开始有涉及专利的活动。1950 年颁布了《保障发明权与专利权暂行条例》。1979 年成立了中华人民共和国专利局,着手拟定我国的专利法和专利制度。1983 年 3 月,我国正式加入了世界知识产权组织,代号“WO”。1984 年 3 月 12 日,正式通过了《中华人民共和国专利法》,并于 1985 年 4 月 1 日起实施。我国专利制度的实行,有利于新技术的普及和推广应用,有利于国际技术交流和新技术的引进。

专利一词包含三层含义:一指专利法保护的发明;二指专利权;三指专利说明书

等文献。其核心是受专利法保护的发明,而专利权和专利文献是专利的具体体现。从广义上讲,专利文献包括:专利说明书、专利公报、专利检索工具、专利分类表、与专利有关的法律文件及诉讼资料等。从狭义上说,专利文献就是专利说明书,它是专利申请人向专利局递交的说明发明创造内容及指明专利权利要求的书面文件,既是技术文献,也是法律性文件。

2. 专利的类型

由于各国的专利法不同,专利种类的划分也不尽相同。例如,美国分为发明专利、外观设计专利和植物专利;我国、日本和德国等国分为发明专利、实用新型和外观设计专利。

(1) 发明专利:国际上公认的应具有新颖性、先进性和实用性的新产品或新方法的发明。

(2) 实用新型专利:对机器、设备、装置、器具等产品的形状构造或其结合所提出的实用技术方案。其审查手续简单,保护期限较短。

(3) 外观设计专利:指产品的外形、图案、色彩或其结合做出的富有美感而又适用于工业应用的新设计。

实用新型专利和外观设计专利都涉及产品的形状,两者的区别是:实用新型专利主要涉及产品的功能,外观设计专利只涉及产品的外表。如果一件产品的新形状与功能和外表均有关系,申请人可以申请其中一个,也可分别申请。

3. 专利的特点

(1) 独占性。专利为专利所有人独自占有,任何个人和单位未经许可,不得私自使用专利所有人的技术发明,否则为侵权行为。

(2) 区域性。专利权具有严格的区域范围,它只在取得专利权的国家(地区)受到保护,而在其他国家没有任何约束力。人们欲使其一项新发明技术获得多国专利保护,就必须将其发明创造向多个国家申请专利。同一项发明创造在多个国家申请专利而产生的一组内容相同或基本相同之处的文件出版物,称为一个专利族。

(3) 时效性。任何专利都有保护期,也就是说专利权人对其发明创造所拥有的专利权只在各国法律规定的时间内有效,保护期满后,该项发明创造就成为社会的共同财富,任何单位和个人都可无偿使用。我国专利法规定专利权期限为自申请日起,发明专利为 20 年,实用新型专利和外观设计专利各为 10 年。

9.3.2 专利文献的含义、类型及特点

1. 专利文献的含义

狭义上讲,专利文献就是专利说明书。该说明书的内容包括发明人对发明内容的详细说明和对要求保护的范围的详细描述。广义上讲,专利文献就是指记载和说

明专利内容的文件资料及相关出版物的总称。它包括专利说明书、专利分类表，及专门用于检索专利文献的各种检索工具书，如专利公报、专利索引、专利文摘、专利题录等。

2. 专利文献的类型

根据专利文献的不同功能，可以将专利文献分为三大类型。

1）一次专利文献

一次专利文献是指详细描述发明创造内容和权利保护范围的各种类型的专利说明书，它是专利文献的主体。专利说明书详细地公布专利技术内容，并且它严格地限定专利权的保护范围，是最重要的专利文献形式。

2）二次专利文献

二次专利文献主要指各种专利文献的专用检索工具，如各种专利文摘、专利索引、专利公报等。我国的专利公报主要有三种：《发明专利公报》、《实用新型专利公报》和《外观设计专利公报》。它们是查找中国专利文献、检索中国最新专利信息和了解中国专利局专利审查活动的主要工具。

3）三次专利文献

三次专利文献是指按发明创造的技术主题编辑出版的专利文献工具书，主要包括专利分类表、分类定义、分类表索引等。

3. 专利文献的特点

专利文献在内容上和形式上都有明显的特点。

(1) 内容详尽，技术高、精、尖。

国际专利合作条约(PCT)对撰写专利说明书有明确的规定：专利申请说明书所公开的发明内容应当完全清楚，以内行人能实施为标准。我国专利法也规定：说明书必须对发明或实用新型作出清楚、完整的说明，以所属技术领域的技术人员能实现为准，必要的时候，应当有附图。

与其他科技文献相比，专利文献在技术内容的表述上更为详细、具体。又由于申请专利要花费大量的精力和财力，所以，大多数申请人都会选取自己最有价值的发明创造成果去申请专利，使得专利文献的技术含量较高。

(2) 数量庞大、内容广泛。

全世界每年公布的专利说明书约150万件，占每年科技出版物数量的1/4，专利说明书内容极为广泛，从简单的日常生活用品到世界尖端科技，几乎涉及了人类生产活动的所有技术领域。

(3) 出版报道速度快。

世界上大部分国家实行的都是先申请制、早期公开和延迟审查制度。对于内容相同的发明、专利权授予最先提出申请的人，这使得发明人总是尽一切可能及早提出自己的专利申请，以取得主动权。另外，由于实行了早期公开和延迟审查制度，自专利申请日起的18个月内,专利局就公开出版专利申请说明书,使得专利文献成为报道新技术最快的一种信息源。

(4) 格式雷同。

各国对于专利说明书的著录格式的要求大体相同,著录项目统一使用国际标准识别代码,并采用统一的专利分类体系,即国际专利分类法;各国的专利申请说明书和权利要求书的撰写要求也大致相同。这些要求极大方便了人们对全球各国专利说明书的阅读和使用。

(5) 重复报道量大。

专利文献的重复报道量非常大,一是同族专利的存在,一件专利在多个国家申请,就会在多个国家重复进行出版、公布;二是在实行早期公开、延迟审查专利审批制度的国家,在一件专利的申请、审批过程中要公开内容相同的专利说明书2~3次。

9.3.3 国际专利分类法简介

1. 概述

国际专利分类法(International Patent Classification ,简称IPC),是根据1971年签订的《关于国际专利分类的斯特拉斯堡协定》编制的,是一个在世界范围内由政府间组织执行的专利体系。该分类法自1968年第一版开始使用到现在,基本上是每5~6年修订一次,目前使用的是第8版。

IPC是使各国专利文献获得统一分类及提供检索的一种工具。它的基本目的是为各国专利局以及其他使用者围绕确定专利申请的新颖性、创造性或对有关专利作出评价工作而进行的专利文献检索,提供一种有效的检索工具。目前,世界上有50多个国家及2个国际组织采用IPC对专利文献进行分类。

2. IPC的服务功能

IPC的服务功能包括:

(1) 利用分类表编排专利文献;

(2) 对专利情报使用者提供进行选择性报道的基础;

(3) 作为对某一个技术领域进行现有技术水平调研的基础;

(4) 作为进行工业产权统计工作的基础,以此为依据,可对各个领域的技术发展状况作出评价。

3. 国际专利分类表

IPC号按顺序由以下5级组成:部(Section)、大类(Class)、小类(Subclass)、大组(Group)、小组(Subgroup)。其中:部由大写字母表示(共有A~H 8个部);大类由数字表示;小类由字母表示(大小写均可);大组、小组均由数字表示,两者之间用斜线

"/"隔开。

国际专利分类表(印刷型)共分 8 个部,每个部是一个分册,加上使用指南分册,IPC 共有 9 个分册:

A 分册:A 部 ——人类生活必须(农、轻、医);

B 分册:B 部 ——作业、运输;

C 分册:C 部 ——化学、冶金;

D 分册:D 部 ——纺织、造纸;

E 分册:E 部 ——固定建筑物(建筑、采矿);

F 分册:F 部 ——机械工程;

G 分册:G 部 ——物理;

H 分册:H 部 ——电学;

第九分册:使用指南(包括大类、小类及大组的索引)。

《使用指南》是利用国际专利分类表的指导性文件,它对国际专利分类表的编排、分类原则、分类方法和分类规则等作了详细的解释和说明,可帮助使用者正确使用《国际专利分类表》。

在前 8 个大部下分为 118 个大类(Class)、620 个小类(Subclass)、5 000 多个大组(Group)和小组(Subgroup),任何一个完整的国际专利分类号都是由部、大类、小类、大组、小组 5 级组成,各级有不同的编号方式。

例如,水果蔬菜保鲜剂的国际专利分类号为:A23B7/153。第一位的 A 指的是部(生活必需品);"23"表示是大类;B 表示小类;"7"表示大组;"153"表示是小组。

9.3.4　专利文献检索的类型及途径

1. 专利文献检索的类型

(1) 新颖性检索:通过检索专利文献,可判断发明创造是否具有专利法规定的新颖性,对于专利审查人员,可以判断专利申请是否合格;对于科研人员,技术创造、发明人而言,则可判断专利申请的成功率,了解相关课题的研究状况,减少不必要的损失。

(2) 侵权检索:通过检索专利文献,可判断侵权行为或避免侵权行为。

(3) 专利有效性检索:通过检索专利文献,可以判断相关专利的时效性。

(4) 同族专利检索:通过检索专利文献,可以了解同一项发明创造在多个国家申请专利的情况。

(5) 信息性检索:通过检索专利文献,可获取一定量的科技情报信息。

2. 专利文献的检索途径

1) 分类途径

分类途径是根据专利所属主题范围,利用特定的专利分类体系进行查找的一种途径。通过分类途径检索的一般步骤是:首先依检索目的确定合适的主题范围,根据工具书的特点找出合适的分类号;然后利用工具书的分类索引查找相关的信息;最后利用专利公报中的摘要和附图等信息进行鉴别,找到合适的结果并索取专利说明书。

各国专利文献一般都提供分类检索途径,绝大多数国家使用的分类体系都是国际专利分类表。

2) 名称途径

这里的名称主要是指专利发明人、专利申请人、专利权人或者专利受让人的名称。按照名称途径检索的前提条件是要有相关专利所属的自然人和法人的名称,然后根据专利工具书提供情报的名称索引进行查找。

《中国专利索引》提供了申请人、专利权人索引途径,用户可以以申请人、专利权人作为检索入口进行查找。

3) 号码途径

号码途径是指通过专利申请号、专利号、公开号等相关的专利号码,利用相应的索引进行检索。利用号码检索还可以根据获得的其他信息进行扩检。

4) 优先项途径

优先项是指同族专利中基本专利的申请日期、申请号和申请国别。由于同族专利中的所有专利都具有相同的优先申请日期、优先申请号和优先国别,所以只要专利说明书上的优先项相同,就可以确定相关专利为同族专利。优先项检索的主要工具是德温特公司的《世界专利索引优先项对照表》。

5) 其他途径

除了以上检索途径,还可以通过其他途径获得相关的专利线索,包括从商品或产品样本上寻找线索,从报刊中获取专利信息,或者从其他科技文献检索工具中查找专利文献等。

9.3.5 国内外专利文献检索工具

1. 国内专利文献检索工具

1)《中国专利索引》

中国专利索引是年度索引,它对每年公开、公告、授权的三种专利以著录数据的形式进行报道,是检索中国专利文献,尤其是通过专利公报检索专利十分有效的工具。

中国专利索引目前共有三种:《分类号索引》、《申请人、专利权人索引》和《申请号、专利号索引》。1997 年以前《中国专利索引》只有《分类年度索引》和《申请人、专利权人年度索引》两种。《分类年度索引》是按照国际专利分类或国际外观设计分类的顺序进行编排的;《申请人、专利权人年度索引》是按申请人或专利权人姓名或译名的汉语拼音字母顺序进行编排的。两种索引都按发明专利、实用新型专利和外观设计专利分编成三个部分。《申请号、专利号索引》则以流水号顺序编排，其中发明专利分为发明专利申请公开和发明专利权授予两部分，分别用以检索专利申请和专利权授予。

以上三种专利索引无论查阅哪一种，都可以得到分类号、发明创造名称、公开号(或授权公告号)、申请人(或专利权人)、申请号以及卷期号(专利公报卷、期号)这六项数据。

2) 专利公报

专利公报是查找专利文献，检索中国最新专利信息，了解中国专利行政机关业务活动的主要工具书。

(1) 中国专利公报的种类及出版状况。

中国专利公报根据专利的类型共分《发明专利公报》、《实用新型专利公报》和《外观设计专利公报》三种，其出版周期也随着我国专利事业的发展经历了一个从无到有、由慢到快的过程。从 1990 年开始，三种公报都改为周刊，每年分别出版 52 期。

(2) 中国专利公报的编排体例。

中国专利公报大体可以分为三部分：第一部分公布专利文献和授权决定；第二部公布专利事物；第三部分是索引。

第一部分以摘要形式对发明专利公开公告和对实用新型专利申请进行公布。从 1993 年以后，《实用新型专利公报》的第一部分改为以摘要的形式公布授权的实用新型专利使用授权公告号；《外观设计专利公报》第一部分公布的是公告授权的外观设计专利的全文；《发明专利公报》第一部分除了以摘要的形式公布专利申请公开，还以著录项目的形式公布发明专利权的授予。

第二部分是专利事务部分，记载专利申请的审查以及专利的法律状态等有关事项，包括专利申请的驳回、专利权的撤销及无效宣告、强制许可、专利权的恢复等内容。

第三部分是索引。这一部分对当期公报所公布的申请和授权的专利作出索引，以便检索。随着专利法的修改而产生的专利审查、授权程序的变化，使专利公报的索引也有所变化：发明专利公报索引从 1993 年起，取消了审定公告索引，目前还有申请公开索引和授权公告两种。这两种索引分别按照 IPC(国际专利分类表)分类号、申请号和申请人的顺序编排了 3 个子索引。每部分索引还列有公开号/申请号对照表和授权公告号/专利号对照表。

实用新型和外观设计专利公报的索引部分，取消了 1993 年以前的申请公告索引，保留了授权公告索引；从 1993 年起以授权公告号/专利号对照表取代了原来的公告号/申请号对照表。

3) 缩微型专利文献和 CD-ROM 光盘版专利文献

我国缩微型专利文献的出版开始于 1987 年，分胶卷和平片两种。从 1993 年开始出版中国专利文献 CD-ROM 出版物，并且从 1996 年起，我国不再出版印刷型专利说明书，专利说明书全部以 CD-ROM 光盘的形式出版。

4）专利文献通报

专利文献通报是一种中文专利检索工具，它以文摘和题录的形式报道中国、美国、英国、日本、德国等国家以及欧洲专利公约和国际专利合作条约的专利文献。该刊根据国际专利分类表中的 118 个大类，分编成 45 个分册，按照国际专利分类号编排，并有年度分类索引。

2. 国外专利文献检索工具——德温特专利工具简介

英国德温特出版公司(Derwent Publication Ltd.)成立于 1951 年，专门从事世界专利文摘和索引工作，刚开始主要出版药物方面的专利文献，1970 年开始扩大到全部化学化工及材料专业，共出版 12 种文摘，称为《中心专利索引》(Central Patents Index，简称 CPI)。1974 年进一步把报道范围扩大到整个工业技术领域，从而成为完整报道世界性专利文献的检索刊物，《世界专利索引》(World Patents Index，简称 WPI)。德温特专利文献的特点是全面、快速和方便，是查找国际专利文献的重要工具。

1）德温特检索工具体系

德温特检索工具是一个非常复杂的体系，主要有三大部分。

(1)题录周报：又称为《世界专利索引快报》，是报道各国专利说明书的题录周报，共有 4 个分册，每个分册后附有专利权人索引、国际专利分类号索引、德温特入藏号索引和专利号索引。

(2)文摘周报：有分类文摘周报和分国文摘周报两套编排方法。其中分类文摘周报主要有三个系列：《世界专利文摘》、《电气专利索引》、《中心专利索引》。

(3)累积索引：《世界专利索引》共有 4 种累积索引：专利所有权人索引、国际专利分类号索引、相同专利对照表、专利号索引。

2)德温特专利工具的检索

通过《世界专利索引快报》(WPIG)可以查找专利的题录；从《世界专利文摘》(WPAJ)、《电气专利索引》(EPI)和《中心专利索引》(CPI)可以用来查找专利的文摘。也可以由 WPIG 查到题录的专利号，再到 WPAJ、EPI、CPI 中查看文摘。

9.3.6 国内外检索专利文献的相关网站

1. 国内检索专利文献的相关网站

1）中华人民共和国国家知识产权局网站(http://www.sipo.gov.cn)

该网站是由国家知识产权局和中国专利信息中心主办，可获得中国专利说明书全文。它提供主题词和分类号两种检索方式。

2）中国知识产权网（http://www.cnipr.com）

该网站由中华人民共和国国家知识产权局知识产权出版社主办，其中“中国专利文献网上检索系统”收录了 1985 年至今在中国公开的全部专利，并提供全文说明书。

3）中国专利信息网（http://www.patent.com.cn）

该网站是 1998 年由中国专利局检索咨询中心与长通飞华信息技术有限公司共同开发。其提供的“中国专利数据库”收集了我国自 1985 年实施专利制度以来的全部发明专利和实用新型专利信息，有完整的题录和文摘。该网站具有专利检索，专利知识、专利法律法规介绍，项目推广，高技术传播等功能。

4）中国专利网（http://www.patentfair.net）

该网站由隶属国家知识产权局的中国专利技术开发公司承办，是涉及专利和发明的综合性网站，它为个人、企业和机构提供专利法律咨询、专利申请、费用缴纳、专利技术信息、专利会展、专利技术转让、发明人事务等全方位服务。

2. 国外检索专利文献的相关网站

1）美国专利商标局（USPTO）专利数据库（http://www.uspto.gov/）

美国专利商标局成立已有 200 多年的历史，收录了 1790 年至 1975 年颁布的专利说明书；以及 1976 年后授权的专利文摘及说明书。2001 年 3 月开始增加了美国申请专利说明书的文本及映像文件。该数据库有快速检索、高级布尔逻辑检索及专利号检索三种检索方式。

2）欧洲专利局专利数据库（http://ep.espacent.com/）

由欧洲专利组织（EPO）及其成员国的专利局提供，可用于检索欧洲及欧洲各国的专利，包括欧洲专利（EP）、英国、德国、法国、意大利、芬兰、丹麦、西班牙、瑞士、瑞典等 15 个欧洲国家的专利。

3）PCT 国际专利数据库（http://ipdl.wipo.int/）

知识产权数字图书馆（Intellectual Property Digital Library）提供检索国际专利的数据库 PCTEG 和检索非专利文献的数据库 JOPAL。这些数据库对公众免费开放使用，数据由世界知识产权组织（WIPO）提供，收录了 1997 年 1 月 1 日至今的 PCT 国际专利（仅提供专利扉页、题录、文摘和图形）。

4）日本工业产权数字图书馆（http://www.ipdl.jpo.go.jp/homepg.ipdl/）

日本专利局的工业产权数字图书馆是一个专利信息数据库检索系统。该系统可以供公众免费检索日本专利局数据库中的专利信息，并提供日、英两种文字的检索页面。

5）其他国家和地区专利信息网网址

澳大利亚专利数据库　http://www.IPAustralia.gov.au/

韩国专利数据库　http://www.kipris.or.kr/english/index.html

中国台湾地区 APIPA 专利数据库　http://www.apipa.org.tw/

WIPO 知识产权数字图书馆 http://ipdl.wipo.int/

JOPAL 数据库 http://jopal.wipo.int/JOPAL

NCBI 基因序列数据库 http://www.ncbi.nlm.nih.gov

巴西专利数据库 http://www.inpi.gov.br/pesq_patentes/patentes.htm

法国专利数据库 http://www.inpi.gov.fr/brevet/html/rechbrev.htm

德国专利数据库 http://www.dpma.de/suche/suche.html

英国专利数据库 http://www.patent.gov.uk/patent/dbase/index.htm

俄罗斯联邦专利数据库 http://www.fips.ru/ensite

美、日、欧三方合作数据库 http://www.uspto.gov/web/tws/sh.htm

9.4 科技报告的检索

9.4.1 科技报告的含义及类型

科技报告最早出现在 20 世纪初，是各国政府部门或科研、生产机构关于某个研究项目和开发调查工作的成果总结报告，或者是研究过程中每个阶段的进展报告，其中绝大多数涉及国家扶持的高新技术项目，内容丰富、信息量大，它对问题研究的论述系统完整，是科研活动中的第一手资料。据报道每年产生的科技报告在 100 万件以上。

科技报告是有关科研工作记录或成果的报告。它有以下几种类型：

(1) 按研究进展分为初步报告、进展报告、中间报告和终结报告；

(2) 按密级分为绝密、秘密、非密级限制发行、解密、非密级公开等各种密级的科技报告；

(3) 按技术角度分为技术报告、技术札记、技术备忘录、技术论文、技术译文、合同户报告、特殊出版物、中间报告、最后报告、年度报告、进展报告等。

9.4.2 中国科技报告及其检索工具

我国科研成果的统一登记和报道工作是从 1963 年正式开始的。凡是有科研成果的单位都要按照规定程序上报、登记。国家科委根据调查情况发表科技成果公报和出版《科学技术研究成果报告》。我国出版的这套研究成果报告内容相当广泛，实际上是一种较为正规的、代表我国科技水平的科技报告。它分为“内部”、“秘密”和“绝密”三个级别。检索我国科技报告的检索工具有《科学技术研究成果公报》(简称

《公报》)。

《科学技术研究成果公报》,1963 年创刊,1966 年停刊,1981 年 5 月复刊。由国家科委科学技术研究成果管理办公室编辑,科学技术文献出版社出版,双月刊,并有年度分类索引,是检索中国科技报告的主要检索工具。我国较大的科研成果,由国务院有关部门推荐,经国家科委科学技术研究成果办公室正式登记,以摘要形式在《公报》上公布。每期文摘款目按分类编排,共分下列四大类:农业、林业;工业、交通及环境科学;医药、卫生;基础科学。每大类按《中国图书资料分类法》的分类号顺序排列,每期最后有"科技成果授奖项目通报",每年第 12 期有全年"分类索引"。由于相应的数据库已投入使用,《公报》于 1999 年停止出印刷版。

9.4.3 国外的科技报告及其检索工具

科技报告主要是第二次世界大战期间和战后迅速发展起来的,大多数发达国家都有自己的科技报告,如英国航空航天委员会的 ARC 报告、法国原子能委员会的 CEA 报告、德国航空研究 DVR 报告、瑞典国家航空研究 FFA 报告、日本原子能研究 JAERI 报告等。美国的四大报告(PB、AD、NASA、DOE)一直居世界前列,是世界上科技人员注目的重心。

1. 美国政府四大报告

1) PB 报告

第二次世界大战结束时,美国派遣了许多科技人员去当时的战败国德国、日本、意大利等国进行所谓"调查",掠夺了数千吨计的秘密科技资料,其中有工厂实验室的战时技术档案、战败国的专利文献、标准与技术刊物、科技报告、期刊论文、工程图纸等。为了系统整理并利用这些资料,1945 年 6 月,美国成立商务部出版局(U. S. Department of Commerec Office of Publication Board,简称 PB)来负责收集、整理、报道和提供使用这批资料。每件资料都依次编上顺序号,在号码前统一冠以"PB"字样,故称之为 PB 报告。后来,PB 报告出版单位几经变化,从 1970 年 9 月起,才由 NTIS 负责,并继续使用 PB 报告号。

PB 报告的编号原采用 PB 编码加上流水号,1980 年开始使用新的编号系统,即"PB—年代—报告顺序号",而且报告的体系有新的变化。例如,PB10 万号系统为一般能够收藏的单篇报告;PB80 万号系统为专题检索目录;PB90 万号系统为连续出版物和刊物。

PB 报告收录范围也几经变化:20 世纪 40 年代的 PB 报告(10 万号以前)主要是来自战败国的科技资料,内容包括科技报告、专利、标准技术刊物、图纸以及对这些战败国科技专家的审讯记录等;20 世纪 50 年代(10 万号以后)主要报道美国政府系统的解密、公开的科技报告及有关单位发表的科技文献;20 世纪 60 年代后内容逐步从军事科学转向民用工程技术，并侧重于土建、城市规划、环境污染等方面，而电子技术、航空、原子能方面的资料较少，只占百分之几。

就文献类型而言，PB 报告包括专题研究报告、学术论文、会议文献、专利说明书、标准资料、手册、专题文献目录等。PB 报告均为公开资料，无密级。

2) AD 报告

AD 报告原是美国军事技术情报处（Armed Services Technical Information Agency，简称 ASTIA）收集、整理、出版的科技报告，产生于 1951 年，由 ASTIA 统一编号，称为 ASTIA Documents，简称 AD 报告。凡美国国防部所属研究所及其合同户的技术报告均编入 AD 报告，在国防部规定的范围内发行。当时有一部分不保密的报告，又交给有关部门再编一个 PB 报告号公布，因此，这部分 PB 报告与 AD 报告的内容是重复的。1961 年 7 月起这部分报告直接编 AD 号公布，不再加编 PB 号。1963 年 3 月，ASTIA 改组为国防科学技术情报文献中心（Defense Documentation Center for Scientific and Technical Information，DDC）；1979 年又更名为国防技术情报中心（缩写 DTIC），AD 报告名称仍继续使用，但其含义可理解为“入藏文献”（Accsions Document）。

AD 报告主要来源于美国陆海空三军的科研单位、公司、企业、大专院校、外国研究机构及国际组织等 1 万多个单位，其中主要的有 2 000 多个；另外还有一些美国军事部门译自前苏联、东欧和中国的译文。AD 报告的内容不仅包括军事方面，也涉及许多民用技术领域。AD 报告的文献类型有科技报告（占 68%）、期刊文献（占 29%）、会议录（占 3%）。

DTIC（或 DDC）收藏和公布的 AD 报告，密级分为机密（secret）、秘密（confidential）、非密限制发行（restricted or limited）、非密公开发行（unclassified）四种。公开报告约占其总数的 45%，由 NTIS 公开发行，每年约公开发行有 18 000 件；每年编目公布的有40 000余件。由于密级不同，其编号较为繁杂，1975 年以来 AD 报告编号可归纳为“AD-密级-流水号”。AD 报告的密级与编号如表 9-2 所示。

表 9-2　AD 报告的密级与编号表

AD 编号范围	报告密级
AD-A00001-	A 表示公开报告
AD-B00001-	B 表示非密限制报告
AD-C00001-	C 表示秘密报告
AD-D00001-	D 表示美军专利文献
AD-E00001-	E 表示临时实验号
AD-L00001-	L 表示内部限制使用

AD 报告均比 PB、DOE 和 NASA 报告重要，控制得更严格。

3) NASA 报告

NASA 报告是美国航空与宇航局(National Aeronautics and Space Administration，简称 NASA)收集、整理、报道和提供使用的一种公开的科技报告。NASA 的前身是成立于 1915 年的美国国家航空咨询委员会(National Advisory Committee for Aeronautics，简称 NACA)，它是美国最主要的航空科学研究机构。1958 年 10 月，NACA 改组为 NASA，负责协调和指导美国航空和空间的科学研究。在工作过程中，它所属机构或合同户产生了大量的科技报告，都冠以 NASA(NACA)字样，故称 NASA(或 NACA)报告。NASA 专设科技技术处从事科技报告的收集、出版工作。

该报告内容侧重在航空、空间科学技术领域，同时广泛涉及许多基础学科，主要报道空气动力学、发动机及飞行器结构材料、实验设备、飞行器的制导及测量仪器等，是航空及航天科研工作的重要参考文献。由于航空本身就是一门综合性的科学，与机械、化工、冶金、电子、气象、天体物理、生物等学科都有密切的联系，该报告含 NASA 的专利文献、学位论文和专著，也有外国的文献、译文，因此，NASA 报告实际上也是一种综合性的科技报告。

该报告采用“NASA-报告出版类型-顺序号”编号，报告出版类型多数用简称，少数用全称。

4) DOE 报告

DOE 报告名称来源于美国能源部(Department of Energy，DOE)的首字母缩写。这套报告在较长时间内一直使用 AEC 报告名称，它原是美国原子能委员会(Atomic Energy Commission，简称 AEC)出版的科技报告，累积数量较大。AEC 成立于 1946 年 8 月，1974 年 10 月撤销，建立能源研究与发展署(Energy Research and Development Administration，ERDA)。该署除继续执行前原子能委员会有关职能外，还广泛开展能源的开发研究活动，这样 AEC 报告的报道工作也于 1976 年 6 月宣告结束，被 ERDA 所取代。1977 年 10 月，ERDA 又改组扩大为美国能源部，但原有能源研究报告编码体系保持不变，仍称 ERDA 报告。直到 1978 年 7 月才较多地出现具有 DOE 字码编号的能源研究报告。其文献主要来自能源部所属的技术中心、实验室、管理处及信息中心，其中主要是能源部所属的 8 大管理所、5 大能源技术中心和 18 个大型实验室所产生的科技报告，另外也有一些国外能源部门资料。AEC 报告的内容虽然主要是原子能及其开发应用方面，但也涉及其他各门学科，其范围已由核能扩大到整个能源方面。

DOE 报告没有统一编号，比较混乱，不像 AD、PB、NASA 报告那样，全部冠以报告名统一编号。除能源部及其出版的合同报告冠以 DOE 字样，如 DOE/TIC 表示能源部技术信息中心。其他 DOE 的报告号一般采用来源单位名称的首字母缩写加顺序号形式，有的还表示编写报告的年份或报告的类型简称等。

2. 美国四大报告的主要检索工具

1) 美国《政府报告通报及索引》

美国《政府报告通报及索引》(Governments Reports Announcements & Index, GRA&I),是美国商务部国家技术情报服务局(National Technical Information Services,NTIS)主办的系统报道美国政府科技报告的主要出版物,是检索四大报告的主要检索工具。

GRA&I 创刊于 1946 年,主要以摘要形式报道美国政府机构及其合同户提供的研究报告,同时还报道美国政府主管机构出版的科技译文和一些其他国家的科技文献。它报道全部 PB 报告,所有公开或解密的 AD 报告,部分的 NASA 报告、DOE 报告及其他类型的报告,还有部分会议文献和美国专利申请说明书摘要。目前该刊的年报道量约 7.8 万件,其中 5.5 万件为技术报告,其余为会议录、专利、学位论文、指南、手册、机读数据文档、数据库、软件及技术资料。国外报告来自加拿大、英国、德国、日本和东欧各国约占 2%。

2)《宇宙航行科技报告》

《宇宙航行科技报告》(Scientific and Technical Aerospace Report,简称 STAR),是航空和航天方面的综合性文摘刊物,是查找 NASA 报告的主要检索工具。该刊于 1963 年创刊,月刊,由美国国家航空和宇航局科技情报处出版。它收录了 NASA 及其合同户编写的科技报告,美国及其他政府机构、美国及外国的研究机构、大学及私营公司发表的科技报告,报告形式的译文;NASA 所拥有的专利、学位论文和专著等,还转载 PB、AD、DOE 报告中有关航空和宇航方面的文献,是检索美国政府四大报告的辅助工具。该刊采用"N-年份-顺序号"编号,年报道量24 000多条。

3)《能源研究文摘》

该文摘简称 ERA,是目前检索 DOE 报告的主要检索工具,由美国能源部技术情报中心(TIC)编辑出版,半月刊。1976 年创刊时的刊名为《美国能源研究与发展署能源研究文摘》(Energy Research Abstracts,ERA),从 1979 年第 4 卷开始改用现名。

ERA 收录的文献以美国能源部及其所属单位编写的科技报告、期刊论文、会议论文、会议录、图书、专利、学位论文及专著为主,也有其他单位(包括美国以外的单位)编写的与能源有关的文献,年报道量55 000条。

3. 美国科技报告的其他检索工具

1)《美国政府出版物目录》

《美国政府出版物目录》(Monthly Catalog of US Government Publications),创刊于 1895 年,由美国政府出版局出版,其内容重点为社会科学,如政府法令、国会记录、方针政策、政府决策及调查资料等。

2)《核子科学文摘》

《核子科学文摘》(Nuclear Science Abstract,简称 NSA),是美国能源委员会

(AEC)技术信息中心于 1948 年创办的刊物，它是检索非保密的或公开解密的 AEC 报告的主要检索工具。

4. 美国四大报告的网上查询

美国商务部国家技术情报服务局近年推出网站(http://www.ntis.org)，提供按学科分类(农业、商业、能源、卫生、军事等)的综合导航服务。NTIS 数据库有 200 万篇全文供检索，内容为 1964 年至今的美国政府机构所资助的研究报告，数据每半月更新一次，主页如图 9-1 所示。检索结果可以从网上直接向 NTIS 服务处订购，需支付美金，具体价格因文献而异，我国用户也可直接从北京文献信息服务处获取 。

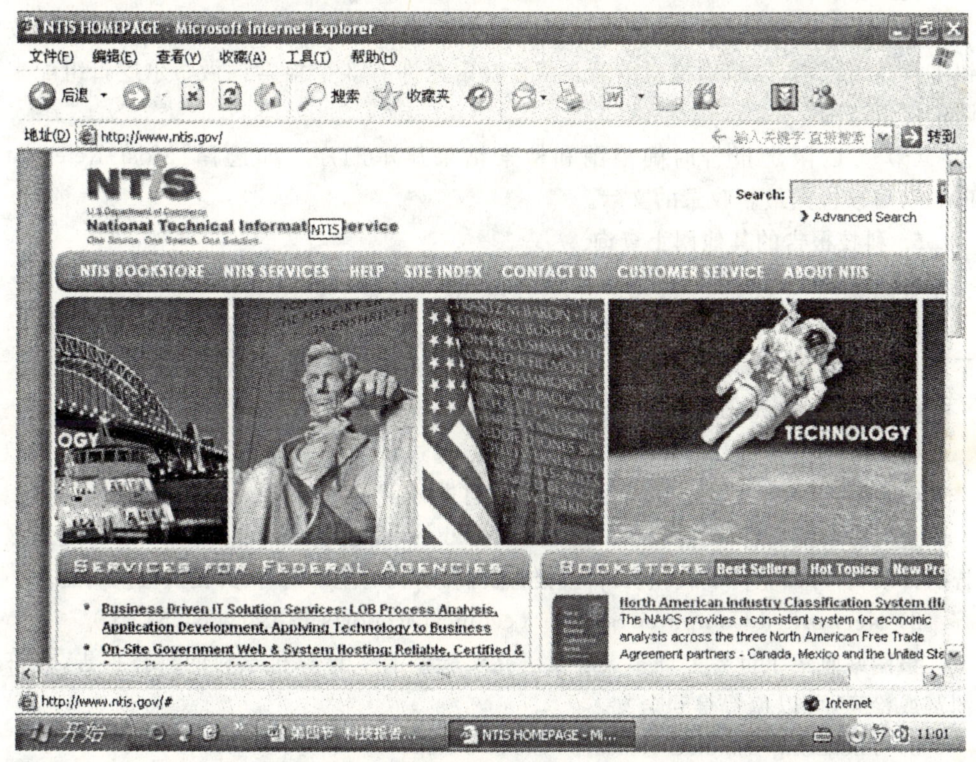

图 9-1　NTIS 主页

在主页上的 Search 框中键入检索词，即可进行检索，可用关键词、报告号等不同的检索方式。

(1) 关键词检索：允许两个以上的检索词进行布尔逻辑组配(AND、OR、NOT)。如键入“Medicine Biology”，那么检索结果为所有含有“Medicine”和“Biology”的文献。

(2) 词组检索：该方法是词组上必须加引号，如上例检索词应为“Medicine Biology”。这样检索的结果是文献中必须有“Medicine Biology”词组，且两个词既不能拆开，也不颠倒词序。若要检索的词组中有空格、连字符、逗号等其他一般不能用来检索的禁用词或符号，在加上引号后仍然可以检索，如“21/2ton trucks”。

(3) 报告号检索：如果已知 AD、PB 等报告号，可直接用来检索原文，但要注意有连字符的必须加引号，报告号的后面的字母要去掉。如报告号为 PB-97-133987NE 在检索时要加上引号成为“PB-97-133987”才能键入进行检索。如不加引号，则必须将上面这个报告号去掉连字符和字母，直接写成 PB97133987 进行检索。

(4) 模糊检索：指用加“#”的方法进行模糊检索，如用“Environm#”进行检索，可以找到含有“environment”、“environmental”、“environments”等词的所有文献。

(5) 精确检索：如果一次检索到的文献量过多，则可以点击“advanced search”按钮进行高级检索，以精确检索结果。高级检索允许有 3 个检索词做布尔逻辑组配来限定检索范围。

(6) 可以限定报告时间范围和检索结果显示顺序。如选择“Most Relevant First”，可以检索最新收录的文献。

5. 科技报告的其他网上查询

1) NASA Scientific and Technical Information Program

这里有 NASA 提供的有关航空、航天方面的丰富的科技报告全文。系统提供以下服务：

(1) Scientific and Technical Aerospace Reports(STAR)：免费检索下载；

(2) Aerospace Medicine and Biology：仅通过订购才能提供服务；

(3) Aeronautical Engineering：仅通过订购才能提供服务。

进入检索主页后，点击“Scientific and Technical Aerospace Reports”按钮，可进入报告的目录页，可以免费下载《航天科技报告文摘》期刊的全部内容，并提供检索功能。

2) Networked Computer Science Technical Reports Library(NCSTRL)

该网站收集了世界上许多大学及研究实验室有关计算机学科的科技报告，允许浏览或检索，可以免费得到全文。

3) The Congressional Research Service Report

这是 Committee for the National Institute for the Environment 的站点，提供了许多环境方面的报告全文。

4) DOE Information Bridge

这里能够检索并获得美国能源部提供的研究与发展报告全文，内容涉及物理、化学、材料、生物、环境和能源等领域。

5) NBER Working Paper

这里可获得美国国家经济研究局(National Bureau of Economic Research)的研究报告文摘。进入主页后，点击最下方“Search”按钮后进入检索界面。NBER 有四个检索数据库，其中之一是科技报告(Working Paper)。检索时只要输入检索词即可，最终得到的是文摘。

9.5　学位论文的检索

9.5.1　学位论文的含义及种类

学位论文是高等院校和科研机构的本科生、研究生为获得学位而撰写的学术性较强的研究论文，是在学习和研究过程中参考大量文献资料，进行科学探索和分析研究的基础上完成的。学位论文的特点是理论性、系统性较强，内容专一，阐述详细，具有很强的独创性，是一种重要的文献信息源。

根据学生学历层次，学位论文可分为学士论文、硕士论文和博士论文；根据学生所学的学科和专业，可分为人文社会科学学位论文、自然科学学位论文及工科学位论文等，并可层层往下展开，分为政治学、经济学、文学、史学、数学、化学、工程学、计算机科学等；按国别或语种分，又有国内的和国外的学位论文或中文学位论文、日语学位论文、英语学位论文等。

学位论文除在本单位被收藏外，一般还在国家指定单位专门进行收藏。如国内收藏硕士、博士学位论文的指定单位是中国科学技术信息研究所和国家图书馆。检索国内学位论文可以利用《中国学位论文数据库》，检索国外学位论文可利用 DIALOG 国际联机系统或国际大学缩微胶卷公司(UNIVERSITY INTERNATIONAL)编辑出版的《国际学位论文文摘》、《美国博士学位论文》以及《学位论文综合索引》等检索工具。

9.5.2　国内学位论文的重要检索工具

学位论文作为一种重要信息资源逐渐被认识，并出现了一些学位论文检索工具，但总体上还不完善，有待于提高。

1.《中国博士学位论文提要》

由北京图书馆(现为国家图书馆)学位学术论文收藏中心编写，书目文献出版社 1992 年开始出版。它是目前检索中国博士学位论文的最全面的工具书。

2.《中国学位论文通报》

《中国学位论文通报》于 1984 年创刊，双月刊。该刊以题录形式报道全国理工科博士和硕士学位论文，曾是国内检索我国学位论文的重要检索工具，但由于种种原因，该刊于 1993 年停刊。它与“中国学位论文数据库”在内容方面是一致的，是一种继承关系。

9.5.3 学位论文数据库

1.《中国知识资源总库》(CNKI)的《中国优秀硕士学位论文全文数据库》和《中国优秀博硕士学位论文全文数据库》

这是目前国内相关资源最完备、高质量、连续动态更新的学位论文全文数据库，至 2006 年 12 月 31 日，前者累积硕士学位论文全文文献 37 万多篇，后者累积博硕士学位论文全文文献 43 万多篇。论文来源于全国 652 家博硕士培养单位的优秀博硕士学位论文。

2.《中国学位论文数据库》(CDDB)

中国科技信息研究所是国家法定的学位论文收藏机构，万方数据以其为数据来源，建成了《中国学位论文数据库》。《中国学位论文数据库》设有多个检索入口，如图 9-2 所示，用户可通过论文题名、论文作者、分类号、导师姓名、关键词、作者专业、授

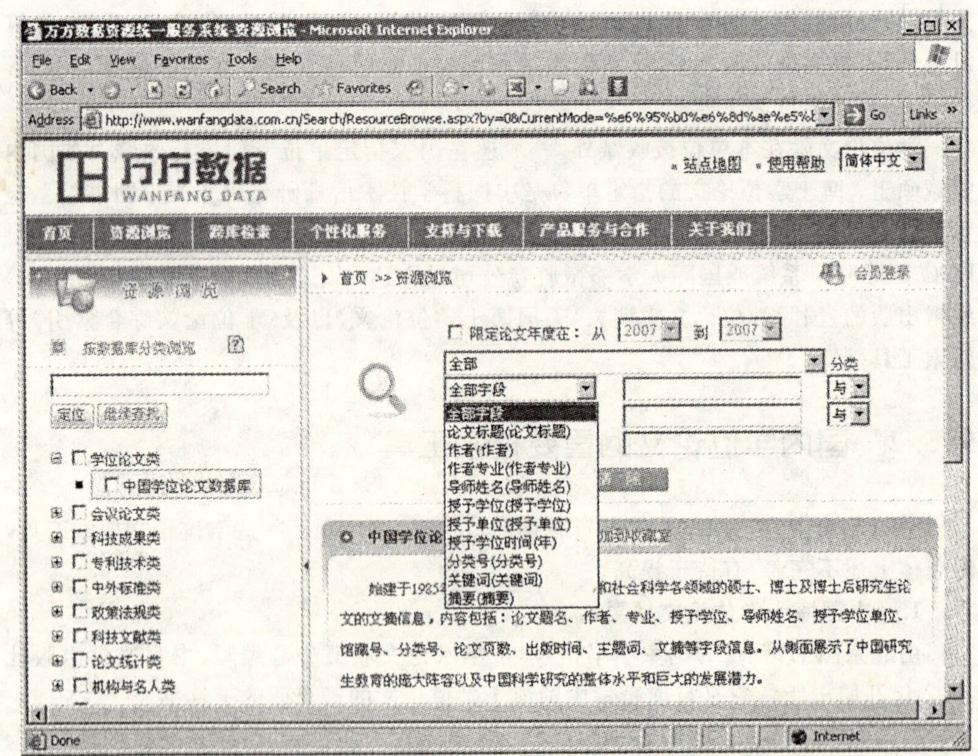

图 9-2 中国学位论文数据库检索界面

予学位、授予学位单位、完成时间等进行检索。

从该数据库中可检索到各高等院校、研究生院及研究所向中国科技信息研究所送交的我国自然科学领域的硕士、博士和博士后的论文。

3.《国际学位论文文摘》(PQDD)

PQDD(ProQuest Digital Dissertations)是美国 UNI 公司创建的博士、硕士论文数据库，是 DAO(Dissertation Abstracts Ondisc)的网络版，它收录了欧美 1 000 余所大学的 160 多万篇学位论文，是目前世界上最大和最广泛使用的学位论文数据库。数据库内容涵盖理工和人文社科等各个领域。PQDD 具有收录年代长(从 1861 年开始)、更新快、内容详近(1997 年以来的部分论文不但能看到文摘索引信息，还可以看到 24 页的论文原文)等特点。

该数据库具有检索和浏览两种查询功能：单击 Search 进行检索和单击 Browse 可按学科浏览论文。

思考与训练

1. 进入国家科技图书文献中心中文会议论文数据库(http://www.nstl.gov.cn)，查找儿科学方面的会议文献。

2. 进入中国标准服务网(http://www.cssn.net.cn)(需免费注册)、中国标准咨询网(http://www.chinastandard.com.cn)查询：

(1) 有关文后参考文献著录规则的国家标准号及发布会时间；

(2) 饮用水质量标准的详细信息。

3. 利用“ProQuest 学位论文全文数据库”查找出美国耶鲁大学和麻省理工学院 1979 年至 2006 年期间博士论文的篇数。

4. 请查出南开大学刘连朋的博士论文“在佛学与哲学之间”的参考文献数量，并注明所用的数据库名称。

5. 利用“国家科技图书文献中心”网站查找广州大学 2001—2006 年申请中国专利的数量，并查出专利“自行车(飞翼式)”的发明人姓名。

6. 思考如何获取已经解密的美国四大科技报告的全文。

第 10 章　学术论文写作

同学们毕业后，不论到机关团体、工商企业、教育部门还是服务部门，总是要搞些研究，写一些学术论文、总结报告等，有些人继续深入下去，成为某个领域里的专家学者。所以现在学一点科学研究、论文写作的方法，很有必要。本章主要介绍读书治学的一般过程、研究方法、步骤、要点，了解学术论文的规范格式。

10.1　科学研究的基本程序

10.1.1　确定研究方向和研究目标

一个人办任何事情都要有明确的目标，并坚定不移地走下去，才能到达胜利的彼岸。科学研究活动是一项复杂的脑力劳动，学科之间交叉渗透，错综复杂。没有明确的目标或者误入歧途，就会徒费精力和时间，终无所获。因而，要想学有所成，选定专业方向和主攻目标是第一个重要环节。

1. 明确专业方向

据称，目前正在从事研究的学科有 6 000 多个，小到粒子、中子，大至宇宙；地球结构，外空星系；文史哲、数理化、天地生、农工商，无处不需要我们去研究，无处不是我们可以研究的领域。但是，人们的才能、精力、时间是有限的，以有限的精力去应对无限的科研海洋是不可能的。全线出击，各方面都大显身手，是办不到的。所以，我们应该在学术的广阔大地上选择一块属于自己的地方，耕耘下去，必有收获。

但是，并不是所有的人都解决了专业方向问题。不少人的业余爱好兴趣很浓，对自己的专业却非常厌烦。“身在曹营心在汉”，左顾右盼，兴趣广泛，这山望着那山高，结果是“歧路亡羊”，一事无成。

我们认为，每一个希望事业有成的人，首先要“定向”。

2. 确定主攻目标

定向，就是研究者在自己所从事的专业学科范围内，根据自己的基础、科研能力和兴趣，确定一生或某一时期内进行科学研究的努力方向。

但是，一个专业、一个学科，其内容也是极复杂广泛的。比如，经济学，有宏观经济学、微观经济学、国民经济、国际经济 、产业经济、商业经济、政治经济、各流派经济、国内外经济史、各国经济等。一个人只抓住其中的一个方面就够了，不断深入，思想逐步达到前人没有达到的地方，你就成了某方面的专家。譬如搞图书馆学研究，你也不能全面出击，既搞图书馆基础理论、信息管理理论 ，又搞分类编目、文献检索、读者研究、参考服务、目录学、中外图书事业史等。你应该努力成为某一方面的专家。

每个研究人员在起步之初都要尽可能地确定自己的专业方向和主攻目标。目标一旦确定，坚定不移地走下去，持之以恒，终会有所成就。但是，专业方向也不是绝不可改变的。随着社会需要、客观条件的变化，个人兴趣的转移，在经过深思熟虑之后，也可以改变原来的研究方向，重新确定一个新的研究方向。同时，一个人除主要研究方向外，如果具备一定条件，也可以有第二个研究方向。但是一定要做到心中有数。

3. 如何确定方向和目标

世界上许许多多成名的学者、科学家，他们选择和确定专业目标的依据各不相同，但总的看来，不外乎主观的和客观的条件。

1）社会需要

很多人上大学时进入了某一专业领域，从此与这个专业结下不解之缘。社会为他提供某一就业机会，让他能在自己的专业上作出贡献。这就是社会分工，就是社会需要。也有不少人学的是一个专业，但后来阴差阳错，将他安排在另一个专业岗位上，充当一员并发挥骨干作用，这也是一种需要，需要他能充分发挥才干，改变我国在经济、技术或理论上的落后面貌，为祖国的富强、人民的利益作出贡献。著名物理学家钱伟长中学时数理化不及格，文史极好。后来经努力，考取 5 所大学，但最终选择了清华大学物理系，目的是发展我国科学技术，富国强兵，抵御帝国主义的侵略。鲁迅和郭沫若都是学医的，但他们却认为中国要独立自强，必须先唤起民众，最后选择了文学。在我国图书馆学信息管理学领域，这种例子也很多。王重民先生在大学学习文史，后来却成了目录学家。刘国钧先生学习哲学，后来却是图书馆学理论专家。陈树年先生学习火箭，却成了当代图书分类学家。

2）学科发展趋势

当确定了专业方向后，如何选定主攻目标，也是应该认真思考的。当然，社会需要仍然是一个重要因素，但社会需要并不会告诉你一个更为具体的目标。这里，需要我们自己去分析把握科学发展的趋势。已经比较成熟的学科，将来会有新的突破，这是一种趋势；现在还处于潜科学状态的边缘学科和交叉学科，将来有可能成为一个很有发展前途的新兴学科，这也是一种趋势。这里需要的是远见卓识。王梓坤同志说过：“识，一般指思想和科学预见的能力，它对一个科研人员正确选择主攻方向，决定这场仗该不该打，这件事该不该做，这个问题值不值得研究，以及怎样做最为有利，具有重要的意义。人们所说的‘远见卓识’就是这个意思。”

在我国图书情报领域，陈光祚先生原先是搞文学目录学的，但在20世纪70年代，他就认识到科学和技术的发展，必然需要科技文献的检索，科技文献检索有可能成为一个相当重要的研究领域，毅然选择科技文献检索作为自己主攻方向，经过努力，写出了我国第一部科技文献检索教材，在全国产生了极大影响。10年后，科技文献检索课不仅成了图书情报学的核心课程，也成了各个学科的必修课。20世纪60年代初，美国国会图书馆艾芙拉姆夫人等着手研究计算机编目，几经挫折，于1969年研制成功MARCⅡ，并开始出售磁带目录，彻底改变了手工编目传统，在当时被称为“图书馆工作划时代的革命”，一时轰动世界。今天，机读目录已被应用于世界各大中小型图书馆，把千千万万图书馆员从繁重重复的劳动中解放出来，其贡献确实是很大的。目前，很多人着手经济信息、企业信息、竞争情报、数字图书馆、网络出版和网络信息管理的研究，应该说其目标是正确的。

3）个人才能和兴趣

个人才能和兴趣往往与本人所学的专业、从事的工作有紧密联系，当然也有不一致的情况。前苏联有个科普作家阿西莫夫，学的是化学，但却发现自己不善于做化学实验，而写起科普文章却得心应手。1958年他告别大学讲台，专门从事科普创作，写出了200多部科普作品。我国科普作家叶永烈的经历与他极为相似。登上动物行为科学高峰的学者古多尔，从小就对动物感兴趣。她18岁时，辞去了新闻电影制片厂的工作，决意去非洲考察黑猩猩，一生与黑猩猩为伍，最后作出了特殊的贡献。

美国费城著名信息学家加菲尔德的道路也很有趣。他是学化学的，但对此没有兴趣。他当过兵，退伍后当了一名图书管理员。他的爱好是书刊封面、目次。凭着这股兴趣，经过反复研究，发现了论文与论文之间借鉴引用的规律，创立了一种新型的索引——科学引文索引，办起了科技信息研究所，出版了《科学引文索引》杂志，修建了一座信息大厦。这使他成为一个在全世界很有影响的信息学家，丑小鸭从此变成了百万富翁。

但是大家要知道，兴趣必须以一定的客观条件为基础。有了兴趣，还必须有锲而不舍的毅力和脚踏实地的苦干精神。朝秦暮楚，见异思迁，并不是科学研究中的兴趣，而是一种不成熟的表现。

4）名师指点

一个人对自己的才能应该是清楚的，但也不尽然。特别是一个刚刚步入科学殿堂，或者尚在门外徜徉的青年，往往缺少“自知”之明。他们在众多学科和研究方向面前，或举棋不定，或茫然不知所措，或不知自己所长在何处。这时，他们确实需要“名师”的指点。“与君一席话，胜读十年书”，其中就有这样一层意思。1945年杨振宁去美国，学的是实验物理。物理学家费米把他介绍到阿贡实验室。但他却不善于做实验工作，而对理论物理却有一种难以说清楚的“高趋能力”，并写出了两篇理论文章。

美国著名物理学家泰勒发现了他的才能，亲自找到他，劝他改学理论物理。杨振宁当时还感到非常失望。在经过两天苦思冥想之后才作出了改行的抉择，并请泰勒做他的导师。仅仅两个月，就取得了博士学位。

10.1.2　选择研究课题

研究课题是研究工作的逻辑起点，整个研究工作都是从课题出发，围绕课题行动，直到课题的解决，取得研究成果而结束。所以，任何一项研究活动必须首先确定课题。

但是，科研课题是科学领域尚未认识和解决的问题。这些问题有的已被人们所发现、所了解，有些仍处于潜伏状态，只有通过深入的分析、探讨，或在进行其他研究的过程中才能被发现。所以，要选定一个理想的科研课题也是非常困难的。

课题的选择除了客观因素以外，与一个研究人员的业务素质和实力有很大关系。一个有经验、有远见的科学家能够在别人看来已经是"文无剩义"的地方、在似乎不存在问题的地方提出新的课题，开辟出新的研究领域，或在看来纷繁复杂的课题中找到有科学价值的课题。如果我们能够找到真正有价值的课题，也就说明我们的学术水平达到了一定的高度，也就开始对科学的发展有了一定的贡献。爱因斯坦就说过："提出一个问题往往比解决一个问题更重要，因为解决一个问题也许仅是一个数学上的或实验上的技能而已。而提出新的问题，新的可能性，从新的角度去看旧的问题，却需要有创造性的想象力，而且标志着科学的真正进步。"科学家贝尔纳也说过："课题的形成和选择，无论是作为外部的经济技术要求，抑或作为科学本身的要求，都是科研工作中最复杂的一个阶段。一般来说，提出课题比解决课题更困难。"

我们常说，确定了研究课题，等于研究工作完成了一半。其实是在强调选题的重要性。如果课题选得准、选得好，研究工作就会顺利，研究结果就有重大意义，获事半功倍之效。反之，就有可能遇到很多困难，浪费人力、物力、财力，半途而废，或者研究成果的社会意义不大。所以，我们首先要把好选题关。

科研课题的选择应坚持以下几个原则。

1）社会需要原则

马克思曾经说过，有幸从事科学研究的人们，应该尽可能通过自己的事业为全人类服务。世界上许多科学家，他们都是出于对人类的爱，为了社会的进步而选择科研课题的。

周恩来总理在1959年二届人大一次会议的政府工作报告中也曾指出："直接为生产建设服务的任务，应该放在首要的地位。在生产建设的各个战线上，存在着千千万万的技术课题，科学技术工作者应当分工协作，为解决这些课题而努力。"

所以，我们各个学科领域的研究者，在选择科研课题时，应首先考虑现实社会的迫切需要,应该把社会的需要作为选题的一个基本原则。但是,我们也不应该忽视理论问题研究,这是各个学科自身发展的需要。因为理论问题的解决,对现实问题的研究有重要的指导意义。周恩来总理也在强调把为生产服务的研究放在首位之后,紧接着说:“基础理论的研究,对于科学技术的发展具有深远的影响,必须给以足够的重视。”

2) 科学性原则

科学性原则,是指我们选择科研课题必须有事实根据和理论根据,保证科研活动沿着正确的方向和路线前进。不要轻易地把荒诞迷信、违反科学原理的东西作为课题。但是,在实际科研活动中,科学和反科学有时是难以分清的,人们的认识是不同的,甚至会有截然不同的看法,譬如曾经出现的人体特异功能、生物场(幻象)研究热等。也有一些人选择了科学性不强,价值不大的课题,以至浪费精力。有些人把早已过时了的问题再抖出来,喋喋不休,连篇累牍,既无新思想、新观点,又于实际工作无补,这样的研究课题没有多少科学价值。

3) 可行性原则

科学研究是一项认识活动,它必然受客观环境条件和时代的认识条件的限制。恩格斯说:“我们只能在我们的时代的条件下进行认识,而且这些条件达到什么程度,我们便认识到什么程度。”

所谓可行性,其一是我们不可能超越所能给你提供的认识问题的基础,科学预测也是以当代的认识为基础的,离开了现实的认识,“预测”也就成了幻想。其二是社会环境条件,即社会所能给研究者提供的经费、设备、认识工具等。一个选题尽管是科学的,但如不具备客观条件,研究也无法进行。其三,是个人的科学知识、科研能力、研究方法等能不能胜任这一科研课题。我们之中不少同志喜欢作超前研究,喜欢议论那些我国国情不大可能实现的课题。而有些人不自量力,包揽大的课题,如牛负重,力不从心,结果不了了之。科学是老老实实的东西,来不得半点虚伪和骄傲。

那些刚刚步入研究领域的青年朋友,要实事求是,量力而行,选择科研课题时,要坚持可行性原则。

4) 唯一性原则

唯一性原则是要求我们的选题尽可能不与别人正在研究的课题撞车,避免重复。如果你所要选定的题目别人已经在研究,甚至已经有了成果,那么再重复研究一遍,于社会又有何益?为了避免重复,就要对国内外研究动向有一个全面的了解。要把握这一点,就需要平时积累,或者去普查一下专业报刊,也可以通过书目、索引、文摘、综述或网络检索工具等去了解研究信息。

但是,完全杜绝重复是困难的。达尔文研究生物进化理论时,就同时有另一科学家华莱士也在研究这一课题,而在达尔文的著作尚未完成时,这位科学家已经将自己的研究成果寄给了达尔文,弄得他非常为难,最后决定同时发表。据称,过去我国的研究项目中,有 30%在重复他人的劳动。我们经常会看到"撞车"和重复的例子。当然,大家共同讨论某一问题是另一回事,但许多人不知道别人在干什么,不调查不分析,以至于重复和撞车。也有些人是自己想不到题目,有意地重复别人的课题,东抄西抄,"述而不作",这实际上并不能算作科学研究。

10.1.3　课题的论证

课题的选择过程,也就是不断地分析、比较、论证的过程。但是为了慎重,特别是一些重要的科研课题在正式动手研究之前,必须组织课题论证。

所谓课题论证,就是运用选题原则对课题可行性的全面分析和评价,其目的是广泛听取有丰富经验的专家同行的意见,使课题选择方案更加完善合理,为课题决策提供科学依据,避免仓促上马,开题快、废题也快的事情发生。

有些个人的小项目,不需要国家经费资助,上马下马都对工作妨碍不大,所以就没有必要组织专门论证。但这些研究者往往在选定课题之时,常找许多同行朋友交流,这其实就是论证。

一些硕士、博士研究生的学位论文,包括专科、本科生论文也要求在和老师一起商定研究课题之后,写出开题报告,召开系或教研室专家会议,对选题的现实意义、理论意义、范围大小、难易程度、能否胜任完成等进行讨论,其实就是小型论证会。许多学生的选题经过论证后,或修改,或压缩,甚至改变题目。课题论证对他们今后的研究工作有不可估量的意义。

课题的大小不同,论证的方法和过程也不同,可以酌情处理,不必过于拘泥。但比较重要的课题,特别是投资多、影响大的课题,要严格按照一定程序进行论证。

科学研究活动必须有严密的计划。没有计划,研究就无法进行。我们无法将计划的制订与课题论证分开。实际上,课题论证过程也是研究计划的制订、修改、确定的过程。但一般重大复杂的研究课题,在课题论证之后,还要重新制订详细的工作计划,包括课题各部分研制的先后、各人的分工、时间的配合、经费使用、技术要求及其他细节等。

10.1.4　搜集研究材料

1. 研究必须充分占有材料

没有材料,等于无米之炊,研究工作就无法进行。材料一般包括文献资料和事实,即人们常说的死材料和活材料。

资料是前人或他人研究成果的记录,包括公开的和内部的一切文献中的材料,如书籍、报刊、汇编、简报、图表、图纸和其他一切非纸型载体的文献中的材料等。事实是指客观事件、现象和过程以及对它们的描述。事实包括客观事实、经验事实和理论事实。经验事实又有直接经验事实和间接经验事实。

资料和事实，在方法科学中又常常被称作数据。数据的形式可以是数字、图表、符号等，也可以是文字表述。

除了直接经验事实可以通过身体力行和实验观察得到外，其他一切材料都可以通过查阅文献来获得。

材料对于研究者来说，就是空气对于鸟的飞翔。巴甫洛夫说："没有事实，你们就永不能飞腾起来；没有事实，你们的'理论'就是枉费心机。"我们每一个研究者应该"用勤劳的工夫去搜求材料，用最精细的工夫去研究材料，用最严谨的方法去批评审查材料"(胡适语)。恩格斯也说过："……只说空话是无济于事的，只有靠大量的、批评地审查过的、充分地掌握了历史资料，才能解决这样的任务。"

2. 资料的搜集

学过文献检索课的人，搜集资料应该不成问题。但真正要从事一项研究时，有的人却不知如何找到所需要的资料。所以，有必要进行专业资料查找方面的训练。

1) 资料搜集的原则

资料搜集不能乱抓，东查一下，西看一下，漫无目的，这不但不可能全面得到所需资料，所得到的资料也会有很多是无用的。所以，在搜集资料时必须心中有数，也就是要遵循一定的原则。第一，由近及远，即先查找最近几年的资料，再逆时上推过去。因为有关方法、技术、理论性的资料，越近越有参考价值。第二，逐渐扩散。即先查有关专业或课题的核心资料，包括核心著作、期刊、资料汇编等，再逐渐扩大搜集资料的范围，查找相关资料。第三，兼收并录，即不仅搜集正面材料，也要搜集反面错误资料；不仅搜集与自己的假设一致的材料，更要注意搜集与自己假设不同的甚至抵触矛盾的材料。第四，注意搜集原始材料，应尽可能不用第二次或多次转手资料，因为你对转手材料的背景及前因后果不清楚，你就很难准确地使用它，用起来也不会理直气壮，缺乏力量。而且有些材料转手之后，往往错误百出，用起来是很危险的。所以应尽可能查阅原始材料。当然，所谓原始材料也是相对的，只是最早的为好。

2) 掌握信息源

首先是著作，包括教科书、专著、资料性和参考性工具书。教科书和专著是有区别的，但并没有严格界限。对于科学研究来说，专著比教科书更有参考价值。但不管是教科书还是专著，都是比较成熟、稳定的认识，很难反映最新的研究成果和当前的学科研究动态。所以，从事新课题研究的人员，主要阅读的是报刊论文。

其次是报刊论文。报刊论文是我们主要的阅读对象。论文一般都是最新研究成果，发表速度快，内容新颖，观点鲜明，又为第一手资料，所以科技人员，包括从事现代信息技术研究的人员，从书籍中得到的信息只占总信息资料的15%～20%，而从论文中得到的信息却占65%～75%。

再次是学术会议文献。目前,由于各学术团体越来越多,国内外的学术会议也越来越多。据说全世界每年召开各种学术会议达4 000多次。这些会议的论文、报告、纪要等更及时地反映了研究成果和动态,代表了本学科的研究水平,预示了未来的发展趋势。所以会议资料是研究人员十分重要的参考资料。

最后是学位论文。我国从1978年恢复招收本科生、硕士研究生,并得到迅速发展。每年都有大批本科生、博硕士毕业,生产出几十万篇论文。学位论文都是在导师指导下,经过教研室讨论确定的课题,经过半年多的时间,独立完成的。选题一般都能反映学科前沿,内容专深,有一定独创性,是很重要的参考文献。

除以上几种文献资料外,还有科研报告、内部出版物、专利、技术标准、产品样本、图纸等。

3) 查找文献线索

当前各个专业的书籍和出版物越来越多,一个研究者,一个图书馆很难全面收藏,查找起来是很困难的。另外,每个学科与很多其他学科交叉渗透,使文献越来越分散。据统计分析,许多学科的文献只有三分之一发表在本专业报刊上,其他三分之二分别发表在相关专业的报刊和根本不相关的报刊上。如经济学的文献,目前仅专业刊物就有数百种。其他如各大学的学报、综合性学术刊物、其他专业性刊物、普及性刊物等都发表了不少经济学的论文。所以要想准确、及时地找到这些论文资料,必须利用检索工具。这些检索工具就是手工检索工具和电子检索工具。

3. 文献阅读与记录

文献阅读的方法因各人习惯不同而不同,但大致有以下几种方法。

其一是浏览。书籍、报刊太多,不可能也不必要一一细读。一本书与自己的课题关系不大,可以一目十行,很快翻过去。遇到有用章节再精读。到书店、图书馆阅览室看报刊,浏览多于精读。有的刊物只看前面的目录就知其大概,遇到好的文章再细读。这是博览群书、掌握学科动态的一种有效的办法。

其二是选读。在浏览、泛读、速读的基础上,选择好的篇、章、论文,或论文中的片断仔细阅读,认真分析领会,并做好记录或抄录下来。

其三是精读。就是对那些与课题有关的论著、文章及其他参考资料,要求读通、读透,真正地理解消化,评价得失,吸取其精华弃其糟粕。特别是在自己的课题或论文中要继承和批判的东西,一定要精读。冯友兰先生就主张把要读的书分为三类,“第一类是要精读的,第二类是可泛读的,第三类是只供翻阅的”。

读书笔记的做法也没一定格式,各人可以根据习惯和爱好进行。但“不动笔墨不读书”。笔记一定要做。不做笔记,读书再多也是无用的。比较常用的读书笔记方法是:①摘抄;②做题录或提要;③写读书札记;④做批语或符号。有时是几种方法同时使用,在摘抄旁边加注批语。在阅读过程中,会偶尔想到什么,要立即记录下来。因为这偶尔想到的,确是理性思维的火花,是个人独到的见解,对于研究工作是非常有用的。

科学研究所需要的,除了文献资料外,还要搜集实际材料,这就要进行调查、实验、观察。

10.1.5 研究与思考

1. 分析与思考

其实,搜集资料的过程也是分析思考的过程,随着搜集的资料不断丰富,调查观察到的事实越来越多,对问题的了解就越全面,认识越深刻。不过在研究过程的前期以材料调研为主,中后期则以分析思考为主。

分析思考过程就是运用经验材料、事实和文献资料进行比较与分类、归纳和演绎、分析与综合等,对感性具体事物进行科学抽象,由表及里,由浅入深,获得对事物本质的认识,然后,再从一般到个别,从抽象再上升到具体,获得对事物更加全面深刻的认识,建立起科学理论体系。

在科学研究中,理性思考过程也是非常艰苦的研究过程。每一个真正从事科学研究的人都有深刻的体会。在这里谁未能很好地掌握理性思维的科学方法,谁缺乏理性思维的能力,谁不愿意下苦功夫,谁就不会得到新的有创造性的认识,谁就不可能取得有重要科学价值的科研成果。

2. 论证

在科学研究活动中,为了说明一种思想(一个判断)是否正确,必须举出一些事实和原理进行逻辑推论,这种方法就叫论证。论证由论题、论据和论证方式组成。

论题是有待证明是否正确的思想(判断)。它可能是科学上已被认为是正确的,或尚未确认为正确的判断。对于前者,论证侧重于表述;后者,则侧重于寻求理论和事实根据。

论据是用作确认论题真实性的根据。论据的真实性是论题真实性的根据,所以论证者在论证时,首先必须确定论据的真实性,错误的论据是无法论证论题的真实性的。为了论证一个论题,往往要有很多论据,而其中的一些论据是从另一些论据中推导出来的,所以论据又可分为基本论据和推论论据。

论证方式就是进行论证时所使用的逻辑推理形式。一个论题的论证,可以有几种论证方式,一般应采取最简单的论证方式。根据论据与论题之间的关系,论证方式可分为演绎论证和归纳论证。演绎论证是论据与论题之间有必然关系的论证,其特点是:论据是一般原理,论题往往是特殊的场合。归纳论证则相反,论据与论题之间有必然关系,其特点是:论据是某些特殊的场合,而论题是一般原理。

3. 反驳

反驳,就是用已知的正确的判断驳斥另一个判断虚假性的逻辑方法。反驳一般可分为直接列举事实法、归谬法、证明法三种方法。用有力的大量的事实证明对方的论题的虚假性，是最有力的反驳。“事实胜于雄辩”，这种反驳有极强的说服力和直接性。归谬法是根据对方的论题和逻辑进行推理，所得出的结论是错误的，甚至是荒谬的，所以其论题也必然是不能成立的。证明法是独立地证明一个与对方论题相矛盾的命题是真实的，从而证明对方的命题是虚假的。

反驳可以从以下几个方面进行：对论据的反驳，对论证过程的反驳，对论题的反驳。如果我们证明了对方使用的论据不能成立，其论证当然是虚假的。如果我们证明了对方的论证过程不合逻辑，论据和论题之间缺少内在联系，也可以证明对方结论的虚假性。同样，如果我们用大量事实说明了其论题的虚假性，其整个论证也就不攻自破。

论证与反驳既有区别，又有密切联系。其区别在于：论证是用自己认为正确的结论证明另一结论的真实性；反驳是用自己认为正确的结论证明另一结论的虚假性。二者的目的不同、逻辑方法不同。但是二者又互相联系，交替互用。也就是说，在反驳中有论证，在论证中有反驳，或者是先反驳后论证，论证之中夹杂着反驳，其目的都是为了说明事物的本质和规律性。所以说，论证与反驳是两种相辅相成的论述方法。这两种方法在我们的许多论著中，特别是在那些争鸣商榷性的文章中是随处可见的。

10.1.6　科学理论的建立

科学研究的目的是揭示事物的规律，建立理论，并用以指导实践，改造客观世界。所谓理论，就是正确阐述事物之间的内部联系和规律的客观真理。在科学研究中，经过调查、实验、观察，对各种资料的分析研究，归纳总结，反复论证，最后就形成了一种理论。因为研究课题有大小，所得到的理论的范围也不同，有的反映了整个事物各部分之间的内部联系，有的只反映某一部分某一环节中各因素各部分之间的内在联系，但只要它是经过论证并经实践检验是真实的，就可以称之为理论。

1. 科学理论的特征

1）真理性

科学理论应该是客观事实的本质和规律的反映。根据真实的、大量的事实材料建立的理论（假定性规定）应该能够经得起实践的检验和证明。科学理论的真理性不在于人们的主观信仰或社会的公认。宗教和迷信，虽然随从者众，却不是真理。但是真理也是相对的，是发展的，随着事物的发展变化和认识的不断深入，已有的理论也许已不能对现实作出完满的解释，人们就会在不断深入研究基础上构建新的理论体系。这是由人们认识的局限性所决定的。对科学理论的“证伪”并不能否认科学的真理性，除非把原理论体系赖以存在的科学事实全部推翻。

2）全面性

理论对客观事物的反映应该是较为全面的。理论的概括不能只"抓住一点，不及其余"，"只见树木，不见森林"，只反映事物的某些特征，而忽视了其他方面。科学理论是研究客体的各种现象的全面总结，因而也能用于解释有关事物的全部现象。但是，科学理论又是在科学发展的历史长河中不断完善，逐步达到全面性的要求。正如列宁所指出的，"要真正的认识事物，就必须把握研究它的一切方面、一切联系和'中介'。我们决不会完全地做到这一点，但是，全面性的要求可以使我们防止错误和防止僵化。"

3）系统性

科学理论所反映的是客观事物的内在本质和规律。而事物各个部分是一个有机的统一体，其本质和规律是各个部分互相作用的结果。所以科学理论不是各种概念和原理的拼凑和堆砌，也不是互不相关的论点、论据的机械组合，而是按照事物内在的联系构成的一个知识体系。理论的系统性，不仅反映在概念、论点的合理联系，也反映在学科内理论知识的层次结构的合理性，以及不同学科之间的有机联系上。我们常看到一些研究成果，一些理论著作缺乏系统性，整体上是混乱的，其原因也就在这里。

4）逻辑性

科学理论的表达必须有一个完整、清晰、合理的形式，让人们理解、认识和接受。这就是说，科学理论的表达必须是一个系统的逻辑体系，必须有明确的概念、恰当的判断、正确的推理和严密的逻辑证明。因为客观事物本身的结构是符合逻辑的，所以理论体系只有符合逻辑，才是真实的，才会令人信服，从而表现出强有力的逻辑力量。

5）多元性和开放性

客观事物本身是复杂的，人们往往从不同角度、不同侧面去研究同一事物，深入到不同的层次、深度，因而会得出不同的理论表述，从而形成不同的理论学派。真理不可能只限于一家一派，往往存在于各种学说之中，因而科学理论不可能是一元化，不要认为只有一种理论是正确的，其他都是错误的。同时，科学理论决不能认为已经非常完善，故步自封，不求进步。科学理论应该不断吸收新的材料，研究新问题，不断改进和修正科学理论中不合理的部分，增加新的内容，使理论体系更加符合不断变化的客观实际。任何理论都应该是开放的而不应该是封闭的。

2. 科学理论的结构

科学理论的逻辑结构包括三个重要因素：科学概念、科学原理和科学推论。

1）科学概念

科学概念是构成理论的"细胞"、"基元"。概念决定着理论的基本内容。各门学科都有自己的专门概念，如信息管理学中的信息、信息资源、信息交流、信息熵、信息控制、信息系统等。越是成熟的学科，其概念越丰富、越稳定。

2）科学原理

科学原理是科学研究对象的基本规律和关系的反映，是构成科学理论的最基本、最普通的定律，是科学理论赖以建立的基础。如牛顿力学中的三个运动定律和万有引力定律；狭义相对论中的相对论原则和光速不变原理等。

一门系统的较为成熟的科学理论应该有所公认的定律、规则。在图书馆学中，人们把阮冈纳赞的五项原则视为五定律。在对文献的长期研究中，逐步形成和完善起来的文献分散定律、文献老化定律、文献增长定律等，被纳入情报学理论体系，大大丰富了情报学（也即今日的信息管理学）的内容。同时，由于这些定律的真理性，也从而大大提高了情报学的可信度及其学科地位。

3）科学推论

基本原理是科学体系赖以建立的基础，但是理论体系是一个内容丰富的结构体系。研究者首先提出理论结构的基本假设，而后用演绎方法从基本假设（基本原理）推导出各种推论（派生的概念和判断），从而构成科学理论的体系。这些派生的概念和判断“也是得到逻辑证明的理论中的各种具体概念和各种具体定理、推论，它执行着理论解释和预见的功能”。

任何一个学科的科学理论都有基本概念和基本原理，也同时有许多研究分支和分支学科，后者大多是经逻辑演绎推论出来的具体的概念和判断，它们构成一种科学理论体系。

10.2 学术论文的写作

在运用各种研究方法，经过一系列研究活动得出科学结论之后，还必须将研究成果用文字表述出来，让人们所了解和利用，让社会承认，才能体现科研成果的价值。研究成果的文字表述方式有专著、学术论文、研究报告、专利说明书、录像片等。其中最主要的是学术论文。

10.2.1 明确所写学术论文的性质

顾名思义，学术论文是讨论学术问题、科学问题的文章，绝不同于小说、散文、新闻稿、应用文、记事文，正如中国国家标准 GB7713—87 所定义的：“某一学术课题在实验性、理论性或观测性上具有新的科研成果或创新见解和知识的科学记录，用以提供学术会议上宣读、交流或讨论；或在学术刊物上发表；或作其他用途的书面文件。”“学术论文应提供新的科技信息，其内容应有所发现、有所发明、有所创造、有所前进，而不是重复、模仿、抄袭前人的工作”。

从这个定义可知，学术论文一定要在科学上有见解，有创新，是“新的知识”的记录，是“新的进展”的总结。有人用花哨的词语藻饰他毫无学术意义的琐事，无实事求是之心，有哗众取宠之意，混淆散文随笔与学术论文的界限，是不足取的。

1. 学术论文的特点

一般来说，学术论文有以下四个特点。

1）学术性

学术性是学术论文的根本特征，也是与其他文章的根本区别。学术论文是研究课题的总结，是研究成果的表述，是科研成果学术创新的载体，学术见解是其核心内容。一般议论文往往是作者有感而发，突出个人意见和感受，有较强的思想性、政治性，不追求系统性、完整性。而学术论文突出其学术成果，讲求论点明确，论据有力，论述全面系统，不能用思想性代替学术性，混淆学术问题和思想政治问题的界限。

2）专业性

学术论文的内容与学科专业领域联系在一起，是某学科专业领域的研究人员在长期学习专业知识，对某一领域、某一课题长期钻研、分析、思考的结果。学术论文对解决某专业学科领域的疑难，揭示某一专业领域主要矛盾和发展变化规律，推动学科的发展有一定的学术意义。我们经常看到一些内容空洞、离题万里、无明确专业主线、无专业功底的文章。这些文章主要是因作者缺少扎实的专业学习、长期的学术积累和深入的专业研究，是“急就章”、“应景之作”，甚至是拼凑抄袭而成的，毫无学术价值。在这方面，一些学术大师们的著作应该成为我们的榜样。

3）逻辑性

学术论文是学术研究成果的表述和公示。这一成果能否被人们所接受和信服，重要一环就是能否准确清晰地说明。论文中要说明课题当前的进展、疑点难点，使用何种研究方法、研究过程、研究成果，明确提出你的结论，你的论点是什么，然后用充分的论据论证你的论点的科学性。论文整个层次和结构是一个严密的逻辑体系，不能突出一点，不及其余，更不能漏洞百出，自相矛盾。逻辑性是一种力量，它可以征服千百科学大众。

4）原创性

学术论文的原创性是由科学研究的本质决定的。科学研究整个活动的目的就是要发现新的规律，解决新的问题，提出新的理论和新的思想认识；或者发现前人从未发现的现象；提供新的资料，创造出新的研究方法；取得新的进展，发明新的技术。总之，就是为人们提供了新的具有原创性的知识。所以作为科研成果纪录和总结的学术论文，其内容当然具有创新性，原创性是学术论文的灵魂和生命。当前不少充斥报刊的东拼西凑、人云亦云的文章，根本称不上学术论文，只是普及性的东西，有的甚至是一文不值。

2. 学术论文的类型

学术论文的类型可以从不同的角度来区别。从写作者目的来分，有一般学术论文，其目的是在学术会议和学术刊物发表；有学位论文（毕业论文），其目的是对数年学习的总结，对科研能力的检验，争取获得学位。根据学习者的学历级别，学位论文又可分为学士论文、硕士论文和博士论文。根据论文内容的学科性质，可分为社会科学论文、自然科学和技术论文。根据论文研究和阐释的主题性质，也可以分理论性论文和实践性、实用性论文。

虽然各类论文之间没有绝对界限，但论文作者还是要事先明确自己要写作的该篇论文的性质和特点，以达到论文写作的学术目的。当前专业刊物上的许多文章，"一文一议"，既有理论、又有方法，还联系实际，"全面"得很，但不深不透、模棱两可，无学术价值可言。

3. 主题的提炼与升华

报刊上不少论文看似"全面"，但主题不明确不突出，不深不透，没有什么学术价值。甚至有些论文没有主题，不知所云，难于卒读。这是因为论文作者对自己的研究成果缺少认真的总结和主题的提炼，率尔操笔，急于发表造成的。

其实，研究是一个过程，总结又是一个过程。研究是为了发现和解决问题，获得新的认识。总结是为了使认识理论化，使问题更加明确和清晰。研究是对未知和盲区的探索，但仍然带有很大的盲目性。

人们的认识过程是曲折的，不可能有捷径。问题也不可能是单一的，可能许多问题并存，或主次问题交叉在一起。总结的过程就是要对研究过程作简要明确的概括，并用清晰的文字语言表达出来，以便让读者了解和接受。

首先，筛选出中心主题。也就是说，你在这篇学术论文中主要想说明什么，讨论什么，其他的问题留待以后另文讨论，暂不在本文出现，或仅作为论证中心主题的论据。同时要分清主要问题和次要问题，不要让其他的次要的问题"喧宾夺主"。次要问题在本文中也仅是论据，不要在此处多费笔墨，大做文章，以免降低中心主题的突出地位。

其次，彰显中心主题的高度和深度。论文的学术水平是由深度决定的，而论文的深度又决定于中心主题揭示研究对象的深度和广度。许多研究者虽然看到了、解决了问题，但对于该主题揭示事物的深度，对于现实问题的解决及其对后来影响的巨大意义并不是很清楚。在这种情况下写出的论文的高度就可想而知了。研究者、论文作者必须全面深入分析该主题对研究对象揭示的深度和对社会现实问题与未来的重要意义，使对研究成果的认识升华，如此，写出学术论文才有一定深度，主题对事物的揭示才有一定的高度，论文学术价值才会提高。

最后，理清主题、论点和论据。主题由论点来说明，论点由论据来支持。论点说明主题，就要鲜明，有见地，语言简明、深刻。论据支持论点，说明主题，就要有事实、数据及其他资料，言之有物，令人信服。但是我们的专业刊物上，不难看到这样两种文章。一种是满篇都在说道理，都是观点，好像都是自己想出来的，这叫向壁虚构。其实是综合了许多文章的“论点”拼凑起来的，毫无独创性，更谈不上创新、突破，通篇看不到材料，根本没有论据。这样的论文自然“空洞无物”，轻飘飘毫无分量，用“人云亦云”来评价最恰当不过。这样的文章为数不少。另一种文章是满纸统计数字，引用大量的事实或别人的观点作材料，缺乏高度的概括总结，没有观点，缺失了自我。一些调查类、工作总结类文章之所以不被编辑重视，也大都犯有这种毛病。

凡此种种，都是论文作者在写作之前缺乏充分的思考和准备造成的。

4. 论文题目的斟酌和确定

“传神只在阿睹中”，论文标题像人的眼睛一样重要，学术论文的题目虽不像文学作品题目那样故弄玄虚、花言巧语、夺人耳目，但好的题目也能准确传递论文主题信息，增强论文的震撼力，引起读者的关注。所以，动手写作之前，对题目要反复斟酌推敲修改，直到满意为止。

学术论文的题目忌拖泥带水，含混不清，应努力做到简洁明了、准确清晰。

专业学术论文的题目带有专业用语，这是必要的，也是大多数论文的惯常做法。不论是物理、化学、数学、技术学科还是法学、经济学，都是这样。

为了使题目更能传达文章的内容、方法、体裁、功能，在主题词的前后加上前缀和后缀，也是必要的。例如，为了表明写作目的和方式，题目后部加“探讨”、“试探”、“论”、“议”、“考”、“谈”、“商榷”；为了表明论文涉及范围、时代，主题词前往往冠以“中国”，等地理名词、“广东”、“美国”、“英国”、“欧洲”、“当代”、“现代”、“古代”、“××年代”、“××世纪”等时间名词；为了提高论述的专指度，常常加上“×类企业”、“×类机构”、“×类公司”、“×类出版社”等。目前在我们的专业杂志中有时会出现几篇艺术性的标题，颇为新鲜，引起读者阅读兴趣。这样的题目出现在“从业述怀”这样的栏目中是很妥当的，因为“述怀”之类多有感而发，属散文杂谈。但学术论文还是不用这类题目为好，如果要用，最好加上副标题，以便给读者准确传递论文的主题和写作意图。

词不达意，前后矛盾，语义重复，文理不通的题目不应该在学术论文中出现。

5. 材料的甄别

我们在研究过程中，要广泛搜集材料，不论今古、远近、真伪、优劣，务求“竭泽而渔”。但是在论文写作时，有些材料未必用得上，或者根本没必要去使用。那么，到底使用哪些材料？在论文的什么地方使用什么材料？这就必须在学术论文写作之前对材料进行鉴别和选择。哪些材料说明问题准确有力，用起来恰如其分，在什么地方用，怎样用，都要做到心中有数。不可一边写，一边再去找材料。我们的经验是，把需要的有用的材料标注在大纲中，写起来才会得心应手。

10.2.2 谋篇构思

谋篇构思就是在论文写作之前对文章的整篇布局、结构框架、细节安排作全面的思考、筹划，以使论文结构严谨、层次清楚、论述全面完整，具有很强的逻辑性。

1. 准确表达思想

文无定式，总能以全面准确表达思想为最佳境界。

文有体裁，不同文体在历史发展演变过程中，逐步形成了约定俗成、为人们接受的基本形式。

且不说碑铭、诔吊之类，即使章、奏、议、论也各有不同。如果把小说、散文的写法等同学术论文，那就大谬不然了。诗、词、歌、赋，包括今之散文、杂感，是以情感人，而学术论文是以理服人。过多感情渗入，往往以词害义，模糊了真理，达不到论文讨论学术的目的。梁启超创立了“笔端常带感情”的新闻体，鲁迅把杂文打造成匕首和投枪，但那都是为政治而战斗，与学术论著终归不是一途。

但是，为了准确表达思想，在散文中偶尔借用论文的写法，在论文中采用散文的一些笔法，非但不是不可行，而且会使散文更见功力，使论文更具可读性。

总之，形式是为内容服务的。谋篇构思的最终目的，是准确表达作者的思想意识。

2. 论文的整体结构

文无定式，但要讲究章法。

除一些学校对学士、硕士、博士论文的写作格式有明确规定，有关部门还制定了“学术论文书写格式规范”。总的来说，学术论文的整体结构大体可归纳为两种：并列结构和递进结构。

1）并列结构

分析的方法就是把一个复杂的事物分成几个部分、方面、要素，对这些方方面面的质和量进行分析，然后把这些分析结果按事物本来的面貌综合，就会得出对事物全面的认识。把这一分析方法和分析过程用文字表达出来，写成论文，是明显的并列结构。

并列结构学术论文的各个部分从不同的侧面说明主题，它既反映了事物的特点，同时也必然揭示出共同的本质。

并列结构学术论文中的各个部分虽然有主次之分（人们习惯于将主要的放在前面，稍次的放在后面），但其在整个逻辑体系中的“地位”是相等的，不可把不同级别的逻辑概念作为并列的部分出现在论文之中。

并列结构学术论文中的各个部分的内容尽可能不要交叉重复，各部分所论述的观点越鲜明、越有个性，论文就越显得思路清晰、层次清楚，否则就使读者感到混乱、模糊、不知所云。

并列结构学术论文的各个部分的标题，应尽可能做到用语和格式统一，文字数量和叙述的深度尽可能均衡。

2）递进结构

论文的递进结构是以课题研究的阶段性为基础的。我们知道，有些科研课题不适宜分成部分、方面和要素，而是像剥洋葱一样，先认识事物的表层，然后在此基础上层层递进，最后接触到核心问题。或者先解决第一步、第一阶段的问题，第二步的研究和探讨是以第一阶段的结论为基础的，以此类推，最终问题得到解决，得出结论。按照这种认识问题的程序，形诸文字，所写成的学术论文的结构即为递进结构。

递进结构学术论文的各个部分是一种等级关系。第一部分内容是整个课题认识的初步，是基础。第二部分的观点是第一部分认识的深化、提升。最后解决问题，得出结论。正像上台阶，一步步上去，最后走到顶。

学术论文是否还存在着混合结构、多维结构等？就论文的一级结构而言，应该说是不存在的。混合结构必然造成结构的混乱。多维结构对以线性排列的文字表述来说，也是一种并列结构。但是论文的二级，也就是学术论文的各个部分，当然可以采用不同的结构形式。也就是说，第一部分之中可以采用并列结构，第二部分之中可以采用递进结构或混合结构，各以其论证的内容而定。但从论文的总体结构来看，仍未改变并列或是递进的结构模式。

3）草拟大纲

一些专科生、本科生写毕业论文，不大会写提纲，甚至不写提纲。一些硕士生写论文也不会写提纲。所以，写提纲也是需要不断学习和训练的基本功。

一首短诗，一篇小品文，可以即兴而发，不要提纲。但学术论文需要的是透彻的理论分析、严密的逻辑论辩，没有提纲是不行的。

大纲的撰写不是在课题研究的结束，而应该在课题研究的开始。即一项研究一开始，就应该根据已有知识和现有材料草拟一个大纲。这个大纲尽管很粗略，但它是研究者对研究课题的认识，是对该课题各种思想的梳理，同时也是开展研究的指南。下一步的研究工作会沿着这一思路走下去。

但是，随着研究工作的不断深入，获得材料越来越多，对问题的认识不断深化，或者发生根本变化，研究者应该随着研究工作的进展随时修改提纲。

在不断地调查、阅读、思考、研究过程中，原草拟的大纲可能被全部推翻，重新或再而三地重写大纲，或者部分改写，直至自己满意为止。但有时也可能原封保留原拟大纲，并在此基础上不断深化。

大纲的细化是在研究过程中不断进行的。即随着认识的不断深入，内容和资料不断丰富，大纲的每一部分都可以展开，由粗略简陋逐步丰满起来。

对每一小段的文字叙述，也应先想好布局，先写什么，后写什么，使其条理清楚，有层次，结构完整。事先心中无数，临笔构思，难免文字混乱，多欠准确。

大纲细目的文字表述和句型是应该反复推敲的。各级标题的文字要求准确、简练、明了，用词有专业性、学术品位，同一级标题，特别是主要标题，句型应基本一致。但是任何时候都要以表达论文思想意识来用词造句，决不可以词害义。

4）材料标记

一个研究课题下来，要参考大量的资料。这些资料分布在许多专著、期刊论文、非正式出版物、调查总结材料、大量复印资料、各种数据库及网上的各种网页、网站中，寻检起来不易。其中有些资料仅需参考，而有些是要在论文中引用。一般来说，一个资料在论文中只能出现一次。那么，在论文写作中，准备引用哪些资料，在什么地方引用什么资料，事先都应认真地思考，并把它标记到提纲上。这样在论文写作时，就可以随手捻来，不会遗忘或浪费时间。

10.2.3　初稿写作

1. 大胆落笔

当我们的研究基本结束，当论文提纲经过反复修改，当所有有用的资料已经准备就绪，我们就可以开始写作了。

研究和写作准备工作要细心、认真，可以慢一些，但是初稿的写作应该速度快一些。也就是说，当做好写作的准备之后，应该把个人的精神、情绪调整到最佳状态，全身心地投入，一气呵成，争取在短时间内完成论文写作。

一气呵成写出的论文，其优点是语气连贯，气韵生动，情感充沛，具有较强的可读性。但也往往会存在一些缺点：措词偏激，常有伤人之处；材料遗漏，论证难以全面完整。但是这些缺点是可以在修改阶段进行补救的。

但是，并不是所有的论文都能做到一气呵成。在学术论文写作中，写不下去的情况也是有的。遇到这种情况怎么办？一是不能气馁，二是分析写不下去的原因。一般情况下，在论文写不下去的地方，都是因为有关内容的研究工作没有做好，或缺乏细致深入的探讨，或研究没有明确的结果，或论文构思未成熟，或提纲撰写不周全。

遇到这种情况，可以停下笔来，再进一步搜集资料，进一步研究和思考，调整写作提纲和文字布局，然后再接着写下去。但有时为了不影响论文写作的进度，不使写作停顿而影响写作情绪，暂时把写不下去的这一部分丢下来，跳到下一部分继续撰写，等到最后再补写这一部分也是可以的。

在准备工作就绪，开始写作论文之际，不必胆怯、犹豫，要大胆落笔，力争一气呵成。待全篇论文完成后，再细心收拾，反复修改。

2. 语言流畅

语言，是指文字语言、书面语言。书面语言与口语是有很大差别的。口语，即平时谈话，往往省略主语、宾语甚至谓语，因为是面对面交谈，双方都心知肚明。谈话中，为了强调某一方面，突出某一事物，或激起对方的情绪，又往往添油加醋，东拉西扯，废话连篇。但听起来并不显得啰嗦，反而使人津津有味。

但是，书面语言则不同，它必须严谨、准确、有层次，才能把道理讲清楚，把事物说明白，让人看得懂。既不可过分省略，也不能啰里啰嗦，枝蔓丛生，不断重复。

书面语言的表达能力，即我们常说的文字水平，这是一项基本功。一个人的文字水平高，研究能力差点，尚可补拙。但一个文字水平差的学者，即使研究能力强，也难于写出好的学术论文，所以我们要求一个学生首先文字水平要过关。文字修养主要靠中学学习时期，但在大学学习阶段还需要在文字训练方面继续努力。

语言是一种艺术。文字修养好的人可以灵活运用语汇和语法，说理状物，随手拈来，简明、生动、沉稳、厚重，进入一种成熟的境界，而令读者咀嚼再三。文字功夫不足的人，写出来的文章，或词不达意，不知所云；或花言巧语，读之索然无味，皆可用一"浅"字概括。

不同文体有不同的语言特点。不能把小说散文的语言过多地用于学术论文，否则，容易流于轻薄。范晔在《后汉书》中说"不为文士文"，恐怕就是这个道理。

要做到语言流畅，必须：思路清晰，层次清楚；主题鲜明，论证有力；内容充实，情感充沛；一文之内，绝不重复；决不生造词语，决不有意拉长篇幅。

不同的人有不同的语言特点。同学们不可执意模仿，千人同腔。但也不可为了张扬个性，以至于矫揉造作。

3. 虚实结合

笔者从教几十年，读过不少本科生的学士论文、硕士生的硕士论文，也阅读过不少在职图书馆员送来的"请帮忙修改"的文稿。在武汉大学当了几年《图书情报知识》主编，看了不少来自四面八方的稿件，好文章固然不少，但空洞不实的文章也不在少数。

有的文章满纸空话，满纸的大道理，满纸都是东拼西凑的"观点"，就是没有"论据"，没有事实，没有数据。读过以后，什么也不记得。这就是常说的"向壁虚构"，拍脑袋想出来的，不是研究出来的。

也有的文章相反，满纸的事实和统计数据，满纸的实际工作过程，就是没有总结、提高，没有思想认识，没有观点，文章太实。读过之后，不知道作者在说明什么问题。但总的看，还是太空、太虚的文章多。

初学写论文的青年，一定要改掉这个毛病，努力做到虚实结合，有论有据，虚实均称。

1）自己做实际调查

如果不想把论文写得太空洞，最好自己做些实际调查。大型的调查，如一省、一市、一个类型的企事业或信息部门的统计性调查。小型的调查，可以是一个单位、一起事件、一个问题、一个人物的调查。把调查的数字、人物、文件、数据、事实写进论文,内容就实在了。

2) 借用他人的调查数据

我们在阅读他人著作和论文时,会看到大量的统计数字、事实、情况,把它记录下来并注明出处,用于论文,这样可使论文的内容更丰富,论述更有力。

3) 引用国家统计部门的统计资料

我国目前统计报导系统还是比较健全的,国家、省(市、区)、各系统都在进行统计,并且出版正规的统计年鉴,如《中国统计年鉴》、《广东省统计年鉴》、《广州市统计年鉴》,还有各部门、各系统的统计年鉴和手册中的统计资料,都是最可宝贵的数据资料,可以在写论文时直接引用。

4) 尽可能引用事件、人物以及专用名词

论文写作时,为了使内容实在、具体,尽可能将事件的过程,人物的生平事迹写进论文,也可以将人名、书名、地名等专有名词写进论文,使内容更充实、更具体。

5) 直接引语和间接引语

为了作为旁证,或为了支持自己的观点,或为了作反证,或为了批驳等,常常将权威人士或批评对象的观点、话语引用到论文中来,作为引语。如果原语不长,又非要原话不可,常常将原话一字不变地引用进来,并加以引号。如果原话太长,啰嗦,或无必要,可以准确地概括其观点,用到论文中来,不加引号。但不管是直接引语还是间接引语,都必须注明出处,即原文的作者、论文名称、出版社、出版时间,或发表在某刊、某期,以备他人查找核对。

引语,虽然是论证的需要,但也使论文表述显得实在、具体、准确。

4. 前后呼应

呼应是指论文前后在思想内容、文字表述上的前后照应、连接,使文章前后成为一个整体。

每篇论文的开头往往有一段引语,以说明题目的缘起,写作的目的,这称为破题。接下去才是论证。论证,有散发式的,可能说得很远,放得很开。尽管作者自己心里明白,但读者未必清楚。可能会觉得驰骋无羁,不知所云。所以最后要收拢来,与引语呼应,说明完成了论证的任务,达到了写作的目的,这称为结题,又叫结论。

5. 细心收拾

收拾,即修改。细心收拾,就是要十分认真、一丝不苟地去修改。当然我们不可能像曹雪芹那样“披阅十载”,但是“三易其稿”、“五易其稿”还是必要的。我们提倡“大胆落笔,细心收拾”,是希望写成论文的初稿后,不要匆忙就去投稿,要放一放,待十天半月后再拿出来反复阅读。这时候你的头脑已从激情澎湃的写作状态冷静下来,会发现许许多多不恰当,甚至错误的东西。认真地推敲、琢磨、修改,使之完善起来,是非常必要的。

论文修改可包括以下四个方面。

1）思想内容的修改

在初稿写作时，在非常激动的情绪下难免有主题思想表达不清晰、不准确，不够突出或说过头，甚至脱离主题、表述错误的地方。在修改时应细心揣摩，使主题思想的表述不温不火，主题突出，思想清晰。

2）结构布局的修改

初稿的结构常有失当处，逻辑结构不畅，前后颠倒混乱，材料布局不均衡，或头重脚轻，或尾大不掉。修改时常常将某段前移，某段拉后，或删或增，使布局合理，结构严谨，层次清楚，具有强烈的逻辑力量。

3）语言文字的修改

初稿中的语言文字常犯的毛病是：平淡无奇，毫无生气，或言辞过于激烈，伤辩论对方的情感；或文字啰嗦，废话连篇；或文字差错，词不达意；或一时笔误，用了错别字；或误用标点符号等。这些都是应该认真修改纠正的。

4）材料的修改

在初稿写作中会发现原拟使用的材料不准确、不匹配，对于论文主题的说明无力，这时就要查对原著，或另外寻找其他材料，以便论据更为有力，论点更为坚挺。

总之，要不厌其烦，认真推敲，反复修改，使论文臻于完善。

思考与训练

1. 如何确定自己研究的方向？
2. 怎样发现和选择研究课题？
3. 如何广泛收集材料、合理利用材料？
4. 学术论文与我们以前中学所学的说明文、应用文及议论文等文体有何不同？
5. 请您运用所学方法，写一篇小论文。

参考文献

[1] 张宝玉,鲁建生. 文献信息检索简明教程[M]. 北京:中国商业出版社,2004.
[2] 周庆山. 文献传播学[M]. 北京:文献书目出版社,1997.
[3] 阮海红,王志华. 信息传播与文献检索[M]. 杭州:浙江大学出版社,2006.
[4] 陈森,叶升阳. 如何使用大学图书馆[M]. 北京:北京图书馆,2004.
[5] 和正荣. 信息检索与利用[M]. 重庆:重庆大学出版社,2000.
[6] 张润彤,朱晓敏. 知识管理学[M]. 北京:中国铁道出版社,2002.
[7] 许家辉. 信息检索[M]. 北京:国防工业出版社,2004.
[8] 阎维兰. 信息检索[M]. 北京:北京邮电大学出版,2005.
[9] 袁学松,宋雯斐. 现代信息检索[M]. 北京:中国水利水电出版社,2007.
[10] 彭奇志. 信息检索与利用教程[M]. 北京:中国轻工业出版社,2006.
[11] 朱丽君. 信息资源检索与利用[M]. 北京:化学工业出版社,2004.
[12] 许家梁. 信息检索[M]. 北京:国防工业出版社,2004.
[13] 陈雅芝. 信息检索[M]. 北京:清华大学出版社,2006.
[14] 张基温,等. 大学信息检索[M]. 北京:中国水利水电出版社,2004.
[15] 毛一国,卓勇. 社会科学文献信息检索[M]. 杭州:浙江大学出版社,2006.
[16] 孙丽芳. 信息资源检索与利用[M]. 北京:电子工业出版社,2004.
[17] 赵岩碧. 信息检索原理与方法教程[M]. 北京:化工工业出版社,2005.
[18] 金秋颖,韩颖. 数字信息检索技术[M]. 北京:石油工业出版社,2006.
[19] 陈冬花. 文献信息检索与利用[M]. 上海:上海交通大学出版社,2005.
[20] 谈大军,李志义. 文献与网络信息检索[M]. 广州:华南理工大学出版社,2001.
[21] 罗志尧,等. 文献信息检索与利用[M]. 北京:科学技术文献出版社,2003.
[22] 徐庆宁. 信息检索与利用[M]. 上海:华东理工大学出版社,2004.
[23] 徐天秀. 信息检索[M]. 北京:科学出版社,2006.
[24] 蒋永新,等. 人文社会科学信息检索教程[M]. 上海:上海大学出版社,2005.
[25] 严大香. 社会科学信息检索[M]. 南京:东南大学出版社,2006.
[26] 符绍宏. 信息检索[M]. 北京:高等教育出版社,2005.
[27] 李济群. 现代科技信息检索导航[M]. 北京:中国纺织出版社,2004.
[28] 邢美园,苏开颜. 生物医学信息检索[M]. 杭州:浙江大学出版社,2003.
[29] 王秀平. 生物医学信息检索[M]. 北京:科学技术文献出版社,2004.

[30] 卜欣欣. 环境科学信息资源检索[M]. 北京:中国环境科学出版社,2005.
[31] 崔桂友. 食品与烹饪文献检索[M]. 北京:中国轻工出版社,1999.
[32] 冯秀玉. 纺织文献检索与利用[M]. 大连:大连理工大学出版社,1989.
[33] 叶勤. 农业信息检索[M]. 北京:高等教育出版社,2006.
[34] 冯凯,王筱明. 信息检索与利用[M]. 上海:华东理工大学出版社,2005.
[35] 王梓坤. 科学发现纵横谈[M]. 上海:上海人民出版社,1978.
[36] 王鸣盛. 十七史商榷[M]. 上海:商务印书馆,1959.
[37] 爱因斯坦. 物理学的进化[M]. 上海:上海科技出版社,1962.
[38] 贝尔纳. 科学研究的战略,载《科学学译文集》[M]. 北京:科学出版社,1980.
[39] 恩格斯. 自然辩证法[M]. 北京:人民出版社,1984.
[40] 巴甫洛夫. 巴甫洛夫全集(一)[M]. 北京:科学出版社,1955.
[41] 胡适. 胡适哲学思想资料选(上)[M]. 上海:华东师范大学出版社,1981.
[42] 恩格斯. 论马克思的《政治经济学批判》,载《政治经济学批判》[M]. 北京:人民出版社,1959.
[43] 冯友兰. 我的读书经验[M]. 书林,1983(1).
[44] 吴岱明. 科学研究方法学[M]. 长沙:湖南人民出版社,1987.
[45] 列宁. 列宁选集(四)[M]. 北京:人民出版社,1972.
[46] 马文峰,杜小勇. 关于知识体系的若干理论问题[J]. 中国图书馆情报,2007,(2).
[47] 蒋永福,李景正. 论知识组织方法[J]. 中国图书馆学报,2001(1).
[48] 钱承军. 论纸质工具书、电子版工具书和网络版工具书的源起、现状及发展趋势[J]. 贵图学刊,2006,(2).
[49] 孙瑾. 中国数字图书馆浅析[J]. 图书馆论丛,2004.
[50] 陶新字.《人大复印报刊资料》及其系列数据库的特点和功能[J]. 吉林大学,2004,11.
[51] 房文革. 维普《中文科技期刊数据库》(全文镜像站版)特点和检索方法[J]. 大连水产学院,2006.
[52] 袁红卫,陈仁文. Dialog 联机检索指令运用技巧[J]. 现代图书情报技术,2001,1:84-85.
[53] 李琛,汪咏梅. 基于 Internet 的 DialogWeb 检索[J]. 现代情报,2003,5:75-77.
[54] 刘静. 简析开放存取(Open Access)及其发展[J]. 四川图书馆学报,2007,1.
[55] 李莉. 开放存取与图书馆[J]. 现代情报,2006,7.
[56] 樊华. 开放存取资源的质量分析[J]. 高校图书馆工作,2007,1.
[57] 陈吟月. 学术资源开放存取的策略研究[J]. 图书馆,2007,1.

[58] 刘辉. 开放获取期刊数据库—DOAJ[J]. 四川图书馆学报,2006,5.
[59] 王多宁,等. 重视文献信息资源 提高科学研究[J]. 西北医学教育,2005,13(1).
[60] 章红. 海外药物与医学文献的检索途径与策略[J]. 现代情报,2002,(3).
[61] 刘敬苍,等. 获取因特网上免费医学文献信息的检索方法与途径[J]. 实用医药杂志,2006,23(5).
[62] 何炯. 中医药文献的检索途径及方法[J]. 医院信息管理,2004,13(1-2).
[63] 杨持,周宏图. 三种生物医学文献数据库各自的优势[J]. 中华医学图书情报杂志,2003,12(1).
[64] 李振军,金守玉. 如何从互联网上获取医学信息[J]. 内蒙古科技与经济,2002,(4).
[65] 罗娟,关晓峰. Internet 上常用中文生物医学信息资源数据库性能评价[J]. 中国医学理论与实践,2004,14(8).
[66] 赵呈龙. 利用 Internet 检索食品科学文献[J]. 检验检疫科学,2001,11(3).
[67] 史淑君. 如何检索食品科学网络文献信息[J]. 食品研究与开发,2006,27(1).
[68] 蔡玲. 如何获取纺织专业信息[J]. 毛纺科技,2005,(4).
[69] 周晓兰. 网络环境下纺织信息的检索[J]. 江苏纺织,2004,(10).
[70] 高秀英. 互联网上的农业信息资源分布与检索利用[J]. 农业图书情报学刊,2006,18(11).
[71] 付美兰. 互联网上农业信息资源的检索与利用[J]. 农业图书情报学刊,2006,18(10).
[72] 朱远春. 基于 Internet 的农业文献检索方法[J]. 安徽农业科学,2005,33(10).
[73] 雍春玲. 农业信息资源的利用与计算机检索方法[J]. 贵州农业科学,2006,34(6).
[74] 田玉. 关于 Internet 网上若干科技报告的检索[J]. 沈阳大学学报,2001,13(3).
[75] 王建平,梅盖新. 论环境科学与工程的学科网络文献信息资源检索与利用[J]. 训练与科技,2004,25(3).
[76] 王向天,黄君礼,汤鸿霄. 互联网与环境科学技术[J]. 环境污染治理技术与设备,2002,3(1).
[77] 杨迎春. Internet 在环境科学中的应用[J]. 黑龙江环境通报,2002,26(3).
[78] 王倩. Springer 数据库引用环境科学文献简介[J]. 农业图书情报学刊,2007,19(1).
[79] 韩阳. 商务印书馆引领工具书在线的数字革命[J/OL]. 出版参考,2007-01-

17. OCLC 第一检索服务指南简要.

[80] 武汉理工大学图书馆数字资源宣传资料之十.《书生之家数字图书馆》使用指南.

[81] OCLC Firstsearch 资料库使用说明.